동학의 재해석과
신문명의 모색

김용해
김용휘
성해영
정혜정
조성환
지음

회심 · 소통 · 공동체 · 생태 · 영성

동학의
재해석과
신문명의
모색

동학 모시는사람들

인류의 문화는 이주와 이동의 역사를 통해 탄생하고 발전되어 왔다. 초기 인류는 사냥과 채집생활에 유리한 지역으로 이동하였고, 농경사회가 정착한 후에는 기술과 문명을 교류하기 위해 이동하였다. 인류는 집단을 이루면서, 남의 창고를 털거나 곡창지대를 빼앗고 되찾는 전쟁놀이를 하지 않은 것은 아니지만, 평화롭게 공존하는 방식을 터득하면서 타문화의 장점을 수용하여 자기문화를 발전시켰다. "문명의 충돌론"은 제국의 출현 이후 침략과 식민지 지배가 노골화되면서 인류에 출현한 문화본질주의적 해석학이다. 현대 인류는 두 번이나 서로 대량으로 살상하는 야만적 세계 전쟁을 치르고서야 국제연합기구를 만들었고, 국가 간 갈등을 조정하는 제도를 운영하고 있지만, 자본주의와 제국주의가 결합된 체제를 유지하며 국가 이익을 최우선하는 무한경쟁의 시대에 여전히 살고 있다.

우리가 16세기부터 시작된 문명 충돌 현장의 하나였던 동북아시아, 특히 조선 후기의 역사를 주목하는 것은 그 당시의 우리 선조들은 '인식론적 위기'와 생존의 위협을 당하며 굴복을 강요받는 도전 앞에서 어떻게 대응하였는지를 반성하면서 오늘도 계속되는 세계적 도전들에 응답할 신문명을 모색하려는 의도를 가지고 있다. 이 책의 집필자들은 한국연구재단의 공동연구과제, "동서양의 만남과 인문학적 신문명의 모색"에 참여한 분들로서 우리나라 근대 시기에 특히 신흥 종교 사회운동으로 부상한 '동학 천도교'의 대응과 비전을 3년 동안 공동으로 연구하고 토론하였다.

서구열강의 동양 침략이 시작되어 조선의 지배 이데올로기였던 성리학이 '인식론적 위기'를 겪고 있을 때, 서학에 대한 대응 방식은 다양하였다. 어떤 부류는 서학과 서양 문명의 도전을 유교적 정치 체제를 어지럽히는 사악한 무리들로 보았고(守舊派), 또 다른 부류는 서기동도적(西器東道的) 실학사상으로, 혹은 보유론적(輔儒論的) 근거로 서학 천주교의 교리를 유학의 재해석으로 발전시켰다(親西派). 그러나 또 어떤 부류는 유교적 생활 양식을 포기하고 천주교를 수용하고 그 가치관으로 살고자 했기에 순교를 마다하지 않았다(開化派). 더 나아가 종교의 제도적 운이 다한 유교, 불교, 도교적 전통의 진수를 캐내고 민중의식 속에 살아 있는 한울님(천주) 신앙과 결합시켜 대안적 종교운동을 펼친 이들이 있었는데 '다시개벽'의 동학이다(開闢派). 이러한 다양한 응전의 방식은 조선 사회문화의 심층에 숨겨진 보편성, 즉 그 시대의 현상적 문화에 구속되지 않고 더 큰 진리를 향해 개방하려는 인간정신을 반영하고 있다고 해석할 수 있을 것이다. 우리가 여기서 주목하고자 하는 것은 시대의 인식론적 위기 상황에서도 가장 고통 받고 소외받는 이들의 고통과 갈망을 헤아리면서 자기 문화의 심층에 있는 잠재력을 끌어내는 영성운동이다. 조선 말기에 천주 신앙을 죽음을 통해 지킨 천주교와, '동학(東學)하다'는 동사가 은유하듯 개벽을 실천한 동학쟁이들의 '시천주 운동'이 이런 영성운동의 예라 할 수 있다. 당시 천주교는 제국의 국제정치에 편승하여 전해졌고 제국들의 영향 하에 있는 만큼 한계가 분명했으나, 그럼에도 유교 사회를 개화로 이끌고 정치와 종교를 분리시키는 일에 일조했다. 동학은 민중의 신앙을 부활시켜 사회를 근본적으로 혁신하는 비전을 제시했다는 점에서 그 창조적 힘은 막강하였고, 동학농민혁명, 3·1비폭력독립선언, 일제 침략 시대의 독립운동을 주도한 힘이었다고 평가받는다. 이집트의 노예생활과 강대국의 식민통치를 경험한 소국 이스라엘에서 유대교가 발생하고, 십자가에 처형당한 예수의 죽음과 부활 체험으로 천주의 구원을 선포한 민중들 속에서 그리스도교가 탄생한 것처럼, 서세동점 위기상황에서 도탄에 빠진 민중들의 비전은 궁극자이고 보편자인 하늘을 지향하여 어떤 약자의 배제도 허락하지 않는 천도(天道)의 선포였다. 고통의 절규 속에서 한울님(天主)의 현존은 더욱 뚜렷해지기 마련이다. 이것이 '이성에 계시된 신앙'일 수도 있다. 근대 개화기에 문명과 종교 간의 충돌이 만든 불행한 사태들은 힘의 논리로 진리를 강요하거나 당파적 이익을 추구하려는 욕망이 원인이기도 했지만 해석학적 지평의 한계도 있었으리라 짐작할 수 있다. 당시 선진유학, 성리학, 실학, 서학과 동학이 '천-상제-하느님'이라는 유사한 절대인식을 하고 있었으면서도 '타자 안의 하늘'을 보지 못하였다. 그러나 충돌과 혼동의 과정 속에서 서로에게 영향을 주고받은 것이 분명하고 그런 가운데 새로운 민중 종교들(천도교, 원불교, 증산교)의 탄생도 있었다.

오늘의 지구적 문제들은 이제 하나의 전통, 하나의 문화, 하나의 종교의 비전으로 해결할 수도 없고 그런 방식으로 해결되어서도 안 되는 다원주의적, 전 지구적 문제이다. 지구열화, 핵전쟁 위협, 생활세계의 식민지화, 고삐 풀린 자본의 횡포 등의 문제가 바로 그렇다. 이를 해결할 비전을 만들어내기 위해 '오래된 미래'의 지혜가 필요하다. '오래된 미래의 지혜'란 인류의 역사와 문화 속에 이미 내재하면서도 아직 온전히 드러나지 않아 여전히 새롭고 유토피아적인 비전을 함께 지향하고 열린 마음으로 대화하며 숙고하는 덕을 말한다. 인류가 희망을 갖고 살아갈 새로운 문명의 창출이라는 인문학적 공동선을 지향하며 연구해 온 필자들은 우선 한국인들의 고유한 사상과 지혜들을 관통하는 알갱이가 곧 '하늘'임을 동의하게 되었다. 하늘은 어원적으로 우리 민족의 이름인 '한'과 일치한다. '한'은 '하나', '전체', '위대함', '대략적'이라는 뜻을 담고 있어서 '한울(한우리)→하눌→하늘'은 자연스레 '전체를 아우르는 하나'의 형상을 담고 있다. 하늘에 제사를 지내는 제천의례를 늘 심성에 담고 있는 민중은 그리스도교 선교사가 그들의 신 '데우스(Deus)'를 유교의 개념을 빌려 '천-상제', '천주'라 했을 때, 우리말의 한울님, 하느님으로 쉽게 이해하고 소통할 수 있었다. 한울님, 하느님으로 쉽게 이해하고 소통할 수 있었다. 천-상제, 천주학, 사

천주, 시천주, 양천주, 인내천이 모두 천지인(天地人) 삼재(三才)와 관련
된 것임에 분명하다. 하늘의 뜻(天命)을 찾아 자연과 세계(地)와 조화
하고 완성하는 인간학(人)이 다름 아닌 하늘학(天學)의 요체가 아니겠
는가. 우리 연구자가 꿈꾸는 하늘학은 "하늘을 모든 존재자를 창조하
고 각각의 존재자의 본성을 완성하는 인격신으로 혹은 근원적 원리로
삼는 사상 또는 종교가 자신들의 하늘-자연생태-인간 삼자 간의 경험
과 의미 체계를 공유하고 토론하여 인류의 새로운 비전으로 제시하는
것"이다. 하늘학은 정태적인 관점뿐 아니라 동태적 관점에서 인간과
사회의 개혁과 진보를 다룬다. 개체와 전체, 정체성과 관계성, 의식과
무의식, 주체와 객체, 정치와 종교, 개성과 공공성이 대립하고 분열하
여 서로를 배제하는 문화를 극복할 대안으로 '동귀일체(同歸一體)'의 지
평을 모색한다. 이것이 서구의 근(현)대성과 포스트모더니즘의 논쟁을
해소하는 지평이라 생각한다. 자연 인식과 종교적 믿음을 분리하고
인식의 주체성과 이성만을 절대화하는 근(현)대성과 주객 이분법, 도
구적 이성에 의한 세계의 사물화, 과학과 기술의 이면의 파괴성을 비
판하고 이성을 해체하려는 포스트모더니즘 사이에서 어떻게 주체와
주체의 해체를 통합할 수 있을지가 서구 사회가 겪고 있는 '아포리아'
이다. 한민족의 지혜를 담고 있는 하늘학은 여기에 어떤 비전을 제시
할 수 있을 것인지가 우리의 지속적인 과제이다. 하늘학은 하나의 종
교문화, 하나의 비전으로 환원하려는 것이 아니라 여러 종교문화와 여
러 비전들이 공통으로 지향하는 가치를 모색하는 가운데, 다양한 개성

과 전통, 사상과 강조점을 존중하며 현대 세계의 문제를 해소하는 공론장이 될 것이다.

동학에 영감을 받아 신문명을 모색해 온 필자들은 현대 세계의 위기를 극복할 신문명의 핵심 키워드를 회심, 소통, 공동체, 생태, 영성으로 정하고 이 주제 안에서 각자 동서양 문명의 대화를 시도하고 성찰한 것을 이 책에 담았다. 이 책은 신문명 모색의 총론 성격을 지니고 있어서 아직 서툴고 치우친 면도 보이지만, 이 공론장이 독자들의 격려와 참여로 더욱 풍요로워질 것으로 위안을 삼는다. 끝으로 연구팀의 연구발표에도 직접 참여하고 토론해 주신 것은 물론 출판의 노고와 부담을 흔쾌히 수락해주신 도서출판 '모시는사람들'의 대표이신 박길수 선생님께 깊은 감사의 인사를 드린다.

2021년 5월
저자를 대표하여 김용해

동학의 재해석과 신문명의 모색

머리말 — 4

회심

회심이 왜 중요한가?
— 동학 천도교와 그리스도교의 대화

김용해
서강대학교

1. 서언: 회심과 시대정신

회심이 왜 이 시대에 중요한가? 2019년 중국에서 시작한 코로나바이러스19의 대유행, 시베리아의 폭염, 그리고 지구 곳곳의 대홍수 등 기후이변의 속출과 자연재해, 민주주의의 위기, 인권과 인간성의 파괴 및 후퇴, 자국 우선주의의 세계질서 등, 수많은 지구적 문제들은 선거를 통해 지도자를 바꾼다고 해결되는 정도가 아니다. 이 시대에 사는 우리 각자 삶의 방식과 태도가 근본적으로 변하지 않는 한 미래의 희망을 가질 수 없다. 종교(religion)는 본래 자리에서 이탈한 인간이 다시(re) 진리, 혹은 절대자와 연결하는(ligare) 것을 목적으로 삼는다면, 회심(回心: 마음을 돌리는 행위)은 종교에 있어서 본질이라 말할 수 있다. "여러분은 현세에 동화되지 말고 정신을 새롭게 하여 여러분 자신이 변화되게 하십시오."(로마서 12, 2) 사람이 변화되어 하느님의 뜻이 무엇인지, 무엇이 선하고 무엇이 완전한 것인지를 찾아나서는 여정과 수행과정이 회심(回心)이다. "지기금지원위대강(至氣今至願爲大降: 지기시여, 지금 저에게 내려오시기를 지극히 원합니다)"(『동경대전』「강령주문」) 한울님, 또는 지기와 결합되어 시천주(侍天主) 상태로 돌아가는 것이 회심의 여정이다. 회심을 통해 하느님을 모시고 일치하면서 그 분의 뜻을 실천하는 수행이 종교의 수행이자 사명일진대 세상의 많은 도전을 개방적으로 수용하고 연대를 통해 극복하려는 지구적 차원의 노력을 함에 있어서도 회심의 태도가 중요하다. 왜 이 시대에 동학과 그리스도교의 대화를 통해 회심을 이야기 하려고 하는가? 예수가 살았던 시대의 유대 상황과 동학을 창시한 수운 선생이 살았던 동방(東邦)의 상황이 유사하다. 구시대의 질서에서 벗어나 '새 하늘과 새 땅'을 고대했던 개벽의 시대였다는 점이 유사하다. 예수는 자신의 시대가 율법과 제도가 인간을 옥죄고 있음을 보고, '사람이 안식일을 위해 있는 것이 아니라 안식일이 인간을 위해 있다'는 인간해방의 복음을 선포하였고, 수운은 자신의 시대가 '각자위심(各自爲心)'의 세태 속에서 시비분분하고 십이제국 괴질운수에 사람들은 개탄하고 있음을 보고, '동귀일체(同歸一體)'와 '수심정기(守心正氣)'의 무극대도를 선포하였다. 수운은 그의 글에서 당대에 유행하고 박해까지 받고 있는 서학, 서도 천주교를 언급하고 비판까지 시도한 것으로 보아 그의 한울님 체험은 서학(서도)의 영향을 받았으면서도 자주적으로 동학적인 천주를 선포하고 있다고 이해하는 것은 과장된 것이 아니다. 동학은 서학과 같은 천도로 운과 도는 같지만 이치는 '무위이화'의 수행법, 즉 심학과 기학의 전통인 수심정기(守心正氣)이기 때문에 다르다고 수운은 주장한다.[1] 동학 천도교는 민족종교라는 한계를 가지고 있고, 서구적 산업과 자본주의 그리고 세계화로 천지개벽한 한국에서 주류가 된 그리스도교와는 별 관계가 없어 보이는데, 굳이 서로 대화할 필요가 있는가? 한국인이 현대 자본주의와 반생명적 과학주의 그리고 정신적 식민주의의 대안을 찾고자 하는 지향을 가지고 있다면 동학 천도교와의 대화는 필수적이다. 왜냐하면 동학 천도교는 우리 민족이 인식론적 위기와 실존적인 시련을 겪으면서 잉태한 사상이기 때문에 그렇다. 동학 천도교는 근대화가 곧 서구화를 의미했던 일제 강점기와 해방 후 주류 사상과는 다른 대안적 비전을 가지고 있고, 민족 고유의 민중 종교로서, 동학혁명은 물론 3·1독립선언과 항일 애국투쟁을 이끌었던 시대정신이기도 했다. 동학과 그리스도교의 동일한 인식지평, 즉 절대자 천주를 섬기지만, 신적 계시와 경전을 중시하는 계시 종교라 일컫는 그리스도교와 달리 동학은 각 사람이 자신의 한울님 체험에 의해 천지인 삼재의 전일적 세계관을 체득하여 살아가는 자연 종교이다. 따라서 양자의 대화는 우리를 인식지평의 확장 또는 지평융합의 가능성을 이끌어 줄 것이다.[2] 인권과 인간존엄성의 상실, 생태환경의 파괴,

---

1 「논학문」, 『천도교경전』, 천도교중앙총부 출판부, 포덕 133년, 30쪽 이하 참조.
2 계시종교와 자연종교라 구분하는 것이 서구적 인식 기준에 따른 것이고 그 개념의 적확성을 대질한다면 신-인간-자연의 위계적 이해와 신-인간-자연의 수평적 이해 정도로 말할 수 있겠지만 다소 모호한 기존의 개념들을 우선 사용할 수밖에 없다

그리고 지구의 총체적 위기를 해결하는 데 동학 천도교는 현대인에게 많은 영감과 실천의 원리를 제공할 것이라 생각한다. 아래에서 우선 동학 천도교와 그리스도교에서 회심이 어떤 개념으로 사용되고 어떤 지위를 차지하는지, 그리고 회심이 실행되는 영역은 어디이고 그 양상은 영역에 따라 어떻게 다른지, 도널드 젤피(D. Gelpi)의 회심이론에 따라 숙고한다(2장). 그런 다음 회심이 인간에게 필연적일 수밖에 없는 실존적 전제들을 인간학적으로 반성하면서 회심의 의미를 심화시켜 보자(3장). 마지막으로 회심을 이끄는 동인, 과연 한 개인은 지속적으로 회심 수행을 통해 자신을 완성해 나갈 수 있는 힘을 어디서 얻는지에 관한 영적 동기에 관한 질문을 다룬다(4장).

2. 종교와 회심

1) 동학 비전과 종교의 회심수행

동학(東學) 비전은 수운의 신비체험과 그 체험에 대한 성찰에서 드러난다. 어느 날 갑자기 찾아온 신비스런 접령 체험, 그리고 말을 건네는 분이 한울님 자신이라는 체험, 그리고 '오심즉여심(吾心卽汝心: 내

는 점을 밝힌다.

마음이 네 마음이다)[3]이라는 메시지가 동학 비전의 출발이다. 수운은 이 체험을 통해서 열강과 소국, 양반과 서민, 정신과 몸이 서로 갈라져 첨예하게 대치되어 있는 세계상의 원인이 각자위심(各自爲心)으로 보았고, 여기에서 해방되어, 인간과 인간, 인간과 자연, 인간과 한울님이 근원적으로 하나로 통합된 세계상, 즉 동귀일체(同歸一體)로 나아가는 것이야말로 인류를 살리는 선약임을 확신하게 되었다. 동시에 이 체험은 아직까지 자신의 법을 제대로 가르치지 못하여 공을 세울 수 없었던 한울님이 비로소 그를 세상에 내어 한울님의 뜻을 행하고 가르치도록 천명을 주는 사건이기도 했다.[4]

수운은 자신의 '오심즉여심'의 신인합일 체험, 즉 천사문답(天師問答)이라 불리는 한울님과의 소통 체험을 제자들도 따라할 수 있도록 두 가지 방편, 즉 영부와 주문을 남겨주었다. 영부는 자신이 신비스런 체험을 할 당시 위 아래로 휘돌아 감는 궁궁과 태극 모양의 형상으로 이를 그린 종이를 태워 마셨더니 모든 병이 치유되었다는 선약이다. 이 형상은 하늘과 땅(天地), 한울과 사람(神人), 거룩함과 속됨(聖俗), 무의식과 의식이 둘이지만 하나이고, 하나이지만 둘인 양자 관계가 서

---

3 이는 예수가 세례를 받을 때 하늘에서 "이는 내가 사랑하는 아들, 내 마음에 드는 아들이다."라는 소리를 들었던 것(마르코 1, 11)과 비교된다. 사울이 그리스도인을 체포하러 다마스쿠스로 가는 도중, "사울아, 사울아, 왜 나를 박해하느냐?"라는 소리를 듣고 "주님, 주님은 누구십니까?"라고 물었더니, "나는 네가 박해하는 예수다."라는 소리를 들었던 사건(사도 9)과도 비교된다.
4 「포덕문」, 『천도교경전』, 19쪽.

로 역동적으로 작용하고 있는 모양이다. 주문의 핵심은 '시천주 조화정 영세불망 만사지(侍天主造化定永世不忘萬事知)' 13자이다. 주문은 영부의 형상이 지시하고 있는 동귀일체의 상태를 지향하는 의지의 결단이자 신앙의 표현이다. 수운에 따르면 주문을 외우면 온몸이 떨리면서 몸에 영기가 내리고 가르침을 받는 영험을 얻게 된다. 영부는 바로 이 강령의 상태에서만 백지에다 그려낼 수 있다.[5] 주문과 영부의 관계는 인간의 마음과 정신의 관계와 같다. 즉 수운이 '시천주'의 시(侍: 모심)를 풀이할 때, "내유신령, 외유기화(안에는 신령이 있고 밖에는 기화가 있다)"라 하였는데, 바로 이 신령과 기화의 관계, 즉 마음과 몸의 관계는 "일세지인각지불이자야(一世之人各知不移者也: 이 세상 사람들 각자가 옮길 수 없는 것을 안다.)"[6]라 할 수 있는 불이관계(不二關係)이다. 동귀일체의 동학 비전을 현대적 의미로 어떻게 표현할 수 있을까?

첫째, 인간은 한울님과 소통하는 존재라는 점을 강조할 수 있을 것이다. 수운은 사람들에게 자신의 깨달음을 포교하기 전 세 단계[7]의 구도생활을 가졌다. 백성과 나라를 구원할 답을 찾기 위해 전통적인 종교를 살피며 주유천하한 시기(1843-1856), 을묘천서 사건을 통해 어떤 깨달음을 얻고 난 뒤에 명상과 기도에 치중한 시기(1856-1860), 그리고

---

5 최동희 외, 『새로쓰는 동학』, 집문당, 2003, 87쪽.
6 「논학문」, 『천도교경전』, 34쪽.
7 세 단계의 구도생활에 대한 상세한 내용은 졸저, 『인간존엄성의 철학』, 서강대학교출판부, 2015, 245쪽 이하 참조.

한울님을 만나고 대화하는 체험을 하게 되었고 1년 정도 이 체험을 숙고한 시기(1860-1861)의 단계가 그것이다. 둘째 시기를 통해 이적체험을 할 정도로 영적으로 진보가 있었지만, 아직 온전하지 않다고 생각했다. 한울님을 감복케 하여 그분의 현존을 온전히 체험하지 못한 상태에서는 선친이 지은 경주 용담정을 떠나지 않겠다고 결심하는 입춘시(立春詩)를 짓고 수행을 계속하고 있었다. 수운은 이 시기에 가족들과 함께 일상생활을 영위하고 있었다. 그러던 어느 날 친척의 잔치에 다녀온 후 몸에 한기를 느끼고 떨면서 한울님을 체험한 것이다.[8] 수운의 이 한울님 체험은 이제까지의 모든 불명확한 문제들이 완전히 해결된 것으로 확신하게 된 계기가 되었다. 더 나아가 이는 포덕의 사명을 깊이 인식하는 계기도 되었다. 이 신비체험이 무엇인지는 언어로 서술된 주관적 경험이기에 온전히 헤아리기 어렵고 해석자의 관심에 따라 여러 가지로 상상해 볼 수 있겠지만, 수운의 종교체험이 몸과 마음, 무의식과 의식, 인간의 영혼과 한울님의 영이 일체가 되는 동귀일체적 체험이었을 것이라는 점은 틀림없다. 즉 인격의 의식이 확장되고 자아를 초월하여 우주만물의 근원인 지기(至氣) , 즉 한울님(天主)과 소통하고 합일되었음을 보여준다. 이 합일은 성리학적 '이법천'과의 이치적 귀일을 의미하는 것이 아니고, 경험적으로 모시고 섬기면서

---

8 수운의 단계적 신비체험에 관한 상세한 내용은 졸고, 「시천주조화정: 신앙과 치유의 원리」, 『동학학보』, 2009년 6월호 참조.

합일되는 대상으로서의 천주님(한울님)임을 드러내고 있다.

둘째, 동학 비전은 한울님, 인간 그리고 자연이 일체적 생태계를 이루고 있음을 강조한다. 동학 천도교의 동귀일체의 가르침에 따르면 신, 인간, 자연 삼재(三才)는 궁극적으로 일기(一氣)에서 유래하고 우주적 생명 공동체의 구성체들로서 생명 그물망을 이루고 있다. 즉 신(한울님), 인간 그리고 자연을 존재론적으로 독립된 실체로 보지 않고 일기(一氣)의 서로 다른 화생(化生)으로 보기 때문에, 모든 것은 결국 하나의 실체, 즉 혼원일기(渾元一氣), 혹은 지기(至氣)로 돌아간다. 하늘 아래, 땅 위의 모든 공간과 모든 시간에서 보이는 것과 보이지 않는 것, 물질적인 것과 영적인 것으로 운동하고 변화하는 모든 존재자의 궁극 원질은 곧 기(氣)이다. 인간은 한울님(天), 곧 우주적 성(性)을 본래아(本來我)로 자기 안에 모시고 수심정기(守心正氣: 마음을 지키고 기를 바르게 함)를 통해 한울님과 완전히 하나가 되며 우주적 성(性)을, 외부에서 오는 기(氣)를 통해 발전시키고 실현한다. 성과 기의 합치 속에서 변화가 일어나고 이를 통해 인간은 양천주(養天主)를 하며 숨어 있는 우주적 성(性)을 실현한다. 한울님은 다른 자연 존재 안에서도 현존하고 인간의 경우와 마찬가지로 작용한다. 한울님과 인간의 관계와 한울님과 그 외의 피조물과의 관계는 본질적으로 동일하다. 해월의 가르침에 따르면 천지인은 단지 동일한 기의 다른 모습에 불과하기 때문이다. 신(한울님)은 인간 외 다른 존재자 안에서 한편으로 성(性) 또는 원리, 이치로 존재하고, 다른 한편으로 존재자 사이에서 혹은 존재자 안에서 매개하고 작용하는 기(氣)로서 실재한다. 이처럼 신, 인간, 자연 삼자가 일체적 생태계를 이루는 것은 이치와 작용이라는 원리로 해명되는 것에 그치는 것이 아니라 내 안에 한울님을 모시고 내 밖의 모든 존재자와 일체적 생태계를 이루려는 지향으로 살아간다. 해월의 물물천 사사천(物物天 事事天)도 이런 맥락에서 모든 물질과 사건 안에 계신 한울님을 뵙고 존재자 사이에서 활동하고 매개하는 한울님을 공경해야 함을 의미한다. 수운 역시 자기 안에 한울님을 모시고 섬기려는 사람은 자신의 덕 안에서 하늘과 땅의 이치에 상응하게 행동해야 함을 가르쳤다. 요컨대, 신-인간-자연 삼자는 하나이고, 서로 연결되어 있으며, 기를 통해 소통 교환하고, 서로 보충하며 스스로 증여하면서 발전한다.[9]

셋째, 동학비전은 존재자의 일체성을 말하면서 동시에 존재자 사이의 존재론적 평등성을 나타낸다. 평등이라는 개념은 일차적으로 인간 사이에서 발생하는 개념이다. 인간이 '시천주'의 실존이라는 사실은 특정한 사람에게만 해당하는 것이 아니다. 어느 특정한 신분의 사람만이 '무궁한 존재'가 될 수 있는 것이 아니라, 세상의 모든 사람이 내 안에 한울님을 모시고 있어서 빈부나 귀천의 구분 없이 무궁한 존재이다. 그런데 동학의 존재론적 평등주의는 인간에 한정되는 것이 아

---

9 동학의 신, 인간, 자연 삼자의 일체적 관계에 관한 상세한 내용은 졸고, 「동학 천도교의 인간존엄성의 근거」, 『동학학보』, 2010년 12월 참조.

니라 더 나아가 모든 생명체, 모든 존재자에게까지 연장된다. 모든 생명체와 사물이 한울님을 모시고 지기를 통해 서로 연결되어 있으므로 다른 피조물도 인간 또는 한울님과 존재론적 본성에 있어서 동일하다. 따라서 모든 개체적 만물이 신령을 모시고 기화 작용 안에 있으므로 천지만물이 평등하다.[10] 개체들 간에 투쟁과 정복 대신 상생과 통합을 이루어 더 큰 생명으로의 창조와 진화가 있을 뿐이다. 모든 것은 지극히 거룩한 하나의 기, 즉 혼원일기(渾元一氣)의 변화무쌍한 생명현상이다. 동학의 존재론적 평등사상은 근대 개화기 때는 민족과 국가 간 평등주의, 사해동포주의의 근거가 되었고 열강의 침략에 대해서는 척양척왜 사상을, 독립선언 시기에는 민족자결주의를, 일본의 강점기에는 독립투쟁을 이끈 이념이 되었다. 현대의 기후위기와 종의 멸종 시대를 맞이해서는 생태 평등주의와 생명 평화주의 운동에 영감을 불어넣고 있다.

넷째, 동학비전은 인간이 창조진화의 행위 주체자로서 소명을 살아야 한다는 자각을 일깨운다. 수운이 인간에 관한 개념적 정의를 하지 않았지만 "최령자"[11](최고의 영적 존재), "무궁한 내"[12] 등으로 표현하고 있는데 이는 그의 신비체험에서 비롯된 것으로 보인다. 인간을 '무궁

---

10 동학의 2대 교주 해월은 "천지만물이 다 한울님을 모시지 않은 것이 없느니라. 저 새소리도 또한 시천주의 소리니라"고 가르친다. 「영부주문」, 『천도교경전』, 293쪽.
11 「도덕가」, 『천도교경전』, 215쪽.
12 「흥비가」, 『천도교경전』, 236쪽.

한 한울님'과 더불어 '무궁한 존재'로 보고 있다. 이와 같이 '유한적인 존재'인 인간을 신과 같은 '무한한 존재', 곧 '무궁한 존재'로 보는 것은 다름 아닌 '시천주(侍天主)', 곧 사람들 모두 그 내면에 주체적으로 무궁한 한울님을 모시고 있다고 보기 때문이다. 이러한 '시천주'의 상태를 다른 말로 표현하면, 신인합일(神人合一)의 경지이며, 인간이 이 우주에 화생(化生)할 때 한울님으로부터 품부(稟賦) 받은 바로 그때의 천심(天心)을 회복하는 것을 의미한다. 그런가 하면, 이는 곧 자신의 삶 속에서 '한울님 마음'을 한 치도 어김없이 인식하고 실천하는 삶을 뜻한다. 그러므로 '시천주'는 곧 인간이 태어날 때의 가장 순수한 마음을 회복하는 것이며, 나아가 이를 삶 속에서 실천하는 것이 된다. 따라서 인간은 수심정기를 통해서 자기의 개체적 생명에 대한 무질서한 애착과 요동치는 기운을 바르게 다스려 한울님이 자신 안에서 드러나고(시천주) 더욱 성성하게 하여(양천주) 모든 일을 무위이화(無爲而化)의 덕으로 실천하는 도덕적 소명을 갖는다. 인간이 다른 개별적 생명체나 사물과 달리 최령자이고 무궁한 존재가 되는 까닭은 자기 자신과 우주 자연 안에 있는 한울님의 창조적 역동성과 그 이치를 알고 한울님과 일치하여 천지의 자연 안에 그 뜻을 실현하는 존재이기 때문이다. 인간의 이러한 영적 능력과 지위는 자신의 생명만을 추구하는 이기적인 특권을 허용하기보다 전 우주 생명의 안위가 자신의 태도와 행위에 달려있음을 자각하고 이 진리에 투신하는 사명을 일깨운다.

　　우리는 위에서 동귀일체적 동학 비전의 특징을 인간의 한울님과의 소통성, 천지인삼재의 일체성, 모든 존재자의 평등성, 행위 주체로서의 인간의 소명으로 나누어 표현해 보았다. 이 네 가지의 특징은 실상서로 연결되어 있고 통섭하는 성질을 가지고 있다. 그러나 이 네 가지비전을 관통하는 것은 다름 아닌 끊임없는 마음의 수행, 즉 '회심(回心)'이라 나는 생각한다. 수운의 심신위성(心信爲誠)의 자세와 의암의성신쌍전(性身雙全) 수행의 중심에는 마음, 심(心)이 있다. 인간의 의지에 의해 힘을 쓸 수 있는 것은 마음(심)이라는 것이 심학(心學)의 핵심이다. 칸트가 실천이성의 근원에서 선험적인 선의지를 발견하여 도덕 형이상학을 세운 것과 비교된다. 믿음을 갖고 시정지(侍定知)와 수심정기(守心正氣)를 실천하여 윤리적 이상인 성경(誠敬)을 산다는 것은 곧 지속적인 마음공부, 즉 '회심(回心: conversion)'이 없으면 불가능하다. 회심은 동학의 핵심비전, 즉 시천주, 오심즉여심, 개벽, 양천주, 인내천 등, '한울님의 뜻을 알아듣고 나의 삶의 시간과 공간 안에서 그 뜻을 실천하려는' 지속적인 자각이다. 이는 인간의 종교성과 윤리성과 공공성 영역에서 자기 자신과 연관되어 있는 일에 있어서 보다 더 책임을 지려는 마음을 의미하기 때문에 동서양의 심학에서 공통적으로 사용할 수 있는 보편개념이라고 나는 생각한다. 그리스도교 전통에서도 라틴어 '회심conversio'(방향전환, 변혁)이라는 표현을 쓴다. 여기서는 일반적으로는 '회개(悔改)' 또는 '회심(悔心)'이라는 의미로 쓰고 있다. 그러나 이 표현은 '죄를 뉘우치고 후회하며 변화하려는 마음'으로 죄에 대한 자각과 뉘우침에 국한된다. 또한 '마음을 돌려 변화시킨다', '의식을 개벽한다', '신념체계를 바꾼다'는 의미와 여기서 전의되어 어느 특정 종교에 귀의한다는 의미도 있다. 그러나 나는 버나드 로너건이 지적한 것처럼 회심(回心)의 근본 의미는 윤리적, 영성적으로 '진실성을 향한 자기초월'이라고 본다.[13] 회심 개념은 익숙한 것으로부터 결별하여 더 큰 진리를 향해 삶의 전환점이 되는 계기나 전환을 지향한다는 뜻을 담고 있다. 불교에서의 회심과 발심, 세속의 포기, 고행, 깨달음의 일련의 수행 과정도 '회심(回心)'과 상통하는 표현이다. 깨달음을 얻는다 해도 마음이 바뀌고 행동이 변화되지 않는다면 영적 기만이 아닌지 의문을 가져야 한다. 한 번의 회심으로 모든 것을 깨달았다고 생각하는 것은 아직 무명(無明)에 잠겨 있음을 뜻할 수 있다. 이런 신념은 한 사건의 독단 속에 메어 있거나 자기의식의 현재만이 실재의 전부라고 확신하는 독아론일 가능성이 크기 때문이다. 회심은 인간이 인간으로 되어 가는 자기 초월 과정의 원리이다. 우리말의 사람의 '됨됨이'라는 개념은 그 사람의 변화 과정(되고 되어 가는)의 순간순간, 즉 마음의 지향(회심)이 진정성과 진실성, 정당성과 진리성 등 참나(한울님)에 맞춰져 있는지, 그리고 의지와 행동으로 자기초월의 길을 순례하는지를 표현한다. 개가 개로 되어간다는 말은 기언(嘉言)

---

13 Bernard Lonergan, *Method in Theology*, University of Toronto Press, 1971, chpt. 10.; 진실성, 자기초월과 회심의 동원심 관계를 나는 Robert M. Doran, "What does Bernard Lonergan mean by 'Converrion'?", 2011년 강의에서 배웠음을 밝힌다.

이지만 사람에게만큼은 '사람이 되어 간다'는 말이 어울린다. 참사람이 된다는 것은 사람 이상의 어떤 존재를 지향한다는 뜻이다. 동학의 표현으로 말하자면 물질개벽, 제도개벽에 앞서 자기의 의식개벽을 끊임없이 하여 시천주를 실현하는 것이다. 동물은 본성 충동에 충실하지만, 인간은 본성 충동을 넘어 고유한 방식으로 자기 목적을 지향하고 실현하는 인격이기 때문이다.

　인간 공동체 안에서 지속적인 수행적 회심을 이해하는데 있어서, 인간을 서방 그리스도교에서는 왜 인격이라고 부르게 되었는지 살펴볼 필요가 있다. 현대 국가 헌법에서 발견되는 인간 존엄성과 인권 선언은 인간이 인격임을 전제한다. 칸트는 "네가 인간성을 너의 인격에서든 다른 사람의 인격에서든 언제나 동시에 목적으로 여기고, 어떤 경우에도 단지 수단으로 여기지 않는 방식으로 행하라."는 정언명법으로 윤리학의 근거를 세웠는데, 이것은 인격이 자기 목적성을 가지고 있음을 지시한다. 인격 개념은 수운의 언어로 말하자면 '최령자', 혹은 '무궁한 내'에 해당한다. 한울님을 몸과 마음으로 모시고 섬기며 무위이화의 덕을 실천하는 삶을 사는 인간이다. 인격은 인간이 존재하는 방식이다. 인간(Homo Sapiens)은 사람들이 속하는 종(種: spesies)의 이름이라면 인격이란 인간 종(種)의 개체들이 존재하는 방식이다.[14] 인격들은 본성에 매몰되어 있지 않고 초월한다는 의미로 본성을 소

14　로베르트 슈패만, 『왜 인격들에 대해 말하는가』, 김용해 외, 서광사, 2019, 364쪽.

유한다. 본성을 소유하기 때문에 자신이 삶의 주체가 될 수 있다. 잠재적 인격이란 존재하지 않고, 다만 인격은 능력, 즉 잠재력을 갖는다. 그래서 인격은 발전할 수 있지만, 아무것도 인격으로 발전할 수는 없다. 인격은 변화의 결과가 아니라, 아리스토텔레스가 말한 '실체(ousia)'처럼 존재 발생의 원인이다. 인격은 인간이 스스로(독립적으로) 주인으로 존재하는 방식이므로 자주체(subsistance) 또는 개별적 실체(individual substance)라 불렀다. "인격은 이성적 본성을 지닌 개별적 실체(persona est individua substantia rationalis naturae)"라는 정의는 보에치우스(Boetius)에 의해 6세기경 확립되었다. 인격은 자신의 현실적 조건으로 설명되지 않고 자신의 고유한 발전을, 시간을 넘어 통일된 자아의 발전으로 이해할 수 있다. 통일된 자아가 곧 인격이다. 대승불교의 '불성', 동학에서의 '시천주', '천인' 혹은 '신인'이라 부르고자 한 것은 인간이 본성을 넘어 가치 지향적 행위를 실천하는 인격[15]임을 말하는 것이다. 나는 현대의 동서양 사상의 보편적 지평을 열고 대화하려는 동기로 이 글에서 인간의 회심을 이야기할 때 이 인격 개념을 전제로 사용한다.

15 동학연구자 조성환 박사는 한울님을 모시고 있는 존재로서 천인(天人)이기에 천격(天格)이라 부를 수 있다고도 한다. 한편 서구에서 인격(personality)이라 번역한 "persona" 역시 본래 삼위일체 신에 해당하는 말인데 인간의 존엄성을 표현하기 위해 빌려온 개념이라는 점을 감안한다면 인격 안에 천격이 내포된 것으로 봐도 무방하다.

2) 회심과 자기 초월

회심이야말로 동학 비전을 관통하고 있는 종교성의 열쇠 말이라고 앞에서 주장했는데 이를 검증할 필요가 있다.

"지기금지원위대강 시천주 조화정 영세불망 만사지."(『동경대전』, 「주문」)

"네 고향과 친족과 아버지의 집을 떠나 내가 너에게 보여 줄 땅으로 가거라."(창세기 12,1)

수운의 21자 주문은 강령주문(8자)과 본주문(13자)으로 구분된다. 강령주문은 본주문을 정성껏 바치기 위해 준비하는 마음의 원의를 담고 있다. "지기(지극한 기운)시여, 지금 (저에게) 크게 내리시기를 지극히 원합니다(至氣今至願爲大降)." 강령주문 8자는 지금까지의 자기 자신을 버리고(끊어버리고), 지기가 내려오셔서 자신을 온전히 차지하길 간절히 바라는 염원, 즉 회심(回心)이 담겨있다. 자기 실존의 한계를 뼈저리게 고백하지 않는 사람은 강령주문을 온 마음을 다해 발할 수 없다. 자신의 한계를 인정하는 것은 자기 초월의 출발이자 크게 마음을 돌이키는 계기이다. 기도하는 사람은 이런 연후에 비로소 본기도, 즉

"시천주 조화정(侍天主造化定)"할 수 있다. 한울님을 제 안에 모시고(시천주) 그 분과 일치하고자 마음을 정(定)할 수(조화정) 있다. 지금 이 순간 일치하고자 하는 마음이 '조화정'이지만 자신의 삶 안에서, 즉 창조 진화하는 모든 활동 안에서 그 분께 맞갖게 행하고자 하는 결의에 찬 서원(誓願)이기도 하다. 이것이 회심의 본래 의미이다. 즉 한울님과 한 치도 벗어나지 않기 위해 마음을 그분께 지속적으로 돌리는 행위이다. 인격이 인간 존재의 방식인 것처럼 시천주의 인간은 존재론적으로 한울님을 모시며 살고, 기도 안에서는 이를 인식론적으로 자각하면서 현재화되어 있는 이 존재 방식을 추구한다. 그래야만 각자 위심의 상태, 이해타산에 매몰되어 있는 본능 상태를 벗어날 수 있다. 한울님께 회심하는 것은 곧 자기를 초월하는 것이다. 아브라함이 친족과 아버지, 그리고 자신의 고향인 하란을 떠나 자기와 소통하기 시작한 목소리를 따라 자신의 미래를 향해 운명을 던지는 행위 역시 자기를 초월하는 행위이다. 동시에 자신에게 들려온 목소리에 끊임없이 집중하는 회심이다. 자기초월은 백척간두에 간신히 서 있는 자가 한발 더 홀쩍 뛰는 것처럼 자신을 완전히 포기하는 행위이다. 『고백록』에서 아우구스티누스는 자신이 기만에서 벗어나는 과정을 통해 절대자와 자기 자신과의 근본적인 거리를 절감하게 되었고, 마침내 회심에 이르렀음을 기록하고 있다. 자신의 체험을 기록한 것이지만 실은 자신에 대해 말하기보다 절대자에 대해서 말하고 있고, 자신의 이야기는 절대자, 신을 찾아가는 길에서 자신에 대한 체험의 반영일 뿐이다. 절대 진리만이 인간에게 자기기만을 드러내 주며, 동시에 자기 자신에 대한 참된 모습 역시 드러내 준다.[16] 시천주 조화정 상태에서만 자신이 누구인지, 무엇을 해야 하는지가 드러난다. 이 상태에서 한울님이 누구인지, 그리고 그분이 무엇을 원하는지 나에게 말을 건넨다. 시천주 조화정 상태를 벗어난 나머지의 상태란 자기기만의 상태이거나 허영 속에 잠들어 있는 것이다. 시천주 조화정 상태에서 수운은 "오심즉여심(吾心卽汝心)"이라는 한울님의 음성을 들었다.[17] "내 마음이 곧 네 마음이다."라는 음성은 한울님이 누구신지 그리고 비로소 자신은 누구인지 분명하게 인식한 순간이 되었을 것이다. 비로소 수운이 기다렸던 하늘의 도를 얻는 순간이었다. 예수가 요르단 강에 모여든 죄인들과 섞여 세례자 요한으로부터 세례를 받고 물위를 올라오는 순간, 예수는 하늘이 열리고 성령이 비둘기처럼 내려오는 것을 보면서 "너는 내가 사랑하는 아들, 내 마음에 드는 아들이다."[18]라는 하늘의 소리를 들었다. 한울님께 회심하고 끊임없이 자신을 초월하여 그 분께 지향하는 순간, 인간은 한울님과 마음으로 합치하고 통교할 수 있는 존재가 된다. 이 존재의 양식을 서구 그리스도교 문화에서 인격이라 부르고(그리스도교 내부에서 통용되는 하느님의 자녀와 같은 개념이다) 이

---

16 아우구스티누스, 『고백록』 8, 29.
17 「논학문」, 『천도교경전』, 28쪽.
18 〈마르코 복음〉, 1,10-11.

제 보편화되었다. 동학의 '신인(神人)'과 불교의 '붓다(깨달음을 얻은 자)'는 이 인격 개념과 비교된다. 다만 그리스도교에서는 메시아인 예수는 '하느님의 외아들'이라 부르며 하느님께로부터 태어났으나, 그 밖의 인간은 '하느님의 자녀'로 창조되었다고 구별함으로서 하느님과 인간은 창조자와 피조물의 존재론적 차이를 강조하는 전통이 있다. 그러나 동학과 대승불교에서 모든 이가 '신인'이고 '부처'라고 말하는 것은 존재론적 동일성을 강조하는 사유전통이 그 배경에 있다. '하느님의 아들', '신인', '부처' 등이 완성된 인간을 지칭하는 것이라면 그런 가능적 존재로 벌써 인정하고 존중하려는 철학적 개념이 '인격'이다. 인간이 인격이라 함은 인간 공동체 안에서 본성적 인간 이상의 존재로 진실성을 지향하고 자기 초월을 통해 지평을 확장하며 지속적인 회심을 실현하는 존재임을 드러낸다. 자신의 지평을 확장한다는 것은 자신의 인식지평 너머의 것을 볼 수 없는 폐쇄된 사람에게는 불가능하다. 자신의 관점에서 볼 수 없는 것을 볼 수 있게 되는 것은 타인의 관점을 통해 가능하다. 자신의 생활세계, 즉 언어와 문화에는 상식만이 존재하지만 그 너머의 것을 알고자 한다면, 즉 나의 지평 밖에, 내가 알지 못하고 이미 초대되어 있지만 알고자 관심을 갖지 않는 위대한 영역이 있음을 우리는 인정해야 한다. 이것이 회심이다. 회심은 타자가 가르치거나 내가 학습을 통해 배울 수 없다. 회심은 과거의 것, 자신의 습관적 태도를 버리면서, 즉 자신이 무너지면서 생겨난다.

3) 회심의 영역과 양상

젤피(D. Gelpi)에 따르면, "회심이란 인간의 모든 경험 영역에서 무책임한 행위로부터 책임 있는 행위로 나아가려는 (마음의) 결정"[19]이다. 책임 있는 행위란 회심하는 사람이 자기 자신은 물론 타인을 향해서, 그리고 더 나아가 모든 실재, 궁극적으로 하느님께 향해 자신의 행위 동기와 의도가 합당함을 설명할 근거가 있고 그 결과에 대해서 기꺼이 법적, 도덕적 책임을 다하겠다는 자발적 행위이다. 자기중심적 삶으로부터 하느님께 향하는 삶으로의 변화, 즉 의지의 지향성을 변화시키는 계기로서의 회심(回心: 마음을 돌림)은 감성과 지성, 도덕, 정치 사회 등 인간의 내면과 외면을 향해 마음이 지향하는 모든 영역으로 확대할 수 있다. 자신의 행동을 통해 책임을 의식하며 더 확장된 영역에서 책임을 더 지겠다는 것은 자아를 행위의 중심에 두거나, 자신을 과시하려는 교만심을 의미하지 않는다. 마음은 이것이 진리에 어긋나고 공정하지 않는 허영임을 알아차린다. 회심은 자신의 한계를 인정하면서도 자신이 행한 사유와 의지와 행위에 대해서 진실성과 진정성을 가지고 공동선을 위해 책임을 다한다는 것을 의미한다. 전통적인 영성이 영적 진보를 정화-조명-일치의 3단계로 구조화하여 정화

---

19 Donald Gelpi S.J., *Committed Worship. A Sacramental Theology for Converting Christians*, Collegeville, Minnesota 1993. p. 17.

과정의 주요 과제를 회심이라 했다면, 젤피의 회심은 영혼의 완성을 향한 전 과정으로서의 지속적인 변화를 의미한다. 따라서 회심은 인생 전체를 관통하여 계속되는 자기 초월의 실천으로 나타난다. 젤피가 묘사하고 있는 다섯 가지 회심의 양상은 인간의 다섯 가지 습관에 대립하여 이를 극복하면서 나타난다. 감성적으로 반응하는 영역에서는 '직관적 습관',[20] 합리적으로 반응하는 영역에서는 '추론적 습관', 도덕적으로 반응하는 영역에서는 '신중성의 습관'이 사람의 평상시의 판단을 지배한다. 사회정치적으로 반응하는 영역에서는 무반성적인 '제도적 습관', 종교적으로 반응하는 영역에서는 '신앙의 습관'이 인간의 판단과 행위를 지배하곤 한다. 각 영역의 습관에 따라 행동하는 것은 무책임한 것이지만 익숙한 것의 정당성에 대한 물음을 던지면서 자기의 문제로 여기고 책임을 다하려는 방향으로 의지를 결단하는 태도, 즉 자신을 넘어서려는 결단이 있는 곳에 회심은 일어난다. 티벳 불교의 지도자인 달라이 라마가, 윤회하는 것은 우리 자신이 아니라 우리의 습관이라고 가르친다. 이는 우리가 해방되어야 할 것은 다름 아닌 습관임을 강조하고 있다. 불교에서의 수행은 습관에서 벗어나 자유로

---

20 육체적 감관을 통해 인식하고 개념과 지식을 습득하는 데 있어서도 직관적 습관을 경계해야만 한다. 사람들은 다양한 직관의 형식을 하며 감성적 반응도 각각 다르다고 알려주는 것이 16가지의 성격유형을 설명하는 MBTI(Myers-Briggs Type Indicator)이다. 이는 우리가 하나의 직관적 습관만으로 실재를 파악하는 데 한계가 있다는 것을 분명하게 보여준다.

이 실재의 세계로 나아가는 것이다.

한편 젤피는 종교적 반응이 일어나는 영역의 회심을 '은총 입은(초자연적) 회심'이라 하고, 그 밖의 네 가지 앞의 회심을 '자연적 회심'이라 불러 서로 구별한다.[21] 젤피는 회심의 역동성 이론에서[22] 인간 의식 안에서 자연적 회심과 초자연적 회심의 상호작용, 즉 자연과 초자연이 상호관계를 맺고 있다고 주장한다. 감성적 회심은 무질서와 무책임의 감정과 정서의 저항으로부터 벗어나 책임 있는 감성과 감수성으로 노력하는 가운데 '희망(望)'과 '아름다움(美)'에 관심을 갖게 한다. 지성적 회심은 무책임한 신념과 무기력한 복종에서 벗어나 실재에 대한 진정한 이해를 열망하고 '믿음(信)'과 '진리(眞)'에 관심을 갖게 한다. 도덕적 회심은 무책임한 이기주의와 실용주의에서 벗어나 상호작용과 협력, 관계의 진정성을 향하도록 결정하고 '사랑(愛)'과 '선(善)'의 영역에 관심을 갖게 한다. 사회정치적 회심은 제도의 무반성적 수용에서 벗어나 제도 개혁을 위해 서로 협력하고 투신하려고 노력하는 가운데 정당한 사회질서를 열망하고 제도적 개혁을 실현하는데 관심을 갖는다. 종교적 회심은 신에 대한 거부 혹은 무지로부터 사랑의 마음으로 역사적, 계시적인 신의 자기-통교의 신앙과 그 결과들을 받아들이기로 결정하고 하느님과의 일치를 열망하며 하느님께 대한 소명과 책임

---

21 Donald Gelpi, 앞의 책, 27쪽 이하.
22 앞의 책, 33~55쪽.

을 행위의 중심에 둔다. 다섯 가지 각 양상의 회심은 반드시 다른 네 가지 회심에도 영향을 끼친다는 점에서 회심의 상호 역동성을 말할 수 있는데, 감성적 회심은 모든 양상의 회심에 '생기'를, 지성적 회심은 '정보'를, 도덕적 회심은 '가치'를, 사회정치적 회심은 '의미'를 더해 준다. 종교적 회심은 모든 영역의 회심을 원인적으로 유발하고 각각의 지향을 갖도록 덕으로 이끌며, 특히 감성적 회심과 도덕적 회심 사이를 중재한다고 한다. 즉 감성에 열의를 주고, 힘과 지혜를 추구하도록 양심을 이끈다. 우리의 관심을 끄는 것은 네 가지의 자연적 회심은 그 내적 지향 안에서 각각 희망과 아름다움(감성), 믿음과 진리(지성), 사랑과 선(도덕), 상호협력과 정의(사회정치)에 대한 지향성, 즉 초자연적 회심을 지향하고 있다는 점이다. 또한 초자연적 회심인 종교적 회심은 감성적, 지성적, 도덕적, 사회정치적 회심의 지평의 변화를 유발하여 각각 희망, 진리, 사랑, 정의의 덕을 주입한다는 점이다.[23] 자연적 회심의 최종 지향은 초자연적 영역인 종교적 회심으로 수렴되고 종교적 회심은 자연적 회심을 이끄는 최종 원인자이자 작용자로의 역할을 한다. 여기서 중요한 것은 자연과 초자연의 결합이며 다섯 가지의 회심들이 내적으로 결합되어 한 사람의 정체성, 즉 자기 동일성을 유지

---

23 심종혁, 「영성, 회심, 그리고 정체성」, 『신학과 철학』, 서강대학교 신학연구소, 2007, 41~47쪽.

해 가는 것이다.[24]

젤피의 회심이론은 동학의 강조점을 적확하게 드러내는데 도움이
된다. 마음과 몸을 다스리는 수심정기(守心正氣)는 직관적 습관을 경
계하고 감성을 안정화하는 회심을, 마음에 믿음을 두고 정성을 다하
는 심신위성(心身爲性)과 선심후성(先心後性)의 태도는 추론적 습관을
경계하고 지성을 진리로 이끄는 회심을, 사람을 각종 질병으로부터
구하려는 제인질병(濟人疾病)은 신중의 습관을 경계하고 도덕을 실천
하는 회심을, 나라와 세계의 영역에서 공존하며 생명을 살리려는 포
덕천하(布德天下)와 보국안민(輔國安民)은 제도를 숙명으로 받아들이는
습관을 경계하고 사회정치적 개벽을 이루는 회심을, 작은 일에도 한
울님과 함께 하고자 하는 고천(告天) 혹은 심고(心告), 식고(食告) 등은
신앙의 자기 습관을 경계하고 한울님과 일치하려는 종교적 회심을 강
조하는 개념들이라 말할 수 있다. 이처럼 동학도 천지인(天地人) 삼재
를 전일적으로 합치시키려는 개벽정신을 가지고 있고, 인간사의 모든
영역에서 실천하려 하기 때문에 그리스도교의 회심의 영역과 유사하
게 전실재(全實在)와 연결되어 있음을 알 수 있다. 여러 영역의 세계에
서 회심을 이루는 동학 천도교의 기초는 결국 '시천주'이다. 변화하는
환경과 사건 속에서도 한울님을 내 안에 모시고자, 마음을 돌리는 것

---

24 젤피의 회심이론과 현대의 영성 이해에 대한 상세한 내용은 졸고, 「현대영성의
    초월철학적 이해」, 『가톨릭철학』, 2008년 4월호 참조.

(回心)이다. 이 회심을 천인합일의 원리로 인식하고, 궁리하고, 무위이화하고, 개벽하며, 사소한 일에서도 한울님과 합치하려 노력하는 것이다. 해월이 동학의 제례와 기도에서 "향벽설위(向壁設位)"에서 "향아설위(向我設位)"의 문화로 바꾸어야 함을 강조한 것은 궁극적으로 인간의 행위 주체자로서의 책임성을 강조한 것으로 해석할 수 있다. 젤피와 동학에서의 회심에서 핵심은 몸과 마음의 습(習)을 깊이 인식하여 이에 매몰되지 않고 하느님께 나아가려는 지향, 즉 의식과 무의식, 자아와 타자, 내 문화와 타문화의 전실재(全實在)를 포용하며 통합하면서 자신과 자신의 것을 초월하려는 지속적인 지향성이라 할 것이다.

3. 회심 여정의 전제조건들

1) 인간 인식의 한계

베이컨(F. Bacon)은 인간이 올바른 지식을 획득하기 위해서 버려야 할 우상에 대해 경고하였다. 이는 플라톤이 『국가』 7권 '동굴의 비유'를 통해 가시적인 세계의 한계를 지적한 것에서 영감을 얻은 것으로 이해할 수 있다. 개별적 인간은 구체적 공간과 역사적 상황 안에서 언어와 전통을 익히고 성장하며 사유하기 때문에 자연적인 편견과 고정관념이 있을 수밖에 없다. 이는 있는 그대로의 실재 세계에 대한 인식이[25] 방해받고 있다는 것을 인정하고 이를 극복하기 위해 노력하지 않으면 안된다는 점을 드러낸다. 베이컨은 『노붐 오르가눔(Novum Organnum)』에서 인간이 버려야 할 편견을 「종족(種族)의 우상」, 「동굴(洞窟)의 우상」, 「시장(市場)의 우상」, 「극장(劇場)의 우상」으로 상세히 구분하였다. 현대 심리학에서도 인간은 자기에게 익숙한 것을 신뢰하고 낯선 것들에 대해 두려움 또는 불신을 갖게 된다는 것은 하나의 상식이다. 미국의 백인들이 흑인들에게 갖는 편견 또는 고정관념은 긴 역사과정의 차별과 배제의 정치가 만든 것이다. 이론적으로, 또는 의식적으로는 모든 인간의 인권을 존중한다고 생각하는 사람도 무의식 속에 깊게 내재해 있는 낯선 이들에 대한 혐오와 공포심을 극복하기란 쉽지 않다. 세계의 다른 나라 사람이 일본의 문화를 대하는 감정과 대한민국 국민의 그것은 다를 수밖에 없다. 이 감정 이면의 서로 다른 역사적 관계를 뛰어 넘기란 쉽지 않다. 최근 제주도에 무비자로 긴급 피난해 온 예멘인들에 대한 한국인의 배제와 혐오 의식 역시 이슬람교에 대한 편견이 작용하고 있음을 부인할 수 없다. 더군다나 어느 사회에서나 이런 혐오와 공포심을 조장하여 이득을 취하려는 정치꾼이나 세력들이 존재하고 있기 때문에 진심으로 전실재로의 회심을 실천하려

25 '누가 있는 그대로의 실재 세계를 인식할 수 있는가'라는 질문에 대한 답은 '존재론적 인식의 한계가 있는 인간은 아니다'이다. 전지전능한 신이 아닌 한 가능하지 않다. 다만 인간에게 있어 실재 세계란 인식 가능한 전실재를 지향해야 하며, 반증가능성을 수용하고 인식의 과정을 지속해야 한다는 메타포로 작용할 뿐이다.

는 사람들은 자신의 존재론적 한계를 인정하고 지속적으로 타자의 입장에 서서 타자를 공감하며, 다원주의적 삶의 긍정성에 적응하려 노력해야 한다. 그렇지 않으면 타자에 대한 공포와 혐오의 무의식을 넘기어렵다. 타자에 대한 공포와 혐오가 방치되고 사회적으로 확산되면, 대중은 보호본능을 강화하고 타자에 대해 공격적 태도를 취하게 되어 갈등과 분쟁이 생기게 되고 전쟁과 테러가 끊이지 않게 되는 것이다. 우리 각자가 가지고 있는 이런 우상과 편견을 극복하기 위한 첫걸음은 이런 존재론적 한계를 인정하고 지속적인 회심의 노력으로 실재를 대면하여야 한다. 우리 안에는 인종, 종교, 성, 계급, 소수자(장애자, 이주민, 새터민, 비주류자, 성소수자 등)에 대한 편견과 고정관념이 실재를 파악하는데 늘 방해요소로 작용하고 있다는 것을 인정해야 한다.

2) 죄의식과 용서

인간은 육체적, 본능적 존재이기에, 초개인적 입장에서 늘 실재자체, 즉 하느님을 지향하고 그 분의 뜻을 잘 실천할 수 있는 것만이 아니다. 우리는 본능에 얽매어 자기 이익과 쾌락을 추구하며 태만에 빠지는 죄를 짓기도 한다. 동료 인간들과 자기 이익을 앞에 두고 다투고 타인에게 가야할 몫을 불의하게 취하며, 공동체의 규정과 법을 어기는 등 객관적 죄를 저지르기도 한다. 죄에는 여러 가지 연관된 객관적 사실이 복잡하게 연루되어 있어서 죄를 지은 주체에 의해서 일방적으로 극복될 수 있는 것도 아니다. 1995년 여름 삼풍백화점 붕괴사고로 발생한 500여 명의 사망자, 900여 명의 부상자, 그리고 그들 가족에게 끼친 수많은 고통과 피해를 누가 책임을 지고 용서를 빌어야 하는가? 백화점의 회장, 또는 사장이 이 피해자에 대한 죗값을 과연 치를 수 있을까. 당시 사장은 7년의 형을 받아 만기출소한 후 아직까지 남의 눈을 피해 타국에서 죗값을 치루고 있지만, 유가족들 앞에 나타나 제대로 된 사과를 한 번도 할 수 없었다고 한다. 그런데 유가족 중 한 분이 방송 인터뷰에서 다음과 같은 불편한 진실을 말하였다. "유가족들은 제대로 사과 한번 듣지 못했다고 호소하곤 했지만, 입장을 바꾸어 내가 사장이었다면 '나는 사과하러 나올 수 있을까'라고 반문한다." 인간의 생로병사와 같은 근본 상황은 우리 모두가 쉽게 인정하지만 이런 상황이 자신에게 혹은 자신의 사랑하는 사람에게 닥치면 이성만으로는 극복할 수 없는 한계상황으로 바뀌게 된다고 실존주의자 칼 야스퍼스는 말한다. 삼풍백화점 사장은 유가족들에게 평생 갖게 되는 죄의식으로 존재가 무너져 두 발로 지탱할 수 없는 처절한 한계상황으로 빠져든다. 인간의 깊은 죄의식은 여러 행위를 통해 이루어지는 삶의 전체성과 여전히 긍정적으로 전환할 수 있는 모든 희망을 앗아갈 수 있다. 죄가 직접적으로 현존하는 한, 인격의 자유를 빼앗아 가는 상황을 우리는 자주 목도한다. 용서에 대한 의식만이 이러한 상황에서 빠져나오게 한다. 다윗이 용서 체험을 읊었듯이, 용서를 통해 우리의 "젊음이 독수리처럼 새로워진다."(시편 103, 5) 슈패만(R. Spaemann)

은 종교만이 인간이 죄로부터 해방되는 길을 열어 주었다고 주장한다. "종교는 우리를 자유롭게 하여 행위를 하도록 만든다. 종교가 인간의 죄와 절망의 짐에서 벗어나게 하는 용서를 약속한다. 용서가 과거의 굴레에서 벗어나서 인격들에게(…) 의미를 부여하는 것을 다시 허용한다. 회심만으로 이와 같은 자유를 성취할 수 없다."[26] 용서가 없다면 죄로부터 해방은 불가능하다. 죄와 죄로부터 용서라는 관념에 대한 동서양의 종교 간 차이는 분명히 존재한다. 대체로 불교나 도교는 물론 동학의 경전에서는 죄에 대해 주제로 삼거나 죄를 강조하지 않는다. 그리스도교와 유대교에서는 십계명 등, 신의 계명을 어기는 것을 본죄(개인이 짓는 죄)라 하고, 인류 조상으로부터 내려오는 구조적인 죄, 즉 하느님과 인간을 분리시키는 구조적 단절상태를 원죄라 하는 등 죄에 대한 관념과 규정이 많다. 유대교 등 고대 종교에서 죄에 대한 용서 행위는 신에게만 유보되어 있어서 사제를 통해 특정한 방식으로 속죄 예식을 행하면 비로소 신께로부터 죄를 용서받는 것으로 믿는다. 동학에서도 수운은 죄에 대해서 말하기는 하지만 죄의 원인이나 용서에 대해서는 언급하지 않고 있다. 「논학문」에서 "온 세상 사람이 어찌하여 한울님을 공경치 않느냐?"는 질문에 대해 한울에 대한 무지 때문이라고 말하고, "왜 도를 훼방하는 사람이 있느냐?"는 질문에는 우리의 도를 듣지 못했거나 도를 듣기만 하고 닦지 않았기 때문

26 슈패만, 앞의 책, 148쪽.

이라 대답한다. 도를 배반하는 행위에 대해서도 운수나 한울님께 달려있는 것이지 수운 자신이 관여할 바가 아니라고 한다.[27] 동양에서는 인간의 자유의지와 죄에 대한 관념이 강하지 않기에 용서에 대한 대책도 미약한 것으로 보인다. 그리스도교는 예수 그리스도의 모범을 따라 그를 잇는 제자들이 죄를 용서하는 사죄 행위를 할 수 있도록 제도화하였다. 그리스도교 전통에서 용서의 가능성과 함께 신과의 새로운 관계개선, 즉 종교적 가능성은 인격들에 있어서 본질적이다. 용서는 엔트로피와 같은 무질서에 대항하는 힘이다.[28] 동학에서 용서라는 개념이 분명한 것은 아니었지만 수운이 도통한 후에 종(노예)들을 모두 해방시킨 일이나 해월이 약자들, 즉 여성과 어린이 그리고 자연 생태계와의 일치와 화해의 영성을 강조한 것은 잘못된 마음과 태도를 버리고 사회와 자연환경을 새롭게 인식하고 변혁하려는 회심의 과정으로 이해해 볼 수 있다. 1919년 기미독립선언에 주도적 역할을 한 천도교가 선언문 내용에도 영향을 끼쳤다고 알려져 있는데 선언의 취지가 자신들을 핍박한 일본 민족을 미워하거나 배제하려기보다 공존과 화해를 모색하는 민족자결의 정치를 촉구하며 민족의 회심에 더 강조점을 두고 있다. 이는 관대함과 용서를 미움보다 더 중요한 것으로 보기 때문인 것으로 생각된다. 잘못을 저지른 집단을 응징하고 처단하

27 「논학문」, 『천도교경전』, 37~40쪽.
28 슈패만, 앞의 책, 149쪽.

기보다 새로운 가능성으로의 초대가 진정한 의미의 용서라 할 수 있을 것이다. 인간이 이상적인 세계를 지향하고 현재의 세계와 제도가 개선되기를 바란다면, 나와 다른 인간 그룹이 이제까지 관행적으로 저지른 오류와 잘못, 무질서한 애착에서 파생된 마음의 어두움 혹은 죄의식 등 인간의 생기를 잃게 하는 상태에서 해방되어 진리와 광명으로 나아가기를 소망한다. 그러기 위해서 우리는 서로를 용서하고, 서로 사면하는 문화를 건설해야 한다. 최근 우리나라에서 우리는 자신의 행위에 대한 죄책감과 책임의 부담으로 자살에 이르는 유명 인사를 자주 봐 왔다. 나는 그때마다 용서를 구하고 용서하는 문화가 우리에게 얼마나 절실한지 깨닫게 된다. 모든 인간이 존엄한 인격임을 인정한다면 죄를 미워하되 죄인은 미워할 수는 없는 것이 아닐까.

3) 선불과 채무이행 형식으로의 용서

우리가 유한하고 자연적인 본질로서, 모든 인간의 인격을 인정하고 존중하기로 약속하며 살고 있지만 늘 뒤쳐져 행동한다. 바로 이점에서 존재론적 용서의 근거가 놓여 있다. 우리는 모든 사람에게 동일한 방식으로 '공정하게(gerecht)' 될 수 없다. 우리가 특정한 사례들에서 우리를 신뢰하게 만들기 위해서 우리가 어떤 것을 타인에게 약속하지 않으면 안 된다는 사실은 우리가 우리 실존을 통하여 우리를 신뢰할 근거를 충분히 제공하고 있지 않다는 것을 말해준다. '존재론적 용서'는 자신과 타인의 존재론적 유한성에 대한 인정에서 출발한다. 유한한 자연인들은 원칙적으로 관대함이 필요하다. 슈패만은 이러한 존재론적 용서를 '선불 형식'의 도덕적 용서라고 말한다. "남을 심판하지 마라. 그러면 너희도 심판받지 않을 것이다. 남을 단죄하지 마라. 그러면 너희도 단죄 받지 않을 것이다. 용서하여라. 그러면 너희도 용서받을 것이다."(루가, 37) '선불 형식'의 용서란 초월적 용서 관념에서 구체적인 범주적 용서로, 존재론적 용서에서 개별적인 도덕적 용서로 이행하는 것으로 선을 쌓아두거나 빚진 용서를 되갚는 것을 말한다. 용서는 관념에서 지속적인 회심과정을 거쳐 내 마음이 치유되고 타자에게 마음을 개방하며 마침내 상호간의 화해에 이를 때 비로소 자체 목표에 도달한다. 목표에 도달하면 용서 행위는 스스로 중지된다. 용서는 그것의 전체인 불균형을 사라지게 하고 상호 간 인정의 동등성을 다시 복원한다. 이 동등성은 결코 완전히 파괴된 것이 아니므로 복원될 수 있다.[29]

인간들 사이의 용서는 인격의 자유를 전제하고 있다. 인격은 창조적인 살아있는 존재이기에 늘 그 자체에 대한 술어들의 총합 이상이다. 인격은 발생한 것을 발생하지 않은 것으로 만들 수는 없다. 인격은 그 자체로 이미 되어 버린 것을 고려해야만 한다. 그런데 인격이 이것을 어떻게 취급할 것인지는 인격 자신에 달려 있다. 자기 행위를

---

29 슈패만, 앞의 책, 347쪽.

거부하는 것도, 후회하는 것도, 재평가를 통해 새롭게 통합하는 것도 방식의 하나이다. 다른 사람들과 관계 맺는 가운데 갈등과 이해타산이 생기고 이를 다시 자기 초월을 통해 자기 자신을 실현한다. 생명력이 넘치는, 자기중심성을 넘는 초월은 인간 스스로가 타인들에 의해 인정받는다는 것을 경험함으로써 가능하게 된다. 인격은 복수로만 존재한다. 인간은 살아가는 동안 자기중심성을 넘어서는, 즉 자기초월의 계기, 생명의 재획득의 길을 경험하는데 이 길은 자기 자신 안으로 돌아감으로써, 즉 죄에 의하여 차단되곤 한다. 이 차단이 제거되기 위해서 우리는 밖으로부터의 도움이 필요하다. 이 도움의 본질은 타인, 즉 죄의 습격을 당한 사람의 용서 준비태세에 존재한다. 이 준비태세는 죄인을 그의 사실상의 본질과 동일시하지 않고, 그가 행한 것과의 관계에 있어서 그 자신을 새롭게 정의하도록 허용하는 것을 말한다.[30] 이런 허용을 우리는 용서라 부른다. 용서는 청하여 얻어지지 않으면 안 된다. 용서에는 특이한 불균형이 있는데 타자에게 용서할 의무가 있는 것은 아니기 때문이다. 그러나 절대자, 즉 하느님을 믿는 신앙인은 이런 청에 응할 의무가 있다. 그가 이런 의무를 이행하지 않으면, 스스로 인격의 존재를 볼 수 없게 되는 퇴영에 빠지고 만다. 한 인격을 그가 행한 것과 동일시하여 확정하는 것은 인격으로서 자신에 대한 서술에 대해 자신이 자유로운 존재임을 거부하는 것과 마찬가지이

---

30 앞의 책, 343쪽.

다. 그러나 죄인은 이 자유를 실현하기 위해 타인의 용서를 필요로 한
다. 이것이 그에게는 형벌이다. 그런데 이 허락이 거부되는 경우에는,
거부하는 사람은 스스로 인간 공동체에서 이탈하게 된다.[31] 타인을 용
서하려는 마음과 실천의 심화과정은 회심의 본질이며 자신이 신에게
빚진 것에 대한 최소한의 채무 이행일 수 있다. 신은 한 인간의 죄를
용서할 때, 그가 행한 선불이나 채무 이행에 따라 자비를 베푸는 것이
아니다. 신은 진심으로 회개하고 용서를 구하는 사람을 조건 없이 용
서하여 그가 새 삶을 시작할 수 있도록 한다. 사랑을 받은 경험이 있
는 사람이 사랑을 베풀고, 용서를 받은 경험이 있는 사람이 타인을 용
서할 수 있다. 동료 인간을 용서한 경험이 없는 인색한 사람은 자신에
대한 신의 용서를 스스로 받아들이기가 여간 쉬운 일이 아니다.

4) 지구 위기와 생태계와의 화해

생태계 파괴로 인한 지구위기를 극복하기 위한 인류의 회심이 오
늘보다 더 절실한 적이 없다. 지구 나이 46억 년 동안에 최근 제4기(플
라이스토세의 빙하기와 홀로세 간빙기를 포함하는 250만 년) 기후의 변화가
가장 활발하고 변동도 큰 시기로 알려졌다. 홀로세 간빙기 들어 2만
년 동안 변화되지 않았던 지구의 온도가 19세기 후반부터 지구 전체

31 앞의 책, 344쪽.

바다와 지표 부근 공기가 급상승하기 시작하였다. 산업혁명이 지난 1-2백년 후 전 세계적으로 나타나기 시작한 현상이다. 최근 100년 동안 지구온도는 0.8℃ 상승했는데, 그것도 가장 최근 30년 동안 평균 기온이 0.6℃ 상승했다.[32] 기후 온난화(더 정확히는 지구열화로 불러야 한다)는 극소수의 의견을 제외하고 대부분의 과학자들은 이산화탄소와 매탄 가스 등 온실 기체 농도의 증가와 화석 연료 사용의 연관성 위에서 현대인간의 활동에 의해 발생한 것으로 추정하고 있다. 인공위성에서 지구온도를 측정한 결과 높은 온도의 열섬은 이산화탄소 배출 양이 많은 대도시와 일치하였다. 과학적 실험에서도 수증기와 이산화탄소와 매탄 등 가스가 온실효과를 낸다는 것을 밝혔다. IPCC(기후변화에 관한 정부간 패널) 제4차 평가 보고서는 모델에 따라 21세기 동안 지구의 평균 온도는 최하 1.1~2.9℃ 상승에서 최대 2.4~6.4℃까지 상승할 수 있다고 예고했다. 기후 변화에 관한 국제 연합 기본 협약(UNFCCC)은 인간에 의한 위험 기후 변화의 방지를 목적으로 체결되었고, 부족하나마 21세기 동안 2℃ 이내로 미래 지구열화를 막아야 한다고 선언하고 있지만 그 누구도 이것의 실현을 장담하지 못한다. 지구열화의 영향으로 지구 기온의 상승, 강수량과 패턴의 변화, 아열대 사막의 확장, 북극의 축소와 지속적인 빙하, 영구 동토층 및 해빙의 감소, 이로

---

32 "America's Climate Choices", Washington, D.C.: The National Academies Press. 2011. p. 15.

인한 극한 기후와 폭염의 증가, 가뭄과 폭우, 해양 산성화와 종의 멸종, 농업 수확량의 감소와 난민의 발생 등 엄청난 재해가 매년 더해가고 있는 현실이다. 더 나아가 콜버트(E. Kolbert)는 지구 곳곳에서 수많은 곤충, 척추동물과 식물 종의 수가 감소하는 것을 보고하면서 우리가 생존하기 위해 의존하고 있는 자연적 에코시스템의 붕괴를 일으킬 수 있는 제6차 대소멸 시기의 한가운데에 있다고 주장한다.[33] 인류가 당면하고 있는 문제는 비단 지구위기뿐이 아니다. 최근 발생한 메르스, 사스, 코로나19 팬데믹과 같은 신종바이러스, 돼지역병, 조류독감 등 질병이 계절마다 발생하고 있을 뿐 아니라 국가 간, 시민 간 사회 경제적 불평등 지수가 증가하는 문제도 심각하다. 청년 실업 증가, 혼인율과 출산율 감소, 이혼율과 자살률의 증가 등 반생명문화적 도전도 작지 않다. 인간이 살아가는 생태계는 가깝게는 사회적 세계에서 멀게는 자연적 세계를 아울러서 보아야 한다. 생태계의 가장 큰 영역인 지구의 자연적 세계가 인간의 의식주를 위한 소비와 생활 방식으로 인해 위기를 맞이하고 있고, 그 위기 상황 하에 사회적 세계가 평등과 정의의 원리를 등한시함으로써 더욱 큰 위기로 빠져들고 있다고 나는 생각한다.

이러한 지구의 위기에 대한 인간의 반응은 다양하다. 리쾨르(P.

---

33 Elizabeth Kolbert and Anne Twomey, *The Sixth Extinction*, New York: Simon & Schuster Audio, 2014.

Recoeur)는 자유의지의 구조를 연구하고 네 종류의 자유에 대해 말한다.[34] 첫째 자유는 인간의 기본적 한계상황을 인정하지 않고 이에 반항하거나 인간의 유한성과 무의식의 어두움을 부정한다. 이를 '프로메테우스의 거부'라 한다. 이는 의식주의와 이상주의(idealism)를 대변하여 절대주의적 자유를 강조한다.[35] 둘째 종류의 자유는 자기 자신을 한계상황과 동일시하여 불가피한 숙명이라고 인정한다. 이것은 괴테, 니체와 릴케의 서정시에 나타난 오르페우스의 정체성과 유사하다. 오르페우스는 부정과 긍정, 죽음과 삶, 신비와 모순의 이중 왕국에 결합된 은유이다.[36] 셋째 종류의 자유는 자신을 인간의 한계상황으로부터 거리를 두면서 불편부당한, 수동적 관찰자의 입장에서 현실 도피적 초월을 도모한다. 이런 종류의 자유는 무감동 모델로 스토아 철학의 이원론과 동일하다. 영혼과 육체의 화해가 아니라 영혼이 육체로부터 이탈을 꾀한다.[37] 넷째 마지막 종류의 자유는 종말론적 희망에 상응하여 한계상황을 인정하면서도 미래에 대한 희망을 유지하며 이를 극복

34 Thorer, J., *Die Liturgische Symbolik im Lichte der Symboltheorie Paul Ricoeurs: Ein interdisziplinäres Gespräch zum Verständnis der Symbole im Blick auf die christliche Initiation (Ph. D. Dissert.)*. University of Innsbruck, Innsbruck 1984, 28. 참고.

35 P. Ricoeur, Freedom and Nature: The Voluntary and the Involuntary, traslated by Erazim V. Kohak, Northwestern University Press 1966, 464쪽 이하.

36 Ricoeur, 앞의 책, 473쪽 이하.

37 앞의 책, 469쪽 이하.

하기 위해 결정하고 실천하는 자유이다. 이 자유가 지닌 내재적 인내는 초월하고자 하는 희망이 있기 때문이다. 이 희망은 이원론의 극복이 아니라 영혼과 육체가 화해하는 도상에 있는 생명력이다.[38] '프로메테우스의 거부'에 해당하는 첫째의 자유 행사는 지구위기에 의해 대멸종이 온다거나 인류가 멸망할 수 있다는 가능성을 거부하는 것이다. 아직도 인위적 요인에 의한 지구위기가 아니라고 주장하는 사람들이 여기에 해당한다. 둘째의 오르페우스적 자유라는 것은 불가피한 운명으로 받아들이고 그 운명과 일치하는 신비주의적 태도를 말한다. 초월적 합일만 강조할 뿐 인간의 주체적 노력은 하려고 시도하지 않는 태도이다. 무위이화를 잘못 이해하면 여기에 해당될 수 있다. 셋째 종류의 스토아주의적 자유는 육체는 멸망하더라도 영혼은 불멸할 거란 신념으로 이런 도전을 회피한다. 이 경우는 과학 기술의 발전에 대해서도, 대멸종 등 지구위기 상황에도 무관심하고 냉소적일 수 있다. 이런 자유는 사이비 혹은 숙명적 종말론자들의 것이다. 넷째 종류의 자유는 자신을 의지적이면서 동시에 비의지적이고, 객관적 주체로도 선험적 주체로도 환원하지 않고, 존재하는 몸의 인간학에 가장 합당한 자유라고 리쾨르는 주장한다. 이 자유는 타자와의 관계 속에 존재하는 주체의 존재론이며 육화의 신비와 종말론적 투신을 결합시킨 그리스도교의 비전을 담고 있다.

38 앞의 책, 480쪽 이하.

기후위기, 지구열화 시대를 맞이하여 종의 대멸종 시나리오가 현실처럼 다가오는 도전 앞에 우리가 취할 수 있는 비전과 태도를 생각할 때 나는 리쾨르가 제시한, 미래의 희망을 잃지 않고 현 상황의 한계를 인정하면서도 종말론적 엄중함 속에서 우선적 가치에 투신하는 것이야말로 인류가 취해야 할 올바른 태도라 생각한다. 동귀일체적 개벽사상과 그리스도교의 종말론적 비전은 인간이 직면하고 있는 필연적인 한계상황을 인정하면서도 '새 하늘 새 땅'의 희망을 간직하며 실천해 나가는 넷째 모델의 자유 행사에 기초한다고 생각한다. 인간은 마음을 자기의식의 주체성으로만 환원하지 않고 몸을 통해 기화된 세계를 관조하고 대화하며 상대하는 가운데 한울님의 뜻을 알아듣고 이에 일치하여 실행하려고 몸을 사용해야 한다. 그러나 모든 것은 하느님에 달려있기에 인간이 의지를 통해 실천하겠지만 완전히 마음대로 이룰 수 없고, 인간이 책임을 전적으로 지려고 하겠지만 인간은 인류를 구원할 수 없으며, 비전을 가지고 투신할 수는 있겠지만 세상을 창조할 수는 없다. 여기에는 투신과 이탈, 육화와 초월의 덕 사이의 균형과 유연성이 중요하다. 해월의 삼경, 즉 경천, 경인, 경물의 비전은 한울, 인간, 자연의 생명과 비생명을 관통하여 조화를 이루는 한울님의 현존을 인식하고 인간이 겸손을 다해 공경해야 함을 보여준다. 존재의 위계를 버리고 가장 하위의 물질계를 공경할 수 있는 사람이라야 진정으로 타인을 공경할 수 있고, 타인을 공경할 줄 아는 사람이라야 진정으로 한울님을 공경할 수 있다는 해월의 사상은 의식계와 물질서의 화해를 가르치고 있다. 인간 의식과 물질과의 화해는, 물질이면서 동시에 의식인 인간이 자유와 자연 사이에서 양자 중 어떤 하나로 귀속하지 않고 양자를 화해시키려는 균형잡힌 의지와 실행이 있을때 가능하다.

지구의 위기에 대한 구체적인 회심을 어떻게 서술할 수 있을까? 토인비가 인류사를 정의했듯이, 인류는 '도전과 응전의 법칙'으로 발전해왔다. 어떠한 시련과 절망스러운 상황이 온다고 하더라도 이성을 잃지 않고 운명을 사랑하고 인내하며 찾아 나선다면 반드시 길이 열린다. 칼 야스퍼스는 이를 두고 인간은 한계 체험을 통해 비로소 하느님을 뵙게 된다고 표현했다. 그리스도교는 죄 중에 있는 세상을 십자가의 사랑으로 구원하신 예수 그리스도를 따르는 길, 즉 삶의 구체적 현장에서 희생적 사랑을 선택하는 길을 모범으로 제시한다. 세상의 물질과 재화를 사용하되, 나의 욕망에 따라서가 아니라, 나의 필요에 따라 최소한의 것을 사용하는 것이 이 시대의 정의가 아닐까. 에어컨을 켜더라도 적정온도를 유지하는 것, 자가용을 자제하고 대중교통을 이용하는 것, 수도꼭지 잘 잠그고, 텀블러를 사용하는 것, 승강기 대신계단으로 이동하는 것, 항공기 타고 여행할 때마다 한그루의 나무를 심는 것은 어떤가? 미래 지구의 생명과 죽음은 순간마다 나의 결단에달려있다. 인간에 의해 야기된 오늘의 기후위기, 지구의 혼돈상태의극복은 인간의 합리적 이성을 토대로 신-인간-생태계의 통합적 관계를 정립하고, 하느님 창조의 동반자이자 피조물의 맏이로서의 청지기

역할과 책임을 자각하는 데서 시작할 수 있다. 이것은 또한 사회정의, 국가와 민족 간의 정의, 그리고 세대 간의 정의를 합의에 의해 도출하고 실천에 옮기는 민주주의의 기초 위에서 실현할 수 있다. 그리고 우리가 허영과 무절제에서 절제와 금욕으로의 생활 전환을 꾀하면서 과학기술적 방법을 모색할 때 그 효과가 클 것이다. 생태환경의 변화를 가져오는 개발과 건설을 추진할 때는, 지속적 발전 가능성을 기준으로 삼고 사전에 신중히 검토해야 한다. 자연자원은 한정되어 있고 파괴된 자연 생태계는 재생될 수 없다는 사실에 유의해야 한다. 특히 지구열화(지구 온난화가 아니다)에 따른 지구의 위기를 고려한다면 기후는 보호하여야 할 인류의 공동선이다. 자연 생태계를 존중하는 경제라면 이익의 극대화를 그 유일한 목표로 삼지 않아야 한다. 생태계 보호는 오로지 금전적 손익 계산을 바탕으로 해서는 보장될 수 없기 때문이다. 생태계는 시장의 힘으로 적절하게 보호하거나 증진할 수 없는 재화이다.[39]

4. 회심의 동인(動因): 초월과 은총

인격이 자신의 마음을 지속적으로 살피면서 진보와 성숙을 지향하는 회심을 통해 생활의 변화와 자기 초월의 가능성을 열어두고 생태

---

39   교황 요한 바오로 2세, 〈회칙 백주년〉, 1991, 40항.

환경, 인간 동료, 절대자 등 타자에 개방하고 소통하며, 더 일치하고 더 많은 책임을 지려는 의지의 최종적 동기는 무엇일까? 회심의 모티브(동기)는 무엇인가? 여기서 말하는 "동기(Motive)"라는 말은 감각적이든 이성적이든 상관없이 의식적인 차원에서 행위를 지시하는 특별한 목표 혹은 목적을 가리킨다. 돈실(J. F. Donceel)은 여러 종류의 동기에 대해 말한다. 그에 따르면 식사, 음료, 휴식, 안식, 성적 쾌락과 관련된 감각적 동기와 생명과 관계되는 건강, 힘, 육체적 미, 놀이 등의 생명적 동기가 있다. 그리고 집단의 구성원으로서 개인과 관련된 사회적 동기가 있는데 부모의 사랑, 성적 매력, 우정, 인간 사회, 명성, 권력 등이다. 또한 지식, 미, 윤리적 가치 등의 영적 동기와 신과 관련되거나 사후 생명에 관한 동기로서 종교적 동기도 있다.[40] 여러 종류의 인격의 동기를 통해서 알 수 있듯이 인간은 감각적인 몸을 지니고, 함께 모여 사회적 관계를 이루며 지성적 존재로 다양한 동기를 가지고 영성과 종교성을 추구하고 있음을 알 수 있다. 그런데 우리가 회심을 주제로 삼아 말을 할 때는 어떤 삶의 방향성, 의지의 지향성을 염두에 두고 있다. 이러한 여러 종류의 동기들을 통해서 우리 삶을 관통하는 인간 삶의 총체적 동기는 무엇인가? 자기중심적 삶으로부터 하느님께 향하는 삶, 즉 진 선 미 자체이시고 존재 자체이신 하느님의 뜻에

---

40   Donceel Joseph F. Donceel, *Philosophical Anthropology*, Sheed and Ward, 1967, p. 206.

합치된 삶을 향해 감성과 지성, 도덕, 정치 사회 등 모든 영역에서 더 많은 책임과 선업을 실행하려는 지향성이 회심(回心: 마음을 돌림)이다. 그런데 이 회심이 가능하게 하는 힘, 즉 회심의 동기가 무엇인지 우리는 성찰할 필요가 있다. 회심은 자신의 욕구와 안락함의 유혹을 이겨내야 하고 자기 자신을 포기하고 전혀 생소한 세계를 수용해야 하는 인내와 시련을 동반하기 때문에 동기가 확실하게 주어지지 않거나 그것에 대한 자각이 없으면 지속적인 회심이란 여간 힘든 일이 아닐 것이다. 회심의 동기를 성찰하기 위해서 앞에서 보았던 회심이 일어나는 영역과 상호 역동성을 검토할 필요가 있다. 우리는 회심의 양상에 대해 성찰할 때 젤피의 다섯 가지 영역을 살펴보았다. 그리고 초자연적 회심인 종교적 회심은 감성적, 지성적, 도덕적, 사회정치적 회심의 지평 변화를 유발하여 각각 희망, 진리, 사랑, 정의의 덕을 주입한다는 것을 보았다. 그리고 네 가지 자연적 회심들의 최종 지향은 초자연적 영역인 종교적 회심이었다. 종교적 회심은 자연적 회심을 이끄는 원인이자 작용자의 역할을 하므로 자연과 초자연의 상호역동성이 일어난다고 말할 수 있다. 칼 라너(Karl Rahner)는 하느님(신) 체험과 나의 한계 체험을 두 면을 지닌 하나의 체험으로 해석한 신학자이다. 그에 따르면 자신의 무능과 무력함을 느끼고 자신을, 해방의 의미로 포기할 때 비로소 하느님이 보인다. 아니 한계체험과 신체험은 동시적이다. 신을 체험하면 자연스럽게 자신의 죄와 어두움을 체험하고 고백하게 된다. "큰일 났구나. 나는 이제 망했다. 나는 입술이 더러운 사람이다. 입술이 더러운 백성 가운데 살면서 임금이신 만군의 주님을 내 눈으로 뵙다니!" 이는 이사야 예언자가 하느님 체험하는 장면인데 하느님 체험을 한 이들의 죄성(罪性)에 대한 공통된 고백이다. 수운의 한울님 체험은 몸과 마음이 떨리고 두려움 속에서 시작되고 있음을 보여준다. 앞에서도[41] 언급했지만 동양의 전통종교와 동학에서는 죄에 대한 언급이 미약하다. 그 이유는 동양의 전통적 인간론이 자유의지에 대한 의식이 약하고, 한울님을 교류하고 소통하는 인격적 상대로 여기지 않았는데, 이것이 성스러움(신령스러움) 체험에 대한 해석에도 영향을 준 것이 아닐까 생각한다. 죄로 가로막혀 있든, 몸과 마음의 비정상적 두려움에 막혀있든 자신의 한계를 체험하면서 동시에 자신 밖의 절대 타자인 하느님을 체험한다. 이러한 체험은 항상 '갑작스럽게 발생한' 체험이다. 갑작스럽고, 예기치 못한 체험이기에 주어진 체험이고 따라서 '은총'으로 선사된 것이라 여긴다. 이 체험은 한계를 넘어 하느님을 뵙는 체험이기에, '초월 체험'이라고도 하고 '일치 체험'이라고도 부른다. 자기 한계를 넘는 순간을 의식하면서 자신의 마음을 살피기에 이를 '회심 체험'이라 하고, 또한 하느님을 지향하면서, 그분의 영을 체감하기에 '성령 체험' 또는 '접령 체험(동학)'이라 부른다. 하느님과의 일치 상태에서 어떤 가르침(메시지)을 받기에 '계시(啓示)' 또는 '강화(降話) 체험(동학)'이라고 부른다. 앞에서 언급한 신(하느님) 체험에

41 4장 2) 죄의식과 용서 참조.

대한 여러 이름들은 체험의 서로 다른 현상적 조건에 따라 그것의 의미를 찾아내 붙여진 이름이다. 신체험의 좀 더 원체험에 가까운 현상으로 '엑스타시스(라틴 ekstasis: 영어 ecstasy)'를 말하기도 한다. 엑스터시는 종교적 황홀경, 몰아 상태라 말할 수 있는데 '자기밖에(eks) 서 있음(stasis)', 즉 신비적 자기 초월 상태이다. 중세의 보나벤투라가 엑스터시를 하느님에 대한 직접 체험이라고 한 것을 현대의 라너는 신체험의 직접성(Unmittelbarkeit: immediacy) 개념으로 사용한다. 라너에 따르면 엑스터시 개념은 피조물의 중재를 통한 신의 은총 주입, 즉 인간의 인식 작용이나 의지 작용에서 오는 직관이나 자유 체험과 같이 간접적인 신체험과는 구별되는 체험이다. 다른 말로 표현하자면 엑스터시는 내적 결합, 엑스터시의 사랑, 하느님과의 일치라 불린다.[42] 수운이 한울님의 현존을 직접 체험할 때 그는 처자들이 경황실색하고 울며불며 어찌할 바 모르는 거동을 한편으로 보면서도 "두려워하지 마라, 두려워하지 마라"라는 공중에서 나오는 소리에 집중하며 몰아 상태에 있었음을 기술하고 있다.[43]

엑스터시는 하느님을 직접 체험하는 황홀의 현상이라면 그것의 의미는 사랑[44]이다. 엑스터시와 이것에 대한 성찰적 경험으로서 한계,

---

42 Karl Rahner, *Schriftzeit der Theologie* XII, p. 152.
43 「안심가」, 『천도교경전』, 150쪽 이하.
44 동학의 표현으로 사랑을 옮긴다면, 시(侍: 모심)나 경(敬: 공경)이 될 것이다.

초월, 은총, 일치, 성령, 회심 체험을 관통하는 의미 역시 종국에는 사랑이라 말할 수 있다. 사랑은 이 모든 체험의 동기이자 인생 전체에 의미를 건네주는 동기이다. 인간이 진정한 사랑을 체험하게 되면 관대하게 되어 자비와 용서의 상태가 절로 된다. 인간에게 있어 근원적 가치는 지성도 윤리적 책임도 아닌, 거룩한 빛, 사랑과 자비이다. 예수는 모든 율법과 예언서의 정신은 하느님 사랑과 이웃 사랑의 계명으로 수렴된다고 가르쳤다. "그러므로 너는 마음을 다하고 목숨을 다하고 정신을 다하고 힘을 다하여 주 너의 하느님을 사랑해야 한다. … 네 이웃을 너 자신처럼 사랑해야 한다."(마르 12, 30-31) 인격은 타자와 관계를 맺을 때, 타자의 본질을 향해서뿐 아니라 타자가 인격적 존재이든 비인격적 존재이든 존재 자체를 향해서 관심 두고 소통하며 공감하고 더 나아가 사랑한다. 물론 존재자의 존재 양태의 수준에 따라 사랑의 강렬함 정도가 다르다. 해월이 "사물을 공경한 연후에 사람을 공경할 수 있고, 사람을 공경한 연후에 하늘을 공경할 수 있다"라 말한 것은, 공경, 즉 사랑은 가장 미소한 물질이나 미소한 사람에게 대하는 태도로부터 시작됨을 강조할 뿐 존재 양태의 위계를 부정하는 것은 아니다. 따라서 인간의 최종적인 동기는 절대자 하느님을 사랑하는 것이 된다. 하느님을 아는 인식 행위보다, 하느님을 사랑하는 실천적인 행위가 더 고상한 행위가 된다. 아퀴나스는 인식과 의지의 상호작용을 강조하지만 존재 자체인 신에 대한 관계에서는 인식보다 의지(실천)가 우월하다고 생각한다. "하느님을 아는 것 보다, 하느님을 마땅히 모시고 사랑하는 것이 더 고상하다."[45] 전지전능하시고 모든 존재자의 근원이신 하느님을 사랑하는 것이 인간행위의 최고의 동기이자, 우리가 성찰하고 있는 회심의 최종 동기이다. 하느님을 사랑하는 것이 회심의 모티브이자 회심을 일으키는 동력이라는 말이다. 더 나아가 "하느님은 사랑이시다"[46]라는 신비가의 말도 전해진다. 그리스도교의 영향을 받은 철학자나 신학자들은 하느님의 사랑에 관해 서술해 왔다. 이것은 인간을 뛰어넘는 다른 종류의 사랑이다. 이 말은 하느님은 사랑 때문에 만물을 창조하시고, 사랑 때문에 세상을 구원하시고, 마침내 사랑으로 완성하신다는 신앙 정식이 전제되어있다. 신앙의 이러한 고백은 결국 인간의 본질이 무엇인지, 인간이 무엇 때문에 살아야 하는지를 지시하고 있다. "지금까지 하느님을 본 사람은 없습니다. 그러나 우리가 서로 사랑하면, 하느님께서 우리 안에 머무르시고 그분 사랑이 우리에게서 완성됩니다."[47] '사랑의 박사'인 아우구스티누스는 하느님의 사랑인 성령을 통해 우리 인간 마음속에 동일한 하느님의 사랑이 부어졌음(로마서 5, 5)을 강조한다. 우리가 '하느님의 사랑'으로 이웃과 다른 피조물을 사랑한다면 우리는 사랑이신 하느님을 영혼 깊은 곳에서 뵙게 된다. 그리하여 그와 함께 "당신은 나의 가장 깊은

45 Thomas Aquinas, *De Veritate*, 22, a 11, c.
46 요한 1서, 4, 16.
47 같은 곳, 4, 12.

내면보다 더 깊고 나의 가장 높은 것을 초월한 분이셨습니다"라고 우리는 고백하게 된다(고백록 7권 11, 17).

우리가 주목하고 있는 회심의 동기는 결국 사랑으로 귀결된다. 사랑을 더 깊이 이해하고 사랑을 더 잘 실천하기 위하여 우리는 끊임없이 회심을 하는 것이다. 우리는 회심을 하는 동안 이미 사랑을 선취하고 위로를 받으며 일치 체험을 하는 것이다. 회심은 사랑을 완성하려는 의지의 지향성과 개방성 그리고 창조적 유연성을 의미한다. 앞에서 언급한 예수의 세례 체험, 즉 "너는 내가 사랑하는 아들, 내 마음에 드는 아들이다."라는 하늘의 소리를 들은 체험은 예수로 하여금 가슴 깊이 자신의 정체성이 되었고 끊임없이 식별하고 기도하면서 이 소명에 맞갖은 삶을 산 것으로 보인다. 아버지 하느님과 일치되는 직접 체험이 얼마나 강렬했으면 죽음에 몰려 십자가형을 받고 숨을 거두는 순간까지도 그분께 모든 것을 맡기며 "다 이루어졌다."(요한 19,30)라는 말을 남겼을까 짐작할 수 있다. 수운도 1860년 4월 15일 "오심즉여심(吾心卽汝心)"이라는 한울님의 음성과 함께 한울님 체험(天師問答체험)을 한 후 비로소 10여 년 동안의 의문을 완전히 풀 수 있었다. 그가 표현한 대로 무극대도(無極大道)의 깨달음을 얻고 이를 사람들에게 나누게 되었으나 유교를 국시로 삼은 당시 국가법으로 좌도난정(左道亂正)의 죄명으로 사형 당하였다. 하느님과의 직접체험은 체험한 인격들의 삶을 송두리째 변화시키고 소명을 가지고 진리를 선포하며 순교를 마다하지 않는 신념과 용기를 준다. 사랑은 어떠한 희생도, 죽음도 두려

위하지 않는다. 사랑의 실천은 지속적인 회심을 동반한다. 그리고 그 여정에는 지속적인 은총과 자유로움의 지지를 받으면서 거룩하시고 사랑이시며 진리이신 '그 님'을 향해 일치를 이루는 것이다. 종교의 근본은 계명과 신앙 명제를 이해하고 받아들이는 것에 그치는 것이 아니라 결국 진리와 사랑을 실천하는 것이다. 신앙한다는 것(credo)은 심장(cor), 즉 생명을 바치는(dare) 것이다. 이는 실천을 의미하며, 그저 믿는다는 뜻이 아니다. 신앙의 첫걸음은 근본으로 돌아가는 것, 즉 회심하는데서 시작된다.

5. 결언: 동귀일체를 향한 회심

우리는 위에서 살펴본 회심을 다음과 같이 정의할 수 있을 것이다. 회심이란 인간의 마음을 한울님(하느님 또는 절대지평)께 돌려 합치시켜 한울님의 뜻을 이루기 위해, 자신의 인식과 능력의 한계 속에서도 자신이 관계 맺고 있는 다양한 영역에서 더 큰 책임을 지려는 내적 결단이자 실행이라 할 수 있다. 이러한 회심의 수행은 의미 내용적 차원에서 그리스도교와 동학 천도교에서 핵심이라는 점에서 공통적이라는 사실을 확인하였다. 동학 천도교의 비전을 인간의 한울님과의 소통성, 천지인 삼재의 일체성, 모든 존재자의 평등성, 행위 주체로서의 인간의 소명으로 요약하였는데 우리는 이 비전을 관통하는 지향이 곧 회심의 수행임을 이해하게 되었다. 믿음을 갖고 시정지(侍定知)와 수심정기(守心正氣)를 실천하여 무위이화의 도로 성경(誠敬)을 살아내는 과정이 곧 '회심'이라고 말할 수 있다. 이러한 의지의 지향은 종교 소속을 떠나 인생여정에서 자기 자신을 완성하고 이상적 공동체를 건설하려는 모든 개방적 태도를 지닌 사람들의 마음이기도 하다. 동학의 한울님, 그리스도교의 하느님, 그리고 우리나라 애국가의 하느님을 우리가 대상화하여 부르고, 기억하고, 호소하며 때로는 고백하는 이유가 무엇일까? 인간학적으로 보자면 자기 초월의 지향점을 대상화한 것이 아니겠는가. 즉 자신의 인식 지평을 확장하려는 시도로 하느님과 일치하고, 하느님의 지평에서 실재를 바라보고자 하는 마음, 이것이 진리를 찾아가는 능력, 지혜(sophia)의 다름 아니다. 한울님과 관계를 맺고 일치하고자 하는 마음은 인간이 본성적으로 탈중심적 지혜를 소유하는 존재로서 자신의 생각과 표현과 행동 안에서 진리성과 진정성, 그리고 정당성[48]을 축적하고 드러내며 공동체적으로 향유하려는 본성의 표현이다. 이런 의미로 나는 인간은 자기 본성을 소유하여 본성을 넘어(초월하여) 자신을 투신하고자 하는 자유로운 인격이라고 말하는 슈페만의 인격개념에 동의하는 것이다. 프란치스코 교황은 인간의 진정성의 예를 한 가지 들었다. 그에 따르면 진정성이란, "(자신의)

---

48 하버마스는 인간의 인식과 언어적 표현 그리고 공론장에서의 타당성을 이야기할 때 진리성(경험과 관념의 일치), 진정성(생각과 표현의 일치), 정당성(공동체의 규범과의 합치성)을 명료성과 함께 이상적 담론 상황의 조건으로 제시한다. 그의 저서 『의사소통행위이론』(1981년) 참조.

사유 재산이 본질적으로 가난한 이를 우선적으로 선택하고 사랑하도록" 허용되어 있다고 생각하는 것이다. 예수는 "회개하여 어린이와 같은 사람이 되지 않으면 하늘나라에 들어올 수 없다."라고 말하면서 아흔아홉 마리의 양보다 길 잃은 한 마리 양을 돌보시는 하느님의 자비심을 진정성의 척도로 제시했다. 우리가 우리 주변의 가장 보잘것없는 이들을 인격으로 인정하고 인간적 삶을 영위하도록 돕는데 연대하지 않는다면 회심을 말할 수 없다. 해월의 삼경 사상 역시 공감과 비움의 정신으로 진정성을 살아가도록 촉구한다. "사람은 한울을 공경함으로써 자기의 영원한 생명을 알게 될 것이요, 한울을 공경함으로써 모든 사람과 만물이 다 나의 동포라는 전체의 진리를 깨닫게 된다"고 가르친다. 물건을 공경함에까지 이르지 못하면 사람을 최고의 경지에서 공경하지 못하고, 사람을 공경하지 못하면 한울님을 공경하는 바른 도를 실행할 수 없다. 회심의 수행은 자신의 존재론적 한계를 인정하기 때문에 타인이 자신에게 저질은 잘못에 대해 "일곱 번씩 일흔 일곱 번씩이라도 용서해 주어야" 마땅하다. 이에 관해서 '선불적 용서'와 '채무이행적 용서'라는 개념으로 이미 설명하였다. 서로에게 새로운 삶의 가능성, 회심의 가능성을 열어주는 관용의 문화가 자살과 같은 반생명 문화를 극복할 수 있다고 생각한다. 우리는 회심이라는 주제로 동학과 그리스도교의 대화를 시도하고 공통적인 지향을 확인하였지만 다른 점도 확인할 수 있었다. 그리스도교의 전통은 창조자와 피조물의 존재적 위계관계를 중시하기 때문에 죄와 용서라는 측면이 강조된 회심수행으로 발전되었지만, 동학 천도교의 자연 종교적 전통은 한울님과 인간(수운)이 상호보완적 일치 관계에 있으므로 수심정기, 마음을 지키고 기운을 바르게 함으로써 무위이화의 수행이 강조된다는 점에서 차이를 드러낸다. 또한, 유대 그리스도교 전통에서는 죄와 용서를 개인적인 차원에서뿐 아니라 공동체적인 차원에서 보기 때문에 메시아(세상을 구원하는 존재) 예수를 통해 일반 속죄와 구원을 얘기할 수 있지만, 동학 천도교의 전통에서는 개인적 차원의 수양과 수행을 통해 동귀일체적 구원 상을 그리고 있다는 점도 차이라 말할 수 있다. 아우구스티누스의 회심이 가능하게 한 힘은 어머니 모니카의 눈물 어린 기도였다는 평가가 있을 정도로 그리스도교의 회심수행은 공동체적이고 서로 영향을 주는 감성적인 측면이 주목받는다. 그런데 유대 그리스도교는 가족, 교회 공동체를 강조하다 보니 자연스럽게 신뢰 공동체 밖의 세계는 죄와 악이 도사리는 소굴로 악마시하는 경향이 있다. 반면에 동학 천도교에서는 그냥 천지인 전체가 일체요, 천지가 부모이며, 모든 존재가 결국 한울님과 일치하는 동귀일체적 세계이다. 서로 다른 관점의 전통과 수행방법은 상대의 관점을 배제하거나 평가절하하기 보다 더욱 풍요로운 의미로 받아들이는 것이 회심의 태도라 생각한다. 인간 회심 여정의 끝은 그분과 일치하는 순간일 될 것이다. "당신 안에서 쉴 때까지 우리의 마음은 불안하나이다."(성 아우구스티누스)

소통

인간 내면에서 찾은 소통의 근거*
— 동학의 신비주의적 보편성과 윤리성

성해영
서울대학교

* 이 글은 필자의 다음 논문을 대중적인 저술로 윤문한 것임을 밝힌다. 성해영, "The Basis for Coexistence Found from within: The Mystic Universality and Ethicality of Donghak (東學, Eastern Learning)", Religions, 2020, 11(5), 265

1. 서언: 소통과 공존의 근거를 찾아서

일부 이슬람 국가를 제외하고 대부분의 나라는 완전한 종교 선택의 자유를 부여하고 있다. 우리는 특정 종교를 선택할 수 있을 뿐더러 종교를 믿지 않을 권리도 갖게 되었다. 그런 탓에 종교를 갖지 않은 사람들의 비율은 그 어느 때보다 높아졌다. 세속화된 사회가 본격적으로 도래한 것이다. 그러나 종교를 받아들이는 이들에게 삶의 궁극적인 의미를 전면적으로 다루는 종교는 여전히 지대한 영향을 발휘한다. 9·11테러와 이슬람 국가(IS)의 사례에 이르기까지 종교가 폭력을 정당화하는 사례는 오늘날에도 드물지 않다. 종교의 차이는 인간 문명의 독특성을 선명하게 드러낼 뿐만 아니라, 서로의 다름을 증폭시키는 대표적 기제이기도 하다.

동시에 종교 간 만남과 교류라는 측면에서 현대 사회는 예전과 질적으로 다른 상황을 경험 중이다. 다양한 종교가 유례없이 활발하고 농도 짙게 대면하고 있다는 점에서 그러하다. 특히 교통과 통신의 발달은 이질적인 종교가 폭발적으로 교류하는 물리적 기반이 되고 있다. 우리나라도 크게 다르지 않다. 대표적인 다종교 사회인 우리나라에서 가족 구성원들이 서로 다른 종교를 가지고 있는 경우는 흔하다.

이런 상황에서 우리는 종교를 가지고 있는가의 여부와 무관하게 종교는 왜 다르며, 그 차이는 어떤 이유에서 비롯되었는지를 자연스럽게 묻게 된다. 우리의 질문은 종교의 차이와 이를 만들어낸 이유를 찾는 데에서 멈추지 않는다. 여러 문제의 원인으로 작용하는 종교의 다름은 결코 극복할 수 없는 것일까? 종교가 갈등과 폭력의 근거가 되는 상황을 넘어서, 서로 다른 종교의 소통과 공존이 가능하도록 만드는 방법이 존재할까? 이 질문들은 종교의 차이가 개인과 공동체 차원에서 다양한 갈등을 빚어내고 증폭시키고 있는 현실에서 아직도 중요하다.

이 글은 우리의 대표적 민족 종교인 '동학(東學)'의 창시자 수운 최제우(水雲 崔濟愚, 1824-1864)가 이 질문들에 어떻게 답했는지에 주목한다. 서양 열강이 서학(西學)이라 불리던 기독교와 압도적인 과학 기술을 앞세워 동양을 침탈하던 혼돈의 시기를 겪었던 수운에게 이 물음들은 절실했다. 자신은 물론 공동체 전체가 이질적인 종교와 문명의 도래로 인해 유례없는 정체성의 위기를 겪고 있었기 때문이다. 그런데 수운 최제우는 문명의 다름이 빚어내는 갈등에 대한 해답을 뜻밖에도 종교에서 찾았던 인물이다.

이 글은 크게 두 부분으로 구성된다. 우선 기독교로 대변되는 이질적인 세계관을 수운이 어떻게 이해했는지를 첫 부분에서 다룬다. 보다 구체적으로는 종교의 다름을 동일한 천도가 상이하게 표현된 것으로 간주했던 수운의 종교적 보편주의가 논의의 핵심이다. 수운의 종교적 보편주의는 개인의 내면에서 우주의 중심을 발견하려는 시도였다는 점에서 개인주의적이며, 동시에 신비주의적이기도 하다. 그러나 수운의 보편주의는 명확한 사회 윤리적 차원을 강조함으로써 보편주의가 야기할 수 있는 위험을 극복하고, 내적인 균형을 도모했다는 점이 주된 내용이다.

글의 두 번째 부분은 수운의 종교적 보편주의가 어떻게 이질적인 세계관 사이의 소통과 공존을 모색하는 기반이 되었는지에 집중한다. 나아가 수운의 주장이 지닌 장점과 한계를 검토한다. 먼저 수운의 보편주의가 갖는 장점을 몇 가지 사례를 통해 정리하고, 거기에 필연적으로 수반되는 한계들을 살핀다. 이를 통해 수운의 보편주의가 종교간 교류와 소통이 그 어느 때보다 활발해진 현대에도 여전히 통찰을 줄 수 있다는 점을 확인하고자 한다. 아울러 근현대 이후 종교의 차이와 다름을 이해하고자 시도했던 서구 지성사의 맥락에 비추어 살펴볼 때, 수운의 입장이 더욱 입체적으로 파악될 수 있다는 점에 주목한다.

특히 이 글은 그 동안의 수운 최제우와 동학 연구가 관심을 기울이지 않았던 측면을 조명한다. 임태홍의 지적처럼 수운과 동학 연구의 대부분은 역사학적 배경에서 이루어져 왔다.[1] 반면 동학이 종교 사상

---

1 임태홍, 「동학 연구 20년의 회고(1995-2014): 신관, 신비체험, 그리고 비교연구」, 『한국철학논집』, 제45집, 2015. 61~92쪽.

임에도 불구하고 종교적 관점에 입각한 연구는 상대적으로 적었고, 이 글처럼 수운의 종교 사상을 종교의 소통과 공존이라는 관점에서 접근한 시도는 더 드물었다. 즉, 수운의 종교적 보편주의를 종교 다원주의적 상황에 대한 독창적인 대응으로 해석하려는 접근은 희소했다.[2] 수운이 동학을 모색하게 된 계기가 서학이라는 이질적인 종교 전통을 접하고, 이에 대한 대응책을 모색하려 했다는 사실을 고려할 때 그간의 연구에는 아쉬움이 남을 수밖에 없다.

그 양이 많지 않음에도 불구하고 동학의 종교적 측면에 주목한 연구는 크게 두 가지 흐름으로 나눌 수 있다. 첫 번째 범주는 동학과 기존 동양 종교와의 상호 관계에 초점을 맞춘 연구들로, 유교, 불교, 도교와 같은 종교가 동학에 어떤 영향을 주었는지에 집중한다. 이 중에는 당시 지배적 사상이었던 유학과 동학의 관계를 다룬 연구가 대다수이다.[3] 연구의 결론은 동학이 유학에 큰 영향을 받았다는 것이 주류이지만, 유학을 사회 변혁에 초점을 맞추어 창조적으로 재해석한 것

---

2   다음 논문이 대표적이다. 이원재, 「동학과 그리스도: 동학의 신체험을 중심으로」, 『한국문화신학회』, 제1집, 1996. 이원재는 수운의 주장을 '천도 중심적 보편주의'로 정의하고 있다.

3   임태홍, 「동학의 성립과정에 미친 유학의 영향」, 『신종교연구』, 제9집, 2003; 차성환, 「신유교와 천도교: 동학 공동체의 신 개념 변형을 중심으로」, 『한국문화연구』 2, 2003; 박경환, 「동학의 신관: 주자학적 존재론의 극복을 중심으로」, 『동학학보』, 제2집, 2000; 김용휘, 「유교와 동학: 종교 체험을 통해 달라진 유교와의 차별성」, 『동양철학연구』, 29집, 2002.

이 동학이라는 연구(조혜인)도 주목할 만하다.[4]

두 번째 범주는 서학과 동학의 상호 관계를 주로 살핀다. 연구의 대부분은 기독교적 배경을 지닌 신학자들에 의해 수행되었으며, 특히 두 종교의 신 관념 비교에 주력했다는 특성을 지닌다. 연구의 결론은 동학의 신 개념이 당대의 기독교에서 전면적인 영향을 받았다는 권진관의 주장에서부터, 수운의 개인적인 종교 체험에 입각해 서학의 신 관념과 유사한 이해에 도달했다는 김경재의 의견에 이르기까지 다양한 스펙트럼을 보여준다.[5]

그간 이루어진 연구사의 관점에서 이 글은 수운 종교 사상의 종교적 측면에 주목하며, 동시에 종교 다원주의적 관점에서 수운이 서로 다른 종교들의 소통과 공존 가능성을 어떻게 모색했는지에 초점을 맞춘다는 특징이 있다. 특히 수운이 혼란의 시기에 개인의 내면에서 발견되는 신비주의적 체험에서 다양한 종교간 소통을 모색하는 기반을 찾으려 했다는 점이 요지이다. 나아가 소통의 가능성이 필연적으로 타인과의 평화로운 공존을 담보하는 윤리적 실천으로 이어져야 한다는 것이 수운이 설파했던 종교적 보편주의의 핵심이었음을 밝히고자 한다.

---

4 조혜인, 「동학과 주자학: 유교적 종교개혁의 맥락」, 『사회와 역사』, 17집, 1990.
5 김경재, 「최수운의 신 개념」, 『한국사상』, 제12집, 1974; 김용해, 「그리스도교와 천도교의 신관 비교」, 『동학학보』, 제6집, 2003; 권진관, 「동학의 신관과 서학의 신관: 민중신학적 관점에서」, 『신학사상』, 제127집, 2004.

2. 수운 최제우와 동학, 그리고 종교적 돌파구의 모색

19세기 조선 왕조는 내부의 정치적 혼란과 열강의 침탈로 인해 그야말로 누란(累卵)의 위기에 처해 있었다. 기독교로 상징되는 서구 문명의 도래는 조선인들의 전통적인 세계관을 근본에서부터 붕괴시킨 탓에 불안은 더욱 컸다. 서구 문명은 뿌리 깊었던 중국 중심의 세계관을 회복하기 어려울 정도로 붕괴시켰고, 당대인들은 정체성의 심각한 혼돈을 겪게 된다. 수운은 절망스러운 당시 상황을 다음과 같이 진단한다.

> 이러므로 우리나라는 악질(惡疾)이 세상에 가득 차서 백성들이 언제나 편안할 때가 없으니 이 또한 상해(傷害)의 운수요, 서양은 싸우면 이기고 치면 빼앗아 이루지 못하는 일이 없으니 천하가 다 멸망하면 또한 순망지탄(脣亡之歎)이 없지 않을 것이라. 보국안민(輔國安民)의 계책이 장차 어디서 나올 것인가.[6]

'악질, 상해, 멸망, 순망지탄'과 같은 단어는 수운이 당시에 느꼈던 절박한 위기감을 뚜렷하게 드러낸다. 수운은 위기의 돌파구를 찾고

---

6 『東經大全』, 「布德文」. 是故 我國惡疾滿世 民無四時之安 是亦傷害之數也 西洋戰勝功取 無事不成而 天下盡滅 亦不無脣亡之歎 輔國安民 計將安出.

싶었다. 그런데 그는 해답을 뜻밖에도 종교에서 찾으려 시도했다.[7] 무엇보다 수운은 당대 조선인들을 엄습하던 혼란의 성격이 '정체성'의 문제라고 진단했다.[8] 나아가 그는 개인과 집단의 이기심이야말로 문제의 핵심 원인이라고 주장했다. 모든 혼란의 시발점이 된 서구의 동양 침탈이 이기심의 발로에 다름 아니라는 것이다. 이런 이유로 인해 개인의 내면적 완성을 지향하는 종교가 수운에게는 해결책으로 부각되었다. 수운이 왜 종교적 해답을 모색했는지를 이해하기 위해서는 수운의 삶을 조금 더 살펴볼 필요가 있다.

수운은 몰락한 양반 가문의 자제로 1824년에 태어났다. 당시의 시대적 정황과 집안 배경이 맞물려 그는 이렇다 할 성취를 이루지 못했고, 31세가 될 때까지 전국을 유랑하며 수행에 힘쓴다. 그러나 수행에서조차 기대했던 성과를 거두지 못한 수운은 36세가 되던 1859년 고향 경주 '용담(龍潭)'에 내려온다. 낙향한 후에도 수도 생활을 계속한 수운은, 동학 경전에 의하면 그 이듬해인 1860년 '상제(上帝)'를 만나는 종교 체험을 한다. 그 후 자신만의 독특한 종교 체험에 근거해 동학을 창시하고, 이를 주변에 전하기 시작한다. 동학이라는 명칭은 서학(西學), 즉 기독교에 대응하는 우리 고유의 가르침이라는 의미를 담고 있다. 그러나 수운이 가르침을 전했던 시기는 짧았다. 그는 얼마 되지

---

7 표영삼, 『동학1-수운의 삶과 생각』.
8 표영삼, 『동학1-수운의 삶과 생각』, 54~63쪽.

않아 혹세무민(惑世誣民)의 죄목으로 체포되었고, 모진 취조 끝에 41세가 되던 1864년 대구 경상감영에서 처형당하고 말았다.

수운은 모든 인간이 동등하다는 급진적인 평등주의를 설파한 탓에 처형되었지만, 그의 가르침은 쉽사리 사라지지 않았다. 수운의 뒤를 이은 해월 최시형(海月 崔時亨, 1827-1898)이 '타인을 한울님처럼 섬기라(事人如天)'는 가르침을 앞세워 동학을 전역에 포교했던 것이다. 1894년에 동학교도들은 수운이 강조한 만민평등과 반외세의 기치 하에 동학농민전쟁을 일으킨다. 그러나 사회를 근본적으로 변화시키려던 동학의 시도는 조선 관군과 일본군에 의해 좌절되고, 해월 역시 험난한 도피 생활 끝에 체포되어 처형된다. 그 후 3대 교주 의암 손병희(義菴 孫秉熙, 1861-1922)는 1905년 동학을 천도교(天道敎)로 개명하고, 조직과 교리의 근대화를 본격적으로 도모했다. 천도교는 동학의 반외세 정신을 계승해, 일본의 식민 지배로부터 벗어나려는 치열한 노력을 일제 치하 내내 전개하게 된다. 이런 노력의 결과로 천도교는 현재까지도 우리의 가장 대표적인 민족 종교로 자리 잡고 있다.

수운은 서구 문명과의 조우로 인해 야기된 혼란 상황에서 종교적 돌파구를 모색했고, 그가 창시한 동학의 가르침은 당대는 물론 이후에도 거대한 울림을 주었다. 수운이 제시한 해답은 개인의 내면에서 동일한 천도가 발견된다는 보편주의적 주장으로 요약될 수 있다. 또 보편적으로 내재한 천도를 실제로 우리 삶의 구체적인 관계 속에서 실천해야 한다는 윤리적 측면의 강조가 특징이었다. 즉, 수운은 '천명

(天命)'을 체득하고, 이를 이기심에서 벗어나 실천할 때 당대의 위기가 극복될 수 있다고 믿었던 것이다.

수운의 종교적 해답은 다음에서 살펴볼 세 가지 구체적인 주장으로 이루어져 있다. 첫째, 보편주의적 진리관이다. 수운은 동서양의 모든 문명이 동일한 천도(天道)를 소유한다고 굳게 믿었다. 그리고 동일한 천도가 시공의 맥락에 부합하도록 각기 다르게 표현된 것이 동서양의 다양한 종교라는 입장을 견지했다. 둘째, 개인 체험에 근거한 신비주의의 강조이다. 수운에 따르면 보편적 천도는 우리 모두의 내면에서 발견될 수 있다. 그 점에서 우리 모두는 어느 문명에 속해 있든지 간에 동일한 천도에 가 닿을 수 있는 존귀함을 태생적으로 가진 존재이다. 셋째, 실천적 윤리의 강조이다. 수운은 각자가 자신의 내면에서 체득한 보편적인 천도를 현실에서 구현하는 일이 무엇보다 중요하다고 역설했다. 윤리적 실천이 보편적 천도의 소유나 설파 못지않게 중요하다는 것이다.

3. 수운 최제우의 종교적 해답

1) 보편주의적 진리관: "모든 문명은 동일한 천도를 지닌다."

수운은 동서양 문명이 천도라는 동일한 진리를 가지고 있다는 사실을 강조했던 보편주의자였다. 그의 보편주의적 진리관에 따르자면,

동서양의 모든 종교는 동일한 천도가 각기 달리 표현된 것이다. 즉, 동일한 보편적 천도는 자연스럽게 서로 다른 형태를 취할 수밖에 없다. 그의 주장은 동학의 독특성과 보편성을 설명하는 다음 인용문에서 뚜렷하게 드러난다.

> 오도(吾道)는 유불선 합일(合一)이니라. 원래 천도(天道)는 유불선이 아니로되 유불선은 천도의 부분적 진리로 과거시대의 도덕이니라. 유(儒)의 삼강오륜과 불(佛)의 수성각심(修性覺心)과 선(仙)의 양기양성(養氣養性)은 오도의 부분인데, 오도는 유불선의 최원두(最源頭)에 입(立)하여 체(體)는 곧 천도이며 용(用)은 곧 유불선이니 후세에 이를 오해치 아니하도록 신(愼)하라.[9]

이처럼 수운에게 동양의 유불선 삼교는 동일한 천도의 각기 다른 표현이다. 천도 자체는 유불선으로 환원될 수 없지만, 모든 종교 전통은 천도를 부분적으로나마 포착해 구현하고 있다는 것이다. 유불선을 '과거시대의 도덕'이라고 일컫은 수운의 주장은 천도의 표현인 종교 전통은 특정한 시대에 적합한 가르침이라는 입장을 함축한 것에 다름 아니다. 이런 맥락에서 동학 역시 동일한 천도를 근간으로 삼고 있되, 구체적인 표현에서는 유불선의 다양한 형식을 활용한 것이라는 태도

9 박인호, 『天道敎書』, 천도교중앙총부, 1921. 87쪽.

이다.

그런데 여러 종교를 보편적 천도의 부분적인 구현이라 간주한 수운의 입장은 동양 종교 전통에만 국한되지 않았다. 그는 서구의 기독교 역시 동일한 천도의 표현이라는 당대에 보기 드문 주장을 펼쳤다.

양학(洋學)은 우리 도(道)와 같은 듯하나 다름이 있고 비는(呪) 것 같으나 실(實)이 없느니라. 그러나 운(運)인 즉 하나요 도(道)인 즉 같으나 이치인 즉 아니니라.[10]

'운'이나 '도'의 관점에서 '같다'라는 서술은 양학 혹은 서학으로 묘사되는 서구의 기독교 역시 시공을 초월한 천도를 소유하고 있음을 의미한다. 그렇지만 '이치가 다르다'라는 설명은 천도의 차원에서는 동일하나, 표현에서는 시공의 맥락을 반영해 각기 다를 수밖에 없다는 것이다. 또한 인용문의 '실이 없다'는 기술은 이 글의 중반 이후에 살펴보겠지만, 천도의 실천이라는 관점에서 부족하다는 윤리적 차원의 결함을 암시한다.

앞선 인용문들을 전체적으로 고려한다면, 수운의 입장은 '동학이여타 동서양의 종교 전통과 동일하게 보편적인 천도의 표현이면서,

---

10 『東經大全』,「論學文」. "曰: 與洋道無異者乎? 曰: 洋學如斯而有異, 如呪而無實, 然而運則一也, 道則同也, 理則非也."

동시에 유불선이 '합일'된 것으로 종교적 가르침의 최원두(最源頭)에 서있다'라는 주장으로 요약된다. 그 점에서 자신의 가르침은 천도의 옛 표현인 유불선이나, 윤리적 실천 측면에서 미흡한 서학과 달리, 당대 조선인들에게 가장 적합한 것이라는 주장이다.

그런데 수운의 종교적 보편주의는 알두스 헉슬리(Aldous Huxley, 1894-1963)로 대변되는 서구의 '영원 철학(perennial philosophy)'과 여러 측면에서 흡사하다. 헉슬리는 『영원 철학』이라는 저서에서 인류에게 오랫동안 전해 내려온 불변의 종교적 진리가 존재하며, 종교의 차이란 이 진리가 문화적 맥락에 따라 달리 표현된 것에 불과하다고 주장했다.[11] 또 헉슬리는 종교의 핵심인 영원한 진리를 '신비주의'에서 찾았다. 즉, 신비적 합일 체험을 근간으로 하는 동서양 종교의 신비주의적 흐름이야말로 영원 철학의 근간이라는 입장이다.

영원 철학은 헉슬리에게만 국한되지 않았다. 헉슬리 이전에도 여러 인물들이 비슷한 주장을 펼쳤다. 동서양의 비의적(秘儀的) 전통을 통합해 신지학(神智學)을 창시한 블라바츠키(H. Blavatsky, 1831-1891)를 필두로, 종교의 근원적 동일성을 역설했던 라마크리슈나(Ramakrishna, 1836-1886)와 비베카난다(Vivekananda, 1863-1902)가 대표적이다. 그 이후에도 라다크리슈난(Radhakrishnan, 1888-1975), 켄 윌버(Ken Wilber) 역시

---

11 Aldous Huxley. *The Perennial Philosophy* (New York: Harper & Row, 1945). introduction, vii-viii.

동일한 입장을 취했다. 이들 모두는 영원 철학을 가장 명료하게 드러내는 증거로 동서양 종교의 신비주의적 흐름을 제시했다는 점에서 헉슬리와 동일하다.

신비주의를 인간 종교 체험의 최종 지향점으로 여겼던 윌리엄 제임스(William James, 1842-1910)도 넓게 보아 같은 진영에 속한다.[12] 저서 『종교적 경험의 다양성』에서 그가 제시한 '신비적 합일 의식(Mystical State of Consciousness)'의 네 가지 특성은 많은 이들에게 종교 전통을 넘어서 인간의 종교성을 드러내는 보편적 특징으로 간주되어 왔다.[13] 비록 제임스가 앞서 살펴본 영원 철학의 신봉자들만큼 진리의 보편성을 강력하게 설파하지는 않았지만, 그에게 신비주의가 인간 종교성의 비밀을 풀어내는 가장 중요한 열쇠였다는 사실은 분명하다.

이처럼 영원 철학의 신봉자들은 동서양 종교의 이면에 존재하는 영원한 종교적 진리의 가능성을 강조했을 뿐만 아니라, 동시에 그 진리가 시간과 공간의 맥락에 따라 각기 달리 나타난다는 점도 역설했다. 헉슬리의 저서 『영원 철학』은 동서양 종교 전통의 다양한 신비주의적 문헌을 두루 정리한 일종의 선집인데, 그는 이 책에서 시공을 초월한

---

12 William James, *The Varieties of Religious Experience* (New York: Modern Libraries, 1994), p. 413.
13 제임스가 제시한 신비적 합일 의식의 네 가지 특성은 "형언불가능성(ineffability)", "앎의 속성(noetic quality)", "수동성(passivity)", "일시성(transiency)"이다. 같은 책, 414~417쪽.

비범한 인간 체험이 개인에게 영원한 진리를 체득하게 만든다는 논리를 펼친다. 이런 맥락에서 교리와 의례 차원의 차이는 불변의 진리가 각기 다른 방식으로 표현된 것이라는 주장이다. 요컨대 동일한 영원 철학이 있더라도 그것의 구체적인 표현 양태는 시대에 따라 필연적으로 달라질 수밖에 없다는 것이다.

영원 철학자들의 주장은 수운의 종교적 보편주의와 놀라울 정도로 비슷하다. 앞서 인용한 동학 경전의 서술이 보여주듯 수운 역시 동일한 천도가 달리 표현된다는 점을 강조했다. 천도는 동일하지만 종교의 표현 방식과 강조점에는 차이가 있다는 것이다. 수운에 따르면 유학은 인의예지(仁義禮智)를, 서학은 기도를 강조한다. 반면 동학은 주문 수행을 통해 우리 내면에 자리한 한울님과 하나가 될 수 있다고 설파한다는 점에서 다르다.[14] 그럼에도 불구하고 유불선, 서학, 동학은 근본적으로 동일한 천도의 표현이라는 것이 수운의 결론이었다. 바로이 대목에서 우리는 수운의 종교적 보편주의가 서로 다른 종교를 이해하는 기반이자, 동시에 동학의 가르침과 수행 방법의 독특성을 이해하는 틀로 기능했다는 사실을 유추할 수 있다.

그렇다면 수운의 종교적 보편주의를 뒷받침하는 근거는 무엇이었을까? 다시 말해 수운은 어떤 근거로 기독교를 포함한 동서양의 종교가 동일한 천도의 표현이라고 주장했던 것일까? 수운은 그 근거로 '오심즉

14　『東經大全』, 「修德文」. 仁義禮智 先聖之所教 修心正氣 惟我之更定.

여심(吾心卽汝心)'의 체험, 즉 개인이 보편적 천도를 직접 체득한다는 예외적인 인간 경험을 제시한다. '개인의 종교 체험'이 시공을 초월한 동일한 천도를 확인하게 만든다는 입장이다. 바로 이 대목에서 수운의 종교적 보편주의는 동서양 종교를 관통하는 보편적 진리를 신비주의적 흐름에서 찾았던 영원 철학자들과 다시 같은 자리에 서게 된다.

신비주의는 종교사에서 참으로 많은 논란을 불러일으킨 개념 중 하나이다. 신비가(mystic)들은 예외 없이 '신비적 합일 체험'을 핵심으로 삼는 신비주의가 종교의 정수(精髓)라고 주장했다. 영원 철학의 주창자들 역시 신비주의자들의 주장을 계승해, 신비주의에서 인간 종교성의 뿌리를 찾으려 시도했다. 하지만 개인의 초월 체험을 강조하는 신비주의는 가톨릭과 이슬람의 역사가 보여주듯이 사후 구원을 믿는 주류 전통과 끊임없이 불화를 야기하기도 했다. 한편 신비주의는 반이성주의, 종교적 광신주의(fanaticism), 초자연주의 등과 동의어로 폄훼되기도 했다.

이처럼 신비주의는 초자연주의에서부터 궁극적 실재와의 합일 체험으로 완성되는 종교의 정수라는 견해에 이르기까지 다양한 방식으로 정의되어 왔다. 이 글은 체험, 수행, 사상이라는 신비주의의 세 가지 구성 요소에 주목하는 개념 정의를 채택한다. 이 접근에 따르면 신비주의란 "인간이 궁극적 실재와 합일되는 체험을 할 수 있으며, 의식을 변화시키는 수행을 통해 체험을 의도적으로 추구하고, 체험을 통해 얻어진 앎에 기초해 궁극적 실재와 우주, 그리고 인간의 통합적 관계를 설명하는 사상으로 구성된 종교 전통"으로 정의될 수 있다.[15] 체험, 수행, 사상이라는 세 가지 요소 중에서 '신비적 합일 체험(mystical union)'은 신비주의의 핵심이다. 수행이란 그 체험에 도달하기 위한 구체적인 방법이고, 신비 사상이란 비일상적 체험으로 얻은 앎을 기반으로 이를 공유하기 위한 이론적 틀이기 때문이다. 수운의 종교적 보편주의 역시 수행을 통해 우리가 천도를 체득할 수 있다고 주장한다는 점에서 신비주의적이다.

2) 개인적 신비주의: 천도는 모든 사람의 내면에서 발견된다

수운은 우리 모두가 지고 존재인 한울님과 하나가 될 수 있다는 종교 체험의 가능성을 강조하며, 이를 얻기 위한 구체적인 수행법으로 주문과 부적을 제시했다. 즉, 수운 종교 사상의 핵심은 인간과 지고 존재가 근원적으로 동일하다는 신비주의적 선언이며,[16] 이를 확인시켜 주는 사건이 '오심즉여심'이라는 체험이다.

수운이 어떻게 이런 결론에 도달하게 되었는지 그 과정이 명확하

---

15 성해영, 「신비주의란 무엇인가?: 개념에 대한 오해와 유용성을 중심으로」, 『인문논총』 제71집 1호, 2014.2.
16 인간과 한울님의 존재론적 동일성은 '인내천'(人乃天)으로도 표현된다. 동학의 인간관은 다음을 참고하라. Kim, Yong Choon, *The Ch'ondogyo Concept of Man: An Essence of Korean Thought* (Seoul: Pan Korea Book, 1978), pp. 31~32.

게 밝혀진 것은 아니다. 그간의 연구는 수운의 종교 체험의 특징적인 내용을 포함해, 그의 종교 체험이 어떻게 동학이라는 독창적인 종교 사상으로 이어졌는지를 구체적으로 살피고 있지 않다. 수운의 체험을 다룬 대부분의 연구는 경신년(1860)에 수운이 '상제(上帝)'를 만난 사건이 동학을 형성하는 결정적인 계기가 되었다고 해석하지만, 상제와 수운의 이원적 만남이 어떤 과정을 거쳐 오심즉여심과 같은 일원론적이며 신비주의적인 주장으로 발전했는지 과정 자체를 주목하지는 않았던 것이다.[17]

실제로 수운이 이원적 유형의 체험에서부터 신비적 합일로 간주될 수 있는 일원론적 체험에 이르게 되는 과정은 간단치 않다. 동학의 초기 문헌에 나타난 수운의 종교 체험은 뚜렷하게 세 가지로 구분될 수 있다. 경신년 한울님과의 첫 만남, 천사문답(天師問答), 오심즉여심의 체험이 그것이다.[18] 이 체험들은 명칭에서부터 서로 구분되어야만 한다. 동학의 초기 경전을 면밀히 살펴보면, 이 체험들이 수운의 종교적

---

17 김경재는 동학이 수운의 '오심즉여심 체험'에서 비롯되었다는 점에서 이 체험이 동학의 핵심이라고 주장한다. 「수운의 시천주 체험과 동학의 신관」, 『동학연구』, 제4집, 1999, 22~43쪽. 김용휘도 동학이 유·불·선 삼교와 서학의 단순한 차용이나 습합이 아니라, 수운이 자신의 종교 체험을 적극적으로 해석하면서 만들어낸 독창적인 종교 사상이라는 입장이다. 김용휘, 「동학의 성립과 성격규정에 대한 일 고찰: 삼교와의 관계와 신비체험을 중심으로」, 『동학연구』 27, 2009, 36~67쪽.
18 김용휘 역시 수운의 종교 체험 과정을 상제와의 첫 만남 이후 오심즉여심 체험에 이르는 흐름으로 기술한다. 김용휘, 『우리 학문으로서의 동학』, 64~65쪽.

여정에서 순차적으로 등장했기 때문이다. 즉, 경신년 체험에서 시작된 수운의 종교 체험은 몇 달의 천사문답을 거쳐, 최종적으로 '오심즉여심'의 사건으로 귀결된다.[19]

수운 종교 체험의 전개 과정을 동학 경전에 기초해 재구성해 보자. 널리 알려져 있는 바대로 수운은 경신년에 자신을 상제(上帝)라고 밝히는 지고 존재를 갑작스럽게 만난다. 그런데 이 돌연한 만남은 비범한 종교 체험을 위해 오랫동안 수행을 해 온 수운에게 당혹감과 두려움의 원인이 된다. 치열한 수행에도 불구하고 수운은 인격적인 지고 존재와의 만남을 기대하지 않았기 때문이다. 그래서 수운 앞에 홀연히 등장해 자신의 의지를 적극적으로 알리는 상제의 존재는 수운에게 기독교의 신으로 보였다. 첫 만남에서 세상에 법(法)을 전하라고 요구하는 상제에게 수운이 곧바로 '서도(西道)로서 가르치느냐'라고 되물었던 사건은 이 점을 증언한다.[20]

마치 스승처럼 대화를 통해 수운의 의문을 해소해 주며, 주문과 같은 구체적인 수행법을 전해 주는 인격적인 지고 존재는 불교나 유교

---

19   김용휘, 「최제우의 시천주에 나타난 천관」, 『韓國思想史學』, 제20집, 2003, 217~242쪽.
20   『東經大全』, 「布德文」. "不意四月, 心寒身戰, 疾不得執症, 言不得難狀之際, 有何仙語忽入耳中, 驚起探問, 則曰 "勿懼勿恐, 世人謂我上帝, 汝不知上帝耶?" 問其所然, 曰, "余亦無功, 故生汝世間, 敎人此法, 勿疑勿疑." 曰, "然則西道以敎人乎?" 曰, "不然, 吾有靈符, 其名仙藥, 其形太極, 又形弓弓, 受我此符, 濟人疾病, 受我呪文, 敎人爲我, 則汝亦長生, 布德天下矣."

와 같은 동양 종교에서는 찾아보기 쉽지 않다.[21] 지고 존재와 친밀하게 상호 작용한다는 점에서 수운의 첫 종교 체험은 동양 종교 전통에는 물론 수운에게도 사뭇 낯설었던 것이다. 그러나 수운이 첫 만남에서 상제에게 가졌던 공포와 의심은 몇 개월 동안의 천사문답이라는 친밀한 상호 작용을 통해 신뢰로 변모한다. 종국에는 상제가 수운과 분리된 이원적인 대화의 상대로 멈추지 않았다. 상제의 마음이 곧 수운의 마음이라는 오심즉여심의 선언은 상제와 수운 사이의 존재론적 이원성을 초월하도록 만들었다. 수운이 수개월의 천사문답과 한울님의 시험을 거친 후, '무궁무궁의 조화'라는 신비적 합일 체험에 이르는 과정은 이돈화의 『천도교 창건사』에 자세하게 묘사되고 있다.

천사문답은 경신년 사월 오일부터 같은 해 구월 이십일까지의 일이니, 그 사이에 여러 가지 문답이 많이 있는 중에 한울님이 대신사(大神師, 수운)를 시험한 일이 있었다. 상제께서 "…그러므로 내가 너에게 백의재상(白衣宰相)을 주어서 천하를 건지게 하리라."라고 하자…"상제 또한 그른 도로써 가르치니 내 이제부터는 다시 상제의 명교(命敎)를 듣지 아니하리라."라고 하면서 혼자 맹세한 후에 그 후로 상제의 가르침이 있으나 결코 듣지 아니하시고 십일 일을 절식(絶食)하고 마음

---

21 불교와 동학의 비교는 다음 논문을 참고하라. 한성자, 「동학의 한울님과 불교의 무아사상에 대한 비교연구」, 『종교교육학연구』 제29권, 2009, 251~268쪽.

을 움직이지 아니하니, 상제께서 "아름답도다 너의 뜻이여. 가상하도다 너의 절개여. 너의 공부 이미 지극하고 너의 수련이 이미 도수에 차고 너의 행함이 이미 원만하였으니 내가 이제 너에게 무궁무궁의 조화를 내리노라."라고 하셨다.[22]

이돈화는 상제가 시험을 통과한 수운에게 무궁의 조화를 내렸다고 설명하는데, 이 사건이 바로 오심즉여심의 사건이자 무극대도를 체득하게 만들어 준 신비적 합일의 체험이었다. 이돈화는 무궁의 조화를 이렇게 기술한다.

대신사께서 이 말을 들은 순간에 갑자기 정신에 새 기운이 돌며 마음에 새 생각이 일어나더니 이제껏 공중에서 들리던 상제의 말이 대신사의 마음속으로 울려 나와 강화(降話)의 가르침이 되어 긴 글(滿紙長書)을 내리었다. 스스로 묻고 스스로 대답하여 무궁을 외고 무궁을 노래하니 천지일월(天地日月) 성진초목(星辰草木) 금수인물(禽獸人物)이 한가지로 그 노래에 화답하여, 억천만 리 공간이 눈앞에 있고, 억천만 년의 시간이 눈앞에 있어 먼 데도 없고 가까운 데도 없으며, 지나간 시간도 없고 오는 시간도 없어 백 천억 무량수의 시간과 공간이

22 이돈화, 『천도교창건사』, 14~15쪽.

한 조각 마음속에서 배회함을 보았다.[23]

이돈화의 묘사는 전형적인 '신비적 의식 상태'의 서술과 부합한다. 무엇보다 무한과 영원의 인식이 특징적이다. 동시에 주객(主客)의 분리, 시공의 상대성과 같은 이원성의 소멸이 주된 인지적 내용으로 등장하고 있다.[24] 주문을 외운 끝에 백 천억의 시간과 공간이 수운의 마음속에 들어 있었음을 보았다는 서술이 이를 증언한다. 이 순간 수운의 마음은 곧 한울님의 마음과 동일한 것으로 변모하고, 그 결과 양자의 존재론적 간극이 초월되며 근원적 일원성이 인식된다.

요컨대 수운 종교 체험의 여정은 이돈화의 설명처럼 경신년 첫 만남에서 시작해, 몇 달 동안의 천사문답, 그리고 오심즉여심이라는 최종적인 체험으로 완결된다고 보는 것이 합리적이다. 즉, 이원적 체험으로 시작되어 일원적인 체험으로 마무리된다. 수운은 신비적 합일 체험의 순간에 한울님과 내 마음이 존재론적으로 동일하다는 사실을 체득한 것이다.

동학의 21자 주문은 오심즉여심 체험을 가능하게 만드는 구체적인 수행법이다. 수운이 전해준 주문은 '강령(降靈)주문'(至氣今至 願爲大降)

---

23 『초기동학의 역사-도원기서』, 36~39쪽.
24 William James, *The Varieties of Religious Experience*, pp. 423~460. 제임스는 궁극적 실재와의 일원성을 '장애물(barriers)이 사라진다', 혹은 '일자(the One)에 흡수된다' 등으로 표현한다.

과 '본(本)주문'(侍天主造化定永世不忘萬事知)으로 구성된다. 강령주문은 지기(至氣)인 상제가 우리에게 내려올 것을 희구하는 내용이며, 본주문은 개인을 한울님과 합일하도록 만들지만, 동시에 한울님과 인간의 관계를 설명하고 있다.[25] 수운은 『동경대전』에서 주문의 의미를 이렇게 설명한다.

대답하기를 「지(至)」라는 것은 지극한 것이요. 「기(氣)」라는 것은 허령(虛靈)이 창창하여 일에 간섭하지 아니함이 없고 일에 명령하지 아니 함이 없으나, 그러나 모양이 있는 것 같으나 형상하기 어렵고 들리는 듯하나 보기는 어려우니, 이것은 또한 혼원한 한 기운이요. 「금지(今至)」라는 것은 도에 들어 처음으로 지기에 접함을 안다는 것이요. 「원위(願爲)」라는 것은 청하여 비는 뜻이요. 「대강(大降)」이라는 것은 기화를 원하는 것이니라. 「시(侍)」라는 것은 안에 신령이 있고 밖에 기화가 있어 온 세상 사람이 각각 알아서 옮기지 않는 것이요. 「주(主)」라는 것은 존칭해서 부모와 더불어 같이 섬긴다는 것이요. 「조화(造化)」라는 것은 무위이화요. 「정(定)」이라는 것은 그 덕에 합하고 그 마음을 정한다는 것이요. 「영세(永世)」라는 것은 사람의 평생

---

25 최동희도 "하느님을 모신다는 것은 사람의 몸과 마음이 하느님과 하나가 되는 신비적인 경지"를 의미한다고 주장한다. 「수운의 종교사상」, 『동학연구』, 4집, 1999, 1~21쪽.

이요. 「불망(不忘)」이라는 것은 생각을 보존한다는 뜻이요. 「만사(萬事)」라는 것은 수가 많은 것이요. 「지(知)」라는 것은 그 도를 알아서 그 지혜를 받는 것이니라. 그러므로 그 덕을 밝고 밝게 하여 늘 생각하며 잊지 아니하면 지극히 지기에 화하여 지극한 성인에 이르느니라.[26]

그런데 수운은 주문 내용을 설명하면서 자신의 주문이 "지금 글에도 있고 옛 글에도 있다"라고 덧붙인다.[27] 한울님이 자신에게 준 주문이 표현만 다를 뿐이지 옛날에도 있었다는 것이다. 천도가 시대와 공간에 따라 다른 방식으로 포착되듯이, 주문 수행법 자체는 보편적이라는 주장이다.

비슷한 맥락에서 합일 체험의 대상이 되는 지고 존재의 명칭 역시 배타적이지 않다. 수운은 지고 존재를 상제(上帝), 천주(天主), 귀신(鬼神), 한울님(ᄒᆞᄂᆞᆯ님)과 같이 매우 다양하게 명명한다. '천주'나 '상제'는 주로 한문으로 기록된 『동경대전』에, 'ᄒᆞᄂᆞᆯ님'은 한글 가사로 기록된 『용담유사』에서 등장하지만, 이 표현들이 수운과 동학교인들에게 유

---

26 『東經大全』, 「論學文」. 曰降靈之文 何爲其然也 曰至者 極焉之爲至 氣者虛靈蒼蒼 無事不涉 無事不命 然而如形而難狀 如聞而難見 是亦渾元之一氣也 今至者 於斯入道 知其氣接者也 願爲者 請祝 之意也 大降者 氣化之願也. 侍者 內有神靈 外有氣化 一世之人 各知不移者也 主者 稱其尊而與父母同事者也 造化者 無爲而化也 定者 合其德定其心也 永世者 人之平生也 不忘者 存想之意也 萬事者 數之多也 知者 知其道而受其知也故 明明其德 念念不忘則 至化至氣 至於至聖.

27 『東經大全』, 「論學文」. 曰呪文之意何也 曰 至爲天主之字故 以呪言之 今文有古文有.

의미한 차이를 갖지는 않는다. 특히 '주(主)'나 '님'이라는 표현은 동학의 상제가 인격적이며 의지적 존재라는 점을 분명하게 드러낸다.

한편 수운은 자신의 종교적 보편주의를 견지하면서도, 수행의 핵심을 자기만의 방식으로 강조한다. 자신이 전하는 주문 역시 수행법이라는 차원에서는 옛날에도 존재했지만, 동학 가르침의 핵심은 주문 그 자체라기보다는 정성스러운 마음에 있다는 것이다. 즉, 궁극적 천도를 발견하는 방식으로 주문은 여럿일 수 있지만, 수행하는 자의 마음가짐이야말로 주문 그 자체보다 더 결정적이다. 우리가 자신의 '마음을 올바르게 하면(守心定氣)', 자연스럽게(無爲而化) 우리 내면의 한울님이 드러나므로, 진심이 없으면 주문 자체는 오히려 효과가 없다는 것이 수운의 입장이다.

비록 그러나 도성덕립(道成德立)이 되는 것은 정성에 있고 사람에 달렸느니라. 혹은 떠도는 말을 듣고 닦으며 혹은 떠도는 주문을 듣고 외우니, 어찌 그릇된 일이 아니며 어찌 민망한 일이 아니겠는가.[28]

핵심은 정성에 기초해 마음을 올바르게 하는 것으로, 수운은 '마음을 올바르게 하는 것'이야말로 유교와는 다른 동학만의 독특한 가르

---

28 『東經大全』,「修德文」. 雖然 道成德立 在誠在人 或聞流言而修之 或聞流呪而誦焉 豈不非哉 敢不憫然.

침이라 여러 차례 강조한다.[29]

이처럼 수운에게는 수행 방법이나 수행이 지향하는 목표라는 차원에서, 동학은 기독교를 포함한 동서양의 여타 종교와 근본적으로 다르지 않았다. 그러나 마음을 올바르게 유지하고, 진심을 다하는가를 강조한다는 점에서만큼은 독특하다는 주장이다. 그러므로 마음을 올바르게 유지하고 정성을 다하는가의 여부를 판단하는 일은 동학의 수행에서 결정적이다. 그렇다면 수행이 올바르게 진행되고 있음을 판단하는 기준은 무엇일까? 수운은 이 질문에 그가 '각자위심(各自爲心)'이라고 표현한 이기심 여부가 판단의 핵심이라 주장한다.

> 또 이 근래에 오면서 온 세상 사람이 각자위심(各自爲心)하여 천리를 순종치 아니하고 천명을 돌아보지 아니하므로 마음이 항상 두려워 어찌할 바를 알지 못하였더라.[30]

같은 맥락에서 동일한 천도에서 비롯되었지만, 기독교의 가르침이 허무해지는 이유 역시 이기심 때문이다. 수운은 서양인들 역시 동일한 천도를 가지고 있지만, 개인과 집단의 이기적 목적을 달성하고자

---

29 『東經大全』,「修德文」. 仁義禮智 先聖之所教 修心正氣 惟我之更定.
30 『東經大全』,「布德文」. 又此挽近以來 一世之人 各自爲心 不順天理 不顧天命 心 常悚然 莫知所向矣.

타인을 함부로 대한다고 비판한다. 서양이 동양을 무력으로 침탈하는 행위가 대표적이다.

대답하기를 '우리 도는 무위이화라. 그 마음을 지키고 그 기운을 바르게 하고 한울님 성품을 거느리고 한울님의 가르침을 받으면, 자연한 가운데 화해나는 것이요, 서양 사람은 말에 차례가 없고 글에 순서가 없으며 도무지 한울님을 위하는 단서가 없고, 다만 제 몸만을 위하여 빌 따름이라.[31]

요컨대 '제 몸만을 위한다'가 비판의 요지이다.[32] 수운은 이기심을 버리지 않고서는, 수행을 완성시키는 정성스러운 마음과 수심정기가 불가능하다고 보았다. 이기심을 버려 마음을 바르게 하고, 정성을 기울이면 자신의 내면에서 지고 존재인 상제가 저절로(無爲而化) 드러나 자연스럽게 천도를 체득하는 사건에 이르기 때문이다. 이럴 때 외견상 서로 달라 보이는 종교의 수행과 가르침은 비로소 보편적인 천도

---

31 『東經大全』, 「論學文」. 曰吾道無爲而化矣 守其心正其氣 率其性受其教 化出於自然之中也 西人 言無次第 書無皂白而 頓無爲天主之端 只祝自爲身之謀.

32 조광의 지적처럼 기독교의 급진적인 평등주의 역시 현실 개선의 강력한 동력을 조선 말 제공했음에 분명하다. 이 때문에 동학과 서학은 지배 세력의 탄압을 받았다. 조광, 「19세기 후반 서학과 동학의 상호관계에 관한 연구」, 『동학학보』, 제6집, 2003. 그러나 수운은 기독교가 서구 침탈의 배경으로 작용했으며, 제사와 같은 조선의 전통을 부정하는 것에 비판의 초점을 두었다.

라는 차원에 도달하게 된다. 그러므로 수행의 전체 과정이 적절하게 전개되고, 최종 목표를 달성하는가의 여부는 이기심을 버릴 수 있는 가에 좌우된다.

수운은 공자의 가르침을 따르는 유교 역시 인의예지(仁義禮智)를 내세웠지만, 이기심 때문에 그 진리를 실천하지 않기 때문에 문제라고 비판한다. 물론 동학과 유교의 관계는 단순하지 않다. 그간의 많은 연구가 보여주듯이 수운의 종교 사상이 유학적 개념과 세계관 위에 구축되었다는 점에서 유교의 영향력은 부인하기 어렵다. 실제로 『동경대전』은 유학의 개념을 폭넓게 차용하고 있으며, 수운은 유교의 구체적인 사상이나 인물을 비판의 대상으로 삼지 않는다.[33] 보편주의자인 수운에게 유교가 여타 종교와 마찬가지로 동일한 천도에 기반을 두고 있다는 사실은 명확하다.

오직 옛날 선비들이 천명에 순종한 것을 알겠으며 후학들이 잊어버린 것을 스스로 탄식할 뿐이로다. 닦고 단련하니 자연한 이치 아님이 없더라. 공부자의 도를 깨달으면 한 이치로 된 것이요, 오직 우리 도로 말하면 대체는 같으나 약간 다른 것이니라.[34]

---

33 임태홍, 「동학의 성립과정에 미친 유학의 영향」, 『신종교연구』, 제9집, 2003.
34 『東經大全』, 「修德文」 惟知先儒之從命 自歎後學之忘却 修而煉之 莫非自然 覺來 夫子之道則 一理之所定也 論其惟我之道則 大同而小異也.

그러나 '각자위심'때문에 현실 개선의 동력을 상실했다는 점에서는 유교도 비판받아야 한다. "유도불도(儒道佛道)의 누천년(累千年) 운이 역시 다했던가"라는[35] 『용담유사』의 표현은 바로 이 점을 지적한다. '운수가 다했다'는 표현은 유불선이 가르침의 차원에서는 진리이지만, 더 이상 현실을 바꿀 힘을 가지고 있지 못함을 뜻한다. 수운은 이렇게 천도에서 비롯된 종교들이 '지금 여기'의 현실을 개선할 수 있는가 여부에 주목한다. 천도를 체득하는 핵심적인 통로로서 이기심을 벗어난 정성스러운 태도를 강조했을 뿐만 아니라, 천도 체득 이후에 필연적으로 실현되어야 할 현실 개선이라는 노력 역시 거듭 강조한 것이다.

이처럼 수운의 종교 사상은 당대의 현실을 돌파하려는 열망으로 시작되었으며, 최종적으로 타자와의 윤리적 관계를 강조하는 결론으로 이어진다. 특히 수운의 가르침은 신과 인간, 인간과 인간, 인간과 세계라는 일체의 '관계' 속에서 실천되어야 한다는 윤리적 차원을 강조한다는 점이 두드러진다. 요컨대 수운의 종교적 보편주의는 현실의 제반 관계를 개선하는 실천적 윤리와 긴밀하게 맞물려 있다.

3) 실천적 윤리: 우리는 천도를 현실에서 실천해야 한다

모든 개인이 자신의 내면에서 보편적인 천도를 체득할 수 있다는

---

35 『용담유사』, 「교훈가」.

수운의 신비주의적 주장은 관계에 대한 윤리적 예민성으로 이어진다. 수운이 주목했던 관계는 크게 신과 인간, 인간과 인간, 그리고 인간과 세계라는 세 측면이며, 각기 경천(敬天), 경인(敬人), 경물(敬物)이라는 윤리적 덕목으로 구체화된다.

우선 신과 인간의 상호 관계부터 살펴보자. 동학에서 신과 인간의 관계는 '시천주(侍天主)'라는 개념으로 요약된다. 통상 모신다는 의미로 해석되는 '시(侍)'는 언뜻 보아 모시는 자와 모심을 받는 한울님 사이의 이원적 구분을 전제로 하는 행위로 해석되기 쉽다. '님'이라는 존칭을 뜻하는 접미어가 보여주듯이, 우리는 한울님을 극진히 공경해야 한다. 그런데 수운은 뜻밖에도 모심의 대상인 한울님이 우리 몸 안에 있다고 강조하면서, 동학의 창도자인 자신을 믿거나 숭배하지 말고 각자가 내면에 모시고 있는 한울님을 공경하라고 권고한다.

> 나는 도무지 믿지 말고, 한울님만 믿어라. 네 몸에 모셨으니 사근취원(舍近取遠)한단 말이냐? 내 역시 바라기는 한울님만 오로지 믿고, 몽매(蒙昧)함을 벗어나지 못한 너희들은 서책(書册)은 아주 폐하고 수도하는 데 힘쓰는 것, 그도 또한 도덕이다.[36]

수운의 가르침은 모든 인간 내면에 한울님이 존재하며, 이를 알아

---

36 『용담유사』, 「교훈가」. 윤석산, 『주해 동학경전: 동경대전·용담유사』, 358쪽.

차리는 것이 가장 중요한 수행의 목표라는 점을 그가 확고하게 믿었음을 보여준다. 그러므로 수운의 시천주는 모시는 주체와 대상 사이의 이원적 관계를 전제하는 데에서 출발하지만, 양자의 동일성이 확인되는 오심즉여심의 순간에 이원성을 소거시킨다. 즉, 한울님이 우리 내면에서 온전하게 드러나 나와 한울님 사이의 존재론적 동일성이 체득될 때, '시'의 행위는 역설적인 의미를 비로소 완성하게 된다.

한울님과 인간의 상호 관계를 이원성과 일원성이 교차하는 역동적인 것으로 설명하는 수운의 입장은 크게 두 가지 방식에서 윤리적 실천이라는 덕목과 긴밀하게 연결된다.

첫째, 모든 인간은 자신의 내면에 한울님을 모시고 있기 때문에 이미 존귀하다. 모든 종교가 동일한 천도를 소유한다는 수운의 종교적 보편주의는 모든 인간의 내면에 한울님이 자리한다는 사실을 달리 표현한 것이기도 하다. 인종, 계층, 성별에 무관하게 인간의 내면에는 한울님이 존재하고, 우리는 이를 '오심즉여심'의 체험을 통해 확인할 수 있다. 모든 존재가 한울님을 모시고 있으므로 윤리적으로 존중받아야 한다는 생각은 곧장 동서양 문명의 상호 관계를 포함해 관계 전반을 규율하는 윤리적 덕목의 밑바탕이 된다.

둘째, 수운이 만난 동학의 한울님은 인격적인 존재로 살갑기 그지없는 신이다. 동학 경전에 따르면 한울님은 수운의 개인적인 고민을 들어주는 것은 물론 격려를 아끼지 않는다.[37] 또 한울님은 현실 세계의 고통에 안타까움을 표명하며, 이를 개선하기 위해 수운에게 더 노력할 것을 당부하는 존재이기도 하다.[38] 이처럼 동학의 한울님은 형이상학적이거나 추상적인 원리가 아니라, 인격적인 주체로 수운 앞에 나타나 지금 이곳의 현실을 염려하며, 인간이 서로를 존중하는 세상을 만들기를 희망하는 신이다. 그러므로 첫 만남에서부터 세상의 혼란을 개탄하는 한울님의 의지는 수운이 사회 참여적 윤리를 강조하게 되는 중요한 기반으로 작용할 수밖에 없었다.

이런 맥락에서 동학의 강력한 사회 참여적 윤리관은 수운이 한울님에게서 직접 전해 받은 가르침(계시)과 오심즉여심이라는 신비적 합일 체험(신비주의)이 서로 맞물린 결과로 볼 수 있다. 즉, 동학은 계시와 합일 체험의 두 측면을 실천적 윤리관으로 발전시켰다.

한편 한울님과 수운의 친밀한 관계는 자연스럽게 인간들 사이의 관

---

37 한울님이 낙담한 수운을 수차례 위로하는 내용은 주로 『용담유사』의 「교훈가」에 등장한다. 대표적인 사례는 다음과 같다. "남만 못한 사람이었다면 어찌 그런 생각을 할 수 있었으며, 남만 못한 재질이었으면 어찌 그런 생각을 하였겠는가. 그런 겸양의 말은 하지 말도록 하라. 내가 무극대도를 너에게 준 것은, 이 세상이 생긴 이후 처음 있는 일이로다. 선천(先天)의 낡은 운수 속에서 새로운 후천(後天)의 착한 운수를 둘러놓고는 또 포태(胞胎)의 운수도 정하여 너를 이 세상에 태어나게 한 것이다."

38 『東經大全』, 「布德文」. "내 또한 공이 없으므로 너를 세상에 내어 사람에게 이 법을 가르치게 하니 의심하지 말고 의심하지 말라(余亦無功, 故生汝世間, 敎人此法, 勿疑勿疑)."

계를 규율하는 윤리적 덕목으로 발전해 나간다. 인간관계를 규율하는 동학의 윤리 덕목은 타인을 하늘처럼 섬기라는 '사인여천(事人如天)'으로 압축된다. 나와 타인은 모두 한울님을 모시고 있으므로, 한울님을 대하듯 타인을 존중해야 한다. 더욱이 한울님은 우리들이 서로를 한울님 대하듯 공경하기를 원하기 때문에 더욱 타인을 잘 섬겨야 한다. 수운의 가르침은 수사(修辭)에 멈추지 않았다. 수운이 종교적 깨달음을 얻은 후 처에게 절을 올리고, 여종 두 사람을 면천시켜 수양딸과 며느리로 삼은 사건은 동학의 가르침이 현실에서도 적극적으로 실천되었다는 사실을 증언한다.

수운에게는 한울님을 모시고 있는 존재인 타인을 우리가 한울님처럼 존중하는가가 윤리적 실천 여부를 판단하는 기준이었다. 이런 수운의 가르침은 당시 만연하던 사회적 차별을 거부하는 동학의 단호한 결단으로 자연스럽게 발전했다. 동학은 갑오년(1894)에 '동학농민운동'이라는 거대한 울림을 만들어 냈다. 동학농민운동은 1894년 1월에 시작되어 2차에 걸쳐 일어났고, 봉기 정신은 동학의 '폐정개혁안(弊政改革案)'에 뚜렷하게 드러난다. 그러나 동학농민운동은 같은 해 11월 압도적인 무력 앞에서 농민군의 패전으로 마무리되고, 지도자 전봉준은 체포되어 이듬해 3월에 처형당하고 만다. 수운과 해월의 가르침은 사회를 변혁하려는 거대한 운동으로 표출되었지만, 현실의 벽에 부딪

혀 완전하게 실현되지는 못했던 것이다.[39]

인간 상호 관계의 덕목으로도 구현된 동학의 실천적 윤리는 여기에서 멈추지 않고, 인간과 사물 전체를 규율하는 차원으로 확장된다. 이대 교조인 해월 최시형(海月 崔時亨)이 제안한 '이천식천(以天食天)'이 대표적인 표현이다. 이 선언은 말 그대로 하늘이 하늘을 먹는다는 의미이다. 음식은 내 밖에 존재하는 뭇 동식물을 뜻하지만, 확장되면 내 밖에 존재하는 전체 생명과 자연 그 자체를 뜻한다. 동학의 가르침에 따르면 '먹는 행위(食)'를 포함해, 우리가 사물 전체와 맺는 움직임 모두는 경물(敬物)의 태도를 갖추어야 한다.

해월에 이르러 체계화된 경물의 덕목은 동학의 인간 존중 정신이 우주의 만물을 존중하라는 생태적인 윤리관으로 발전했다는 사실을 보여준다. 이는 수운의 가르침이 신과 인간, 인간과 인간, 그리고 인간과 우주 전체의 상호 관계를 망라하는 것으로 확장될 수 있음을 드러낸다. 수운은 이미 19세기에 지고 존재인 한울님과의 친밀한 상호 관계에서 출발해, 당대의 엄혹한 신분 질서를 근저에서부터 변화시킬 실천적 윤리를 제시했을 뿐만 아니라, 한울님과의 동일성이라는 관점에 입각해 존재하는 모든 것을 존중하라는 우주적인 종교 사상의 토대를 만들었던 것이다.

이런 맥락에서 인간이 한울님과 다른 인간, 그리고 우주 전체와 맺

---

39 표영삼,『표영삼의 동학 이야기』, 서울: 모시는사람들, 2014, 429~435쪽.

는 일체의 관계와 행동은 수운이 『용담유사』에서 노래한 것처럼, 한울님 속에서 이루어지는 한울님의 역동적인 자기 운동이 된다. 즉, 이원적으로 보이는 모든 행위는 오심즉여심이라는 무궁의 조화를 체득한 연후에, 무궁한 한울들이 무궁한 한울님 속에서 모든 것의 무궁함을 확인하는 한울님의 자기 활동으로 변모한다. 수운은 이를 "무궁히 살펴내어 무궁히 알았으니, 무궁한 이 울 속에 무궁한 내 아닌가?" 라고 간결하게 표현한다.[40]

우리는 무궁한 한울님 속에 있으며, 동시에 모든 존재의 심층에는 한울님이 자리하고 있기에 우리 모두는 무궁하다. 이러한 상호 포섭의 전체 맥락 속에서 일체의 타자와 관계를 맺을 때, 우리는 마땅히 모든 대상을 한울님처럼 대해야(侍, 事, 食) 한다. 결국 한울님과의 근원적인 동일성은 이원성에 기초한 모든 행위들을 무궁한 한울님 속에서 벌어지는 역동적인 자기 확인의 움직임으로 변화시킨다. 즉, 모든 이원적 관계 이면에는 이원성을 뛰어넘는 근원적인 일원성이 존재하며, 이런 일원성에 대한 인식이야말로 이원적 관계 속에서 상대방을 한울님처럼 공경하게 만드는 윤리적 실천의 근거가 된다는 것이다.

요컨대 수운의 실천적 윤리관은 한울님이 모든 존재를 포괄하면서도, 동시에 인격적 주체로서 수운을 비롯한 개체들과 친밀한 관계를 맺을 수 있다는 동학의 독특한 한울님 개념을 반영하고 있다. 그러

---

40 『용담유사』, 「흥비가」. 윤석산, 『주해 동학경전: 동경대전 · 용담유사』, 520쪽.

므로 수운의 한울님은 김경재가 적절하게 지적한 것처럼 서구 유신론 전통의 '범재신론적(汎在神論, panentheistic)' 신 개념에 흡사하다. 다시 말해 수운의 한울님은 인간과 이원적인 관계를 맺을 수 있지만, 동시에 본질의 차원에서는 분리된 둘이 아니라는 비이원성을 함께 갖는다.[41] 이처럼 동학의 신 관념은 이원성과 일원성을 두루 아우른다.

한울님으로부터 모든 관계의 윤리적 함의를 이끌어낸다는 측면에서 수운의 윤리 규범은 종교적이며 동시에 신비주의적이다. 모든 개인이 수행을 통해 자신의 내면에서 한울님을 발견할 수 있으며, 나아가 한울님과의 근원적인 동일성을 확인할 수 있다는 주장은 동학의 실천적 윤리관을 뒷받침한다. 그리고 이런 '무궁함'의 인식은 한울님과의 상호 관계는 물론 다른 인간, 나아가 세상 모든 존재와의 관계를 규정하는 윤리적 기준으로 기능한다. 개인의 내면에서 자기 정체성과 윤리의 근원을 발견하려는 수운과 동학의 가르침은 유례없는 격동과 혼란의 시기에 이질적인 종교와 문명에 대해 포용적이면서도, 동시에 비판적인 관점을 취하게 만든 원동력이 되었다.

수운은 이런 보편주의적 맥락에서 유불선과 기독교와 같은 다른 종교들을 이해했다. 가치 판단의 관건은 이기심에서 벗어나 우리가 처한 고통스러운 현실을 실제로 개선하는가의 여부였다. 철저한 보편주

---

41 동학의 독특한 신 관념은 다음을 참고하라. 성해영, 「수운 최제우 종교 체험의 비교종교학적 고찰: '체험-해석틀'의 상호관계를 중심으로」, 『동학학보』, 18집, 2009.

의자인 수운에게 네 이웃을 신처럼 사랑하라고 설파하는 기독교 역시 동일한 천도를 소유하고 있음에 분명했다. 그러나 천도를 목청 높여 외치는 기독교인들이 한울님(天主)의 뜻을 실천하지 않는다는 사실이 수운에게는 가장 큰 충격이었다.

> 경신년에 와서 전해 듣건대 서양 사람들은 천주(天主)의 뜻이라 하여 '부귀(富貴)는 취하지 않는다.' 하면서 천하를 쳐서 빼앗아 그 교당(敎堂)을 세우고 그 도를 행한다고 하므로 내 또한 그것이 그럴까, 어찌 그것이 그럴까 하는 의심이 있었더니…….[42]

자신 앞에 홀연히 나타난 한울님이 기독교의 천주와 다름없다고 믿었던 수운에게, 서양인들이 침략지에 현지인들의 의사에 반해 교회를 설립하는 일은 한울님의 뜻에 분명히 어긋나 보였다. 또 한울님이 우리의 내면을 비롯해 존재하는 모든 것의 심층이 아니라, 사후에나 갈 수 있는 하늘 위에만 존재한다는 기독교의 주장 역시 도무지 받아들이기 힘들었다. 신이 모든 존재의 내면에 자리한다는 자신의 체험과도 부합하지 않았기 때문이다. "천상에 상제님이 옥경대에 계시다고

---

42 『東經大全』,「論學文」. 至於庚申 傳聞西洋之人 以爲天主之意 不取富貴 功取天下 立其堂 行其道故 吾亦有其然豈其然之疑.

보는듯이 말을하니 음양이치 고사하고 허무지설 아닐런가."[43]

4. 수운의 종교적 보편주의와 종교 다원주의

1) 수운의 보편주의가 야기하는 물음들

기독교의 도래로 인해 동서양의 종교가 본격적으로 만나게 되면서 조선은 비로소 종교 다원주의적 상황을 경험한다. 당대의 반응은 다양했다. 어떤 이들은 서구 문명과 기독교에 압도되어 아낌없는 찬탄을 보냈고, 다른 이들은 기독교를 격렬하게 거부하고 탄압했다. 전자는 우월한 군사력을 앞세운 서양 열강의 힘에 경도되어, 고유의 종교는 물론 오랜 자기 정체성마저 바꾸려 했다. 반면 후자는 수구(守舊)라는 이름으로 타자의 존재를 부정하려 시도했다. 수운은 양 극단을 피하려 했다. 그는 종교적 보편주의의 맥락에서 종교의 다름을 수용하려 했다. 수운은 모든 종교와 문명이 동일한 천도 위에 서 있다는 관점에 근거해 중도를 취했던 것이다.

종교의 다름을 조화시키려는 수운의 태도는 종교 간 대화를 시도했던 종교철학자 존 힉(John Hick)의 접근과도 여러모로 흡사하다. 종교 다원주의를 강조했던 힉은 '실재(the Real)' 개념을 종교간 대화의 기반

---

43 『용담유사』, 「도덕가」.

으로 제시한 바 있다. 종교가 궁극 실재의 다양한 표현이라고 주장한 힉은 실재 중심적 접근이 종교 간 소통과 상호 이해의 통로가 될 수 있다고 믿었다.[44] 이런 관점을 취하면 특정 종교가 진리를 독점하는 것은 불가능하다. 힉은 종교의 평화적 공존이 서로의 권리를 침해하지 않아야 한다는 현실적 당위를 넘어서, 종교가 '실재'의 각기 다른 표현이라는 '진리 차원'의 관점에 설 때 진정한 상호 이해와 공존이 가능하다고 주장했다.

천도는 동일하지만 이치, 즉 교리나 수행법과 같은 구체적인 표현은 다를 수 있다는 수운의 언급 역시 진리의 근원적 동일성을 강조한다는 점에서 힉과 유사하다. 보편주의적 입장에 서면 동양 종교가 기독교보다 우월하거나, 반대로 열등하다는 주장을 수용하기가 어렵다. 수운은 이런 맥락에서 당대인들의 기독교에 대한 극단적인 찬탄이나 혐오를 받아들이지 않았던 것이다. 그러나 개인의 내면에서 종교의 다름을 넘어서는 근원적 동일성을 발견하려는 수운의 보편주의는 다음과 같은 세 가지 물음과 비판을 필연적으로 야기한다. 종교의 차이를 간과한다는 비판을 포함해 가치의 상대주의, 그리고 주장을 뒷받침하는 인식론적 타당성에 대한 물음이 그것이다.

첫 번째 물음은 개별 종교의 차이를 간과할 수 있다는 대목에 집중된다. 모든 종교를 동일한 천도의 표현으로 간주하는 수운의 종교적

---

44   John Hick, "The Theology of Religious Pluralism," *Theology*, vol 86 (1983), p.133.

보편주의는 자칫 종교의 차이와 독특성을 무시하기 쉽다는 것이다. 두 번째는 첫 물음에 연결되는 것으로, 모든 종교를 동일한 진리의 표현이라 간주하면 종교 자체에 대한 어떠한 가치 판단도 불가능하다는 비판이다. 동일한 진리라는 것에 방점이 찍히므로, 그 구체적인 표현에 대한 평가가 어렵다는 의문이다. 끝으로 천도의 동일성과 보편성이 어떻게 오심즉여심과 같은 개인의 체험으로 확증될까라는 물음이다. 즉, 개인의 주관적 체험이 초월적 진리 주장의 타당한 인식론적 근거가 될 수 있을까라는 문제 제기이다.

2) 수운의 종교 다원주의적 해답

이 질문들에 수운은 어떻게 답을 했을까? 수운이 이 질문들을 직접 받은 적이 없으므로, 다음에 제시할 답변은 수운 종교 사상의 전체 맥락에서 유추한 것일 수밖에 없다.

첫째, 수운의 종교적 보편주의는 헉슬리의 영원 철학이 그러했듯이 종교의 현실적이며 구체적인 차이를 간과한다는 비판을 받을 가능성이 크다. 우선은 비일상적인 종교 체험을 통해 확인되는 궁극적 실재, 혹은 수운이 표현한 방식대로 동일한 천도가 실제로 존재하는가라는 물음이 먼저 제기될 수 있다. 나아가 개인의 주관적 체험이 궁극적 실재의 동일성을 확인시켜준다는 주장 역시 논란을 야기할 수 있다. 이는 헉슬리를 포함해 개인의 체험에서 종교의 근원적 보편성을 찾으려는 영원 철학이라면 필연적으로 답해야 할 물음이기도 하다.

수운이 이런 비판을 접했던 것은 아니지만, 만약 그러했더라도 그의 입장이 달라졌으리라 보기는 어렵다. 수운은 천도의 동일성을 역설하면서도, 동시에 종교들이 구체적인 표현에서 서로 차이가 있다는 점을 분명하게 인식했다. 앞서 살펴본 것처럼 수운은 종교마다 수행 방식, 가르침의 강조점, 윤리적 실천의 정도에서 다르다고 동학 경전에서 수차례 설명한다. 대표적인 사례로 갑자기 수운 앞에 등장해 자신의 가르침을 사람들에게 전하라는 상제의 요청에 그는 곧바로 '서도(西道)로써 가르치느냐'고 반문한다.[45] 수운의 반응은 개인에게 자신의 뜻을 전하는 인격적인 지고 존재가 서양 기독교의 특징적 모습이며, 이런 특성이 동양 종교와는 다른 모습임을 그가 명확하게 인지하고 있었음을 보여준다.

수운은 동학과 유교를 같은 맥락에서 비교한다. 수운은 공자의 가르침인 유교가 인의예지를 강조하는 반면, 동학은 수심정기와 시천주라는 덕목을 중요하게 여기므로 차이가 있다고 역설한다. 또 당대 조선인들에게는 서학이나 유불선보다는 자신의 가르침이 더 적절하다고 주장한다. 시대를 불문하고 주문 수행이 여러 종교 전통에서 발견되지만, 동학의 주문 수행법이 더 유용하다는 언급도 덧붙인다. 수운의 이런 주장은 그가 개별 종교의 독특성과 차이를 완전히 간과했다

---

45 『東經大全』, 「布德文」. 曰然則 西道以敎人乎.

고 비판하기는 어렵다는 점을 보여준다. 수운은 천도가 비록 동일하더라도 종교는 시대 상황을 반영해 교리나 수행 방식 등에서 달라질 수밖에 없다고 여겼던 것이다.

이 대목에서 수운은 종교간 대화를 강조한 힉과 다시 유사성을 드러낸다. 힉은 궁극 실재의 표현이라는 점에서 종교는 필연적으로 독특성과 함께 한계를 지니므로, 종교의 상호 대화는 궁극 실재를 더 깊게 이해하게 도울 수 있다는 주장을 펼쳤다. 힉의 입장은 종교가 보편적 천도의 독특한 표현이기에, 다른 종교를 일방적으로 거부하지 않고 그 독특성을 인정하고 통합적으로 이해하려 시도했던 수운과 유사하다.[46] 물론 힉을 포함해 수운의 종교적 보편주의가 종교의 독특성과 차이를 있는 그대로 인정하는가라는 비판은 여전히 제기될 수 있다. 종교의 외형적 차이보다는 이를 넘어서는 근원적인 동일성을 더 강조하고 있기 때문이다. 또 종교의 차이를 동일한 천도의 각기 다른 표현으로 해석하는 태도가 개별 종교 전통의 종교인들에게 그대로 수용되기 어렵다는 사실 역시 문제로 남는다.

둘째, 수운의 종교적 보편주의는 차이를 간과한다는 비판 외에도 가치 상대주의라는 논란도 불러올 수 있다. 모든 종교가 동일한 천도의 각기 다른 표현이라면, 어찌되었건 근본적인 차원에서 동일해지므로 '모든 게 옳다'라는 상대주의의 위험성을 갖는다는 비판이다. 동서

---

46 Hick, *God Has Many Names* (Philadelphia: The Westminster Press, 1982), p.117.

양 종교가 최종적으로는 보편적인 진리의 구현물이기에 근본적인 차원에서 다르지 않다는 견해로 해석될 수 있기 때문이다. 종교의 차이가 간과될 수 있다는 첫 번째 비판의 이면에는, 역설적이게도 존재하는 모든 종교에 대한 가치 판단 자체를 막을 수 있다는 우려가 등장할 수 있다.

이 질문에 적절하게 답변하기 위해서는 수운의 윤리관을 되짚어 볼 필요가 있다. 수운은 천도의 동일성이라는 전제하에 시공을 초월해 모든 개인이 천도를 체험으로 인식할 수 있다는 주장을 펼쳤다. 즉, 천도의 접근 가능성이라는 점에서 개인과 공동체는 평등하다. 물론 그렇게 파악된 천도를 어떻게 표현하며, 어느 대목을 강조할 것인지는 종교마다 창시자나 시대적 정황에 따라 다를 수밖에 없다. 이런 맥락에서 종교의 차이는 필연적이며, 수운은 외형 자체에 대한 호오를 명시적으로 표현하지는 않았다. 하지만 수운은 이 지점에서 곧장 '윤리'를 판단 기준으로 부각시킨다.

수운은 천도의 보편적인 체득 가능성과 함께 종교가 현실적 상황을 반영해 상이하게 표현될 수 있다는 점을 인정하면서도, 윤리적 실천 여부를 종교의 판단 기준으로 고려했다. 동일한 천도에 모두가 열려있다는 측면에서 모든 개인과 공동체가 평등하지만, 이를 현실에서 얼마나 실천하는지 여부는 분명한 차이를 보인다는 것이다. 예컨대 기독교가 동일한 천도를 소유했음에도 불구하고, 서양인들이 이기심 때문에 동양인들의 의사에 반해 동양을 침략하는 일은 천도를 실천하지 않는다는 점에서 비윤리적인 행위이다.

수운이 자신의 종교적 보편주의에 덧붙인 윤리적 실천이라는 기준은 여러모로 중요하다. 무엇보다 윤리적 차원의 강조는 서구를 포함한 외세의 무력 침탈에 저항하는 강력한 저항 논리를 제공했다. '사랑'을 앞세운 기독교가 침략지에서 교회를 세우는 것의 내적 모순을 윤리적 실천이라는 관점에서 강력하게 비판할 수 있었던 것이다. 동시에 수운의 주장은 유교를 포함한 전통적 동양 종교가 사회 운영의 담론으로 더 이상 기능하고 있지 못하다는 사실을 통렬하게 비판하는 근거로도 기능했다. 나아가 윤리적 실천의 강조는 주어진 현실을 한울님의 뜻에 부합하도록 바꾸는 데에 동학의 참된 가치가 있음을 확인시키는 내적인 규율로도 작용했다. 이처럼 수운은 당대의 모든 종교들을 천도의 소유나 그것의 표현이 아닌, 윤리적 실천에 입각해 판단해야 함을 시종일관 역설했던 것이다.

개인의 내면에서 보편적 천도를 찾으려는 수운의 종교적 보편주의는 윤리적 실천을 강조하는 태도와 결합되어 전체적인 균형을 잡는다. 행위의 윤리성을 판단하는 핵심 기준은 이기심의 극복이었으므로, 이기심을 버리는 일과 천도의 실천은 동전의 양면과도 같았다. 이 대목에서 우리는 다시 수운과 힉의 유사성을 발견한다. 힉 역시 이기적인 차원에 매몰되는 '자기-중심성(self-centeredness)'에서 벗어나 궁극적 실재를 우위에 두는 '실재 중심성(Reality-centeredness)'으로 축이 변화했는가의 여부가 종교의 가치를 판단하는 기준이 된다고 주장했다.[47] 요컨대 실재(the Real)에서 종교의 보편성을 발견하려는 노력은 개인의 에고를 벗어난 윤리성 확보로 연결되므로 중요한 기준이라는 것이다.

이처럼 수운이 강조한 윤리적 실천은 공동체 내부는 물론 공동체 상호 관계에서 모두 적용된다. 동학의 반외세 주장은 천도가 공동체 사이의 차원에서도 실천되어야 한다는 당위성을 표현한 것이다. 반면 전통적 신분 질서가 당연시하는 여성과 노비에 대한 차별을 거부하는 것은 공동체 내부의 규범으로 작용할 수 있다. 그리고 우리의 행위가 천도에 기반하는가의 여부를 판단하는 일은 그리 복잡하지 않다. 이기심이 주된 동기가 되는 경우에는 어찌되었든 상대방의 의사를 있는 그대로 존중하기가 어렵기 때문이었다.

한편 앞서 살펴본 수운의 종교적 보편주의에 대한 두 가지 물음은 '보편적 천도를 개인의 체험에서 찾는 일이 타당한가?'라는 마지막 질문으로 자연스럽게 이어진다. 수운이 설파했던 종교적 보편주의의 핵심은 개인의 내면에 한울님이 모셔져 있다는 선언이다. 우리 모두는 수행을 통해 이를 체험적으로 인식할 수 있으며, 한울님과 우리의 존재론적 동일성은 인간이 자신이 아닌 모든 것과 맺는 관계를 실제로 변화시키는 윤리적 실천의 동력으로 작용해야 한다는 것이다. 그러므로 개인이 자신의 내면에서 한울님을 만나고, 양자의 근원적인 동일

---

47   Hick, "On Grading Religions," *Religious Studies* 17.4 (1981), p. 451.

성을 확인하는 사건은 결정적이다. 이로 인해 우리 모두는 한울님처럼 존중되어야 한다는 최종적인 결론이 도출되기 때문이다.

그런데 수운이 주장한 것처럼 개인의 체험이 시공을 초월한 보편적 진리를 담보하는 설득력이 있는 근거가 될 수 있을까? 이 질문은 수운 종교 사상의 뿌리가 되는 종교 체험의 인식론적 타당성을 문제 삼는다. 수운은 이 질문에 뚜렷한 해답을 제시하지 않았다. 수운은 이 질문을 직접 받거나, 스스로도 제기한 적이 없다고 보아야 한다. 그는 우리 모두가 한울님을 모시고 있고, 주문 수행과 같은 구체적인 방법을 통해 이를 알 수 있다고 선언했을 따름이다. 즉, 수운은 개인적 체험을 통해 한울님과의 근원적인 동일성이 발견될 수 있다는 점을 자명한 사실로 간주했다. 수운의 가르침을 수용한 이들 역시 그의 주장을 당연하게 받아들였다. 그러니 이 질문에 대한 수운의 답변 역시 간접적으로 유추될 수밖에 없다.

이 물음은 동서양의 모든 신비주의적 흐름이 대면했던 근본적인 딜레마이기도 하다. 신비주의는 개인이 신비적 합일 체험이라는 비일상적인 경험을 통해 궁극적 실재 혹은 지고 존재를 인식할 수 있다는 주장으로 요약된다. 즉, 개인적 체험이 궁극적 실재의 인식론적 근거이다. 그러나 이 주장은 모두를 납득시키는 방식으로 결코 입증될 수 없다. 궁극적 실재의 근거로 '개인적인' 체험이 제시되지만, 타인의 개인적 체험은 엄격하게 말해 간접적으로 재구성될 수밖에 없기 때문이다. 예컨대 한 개인이 경험한 '바나나 맛' 그 자체는 어떤 방식으로도 있는 그대로 타인에게 직접적으로 인식될 수 없다. 일상적인 체험이 그럴진대, 시공을 초월하는 비일상적인 사건인 신비적 합일 체험은 더더욱 공유나 실감이 어렵다.

물론 실증적인 입증 여부와 무관하게 모든 신비주의 전통은 비일상적이며 초월적인 체험의 발생 가능성을 높이는 주문, 기도와 같은 다양한 수행법을 전승시켜 왔다. 수운 역시 이기심을 버린 정성스러운 주문 수행이 내면의 한울님과 하나가 되는 체험을 제공할 수 있다고 역설했다. 만약 전승된 수행법으로 비일상적 체험을 하는 사례가 종교사에서 반복적으로 나타나지 않았더라면, 개인의 비범한 체험에 기반을 두는 동서양의 신비주의 전통은 존속이 아예 불가능했을 것이다. 그러므로 전통의 존재 그 자체와 전통이 발전시킨 다양한 수행법은 초월적 체험의 가능성을 간접적으로 증언한다. 그렇지만 모두를 납득시키는 실증이 근본적으로 불가능하다는 비판은 여전히 남는다.

수운 역시 동일한 딜레마에 직면할 수밖에 없다. 오심즉여심 체험이 보편적 천도를 확인하는 계기라고 선언했지만, 수운은 이를 자세하게 규명하거나 논증하지 않았다. 불교를 위시한 동양 종교 전통이 개인의 비일상적인 종교 체험을 수행의 최종 목적으로 제시하는 일은 드물지 않다. 또 종교 창시자의 체험이 후대에 빈번하게 발생하지는 않을지라도, 체험의 가능성과 실제 체험 사례를 이 전통들이 부정하지는 않는다. 그러나 신비주의를 포함해 개인의 비범한 통찰을 강조하는 종교 전통은 이를 철저하게 개인적인 체험의 문제로 간주하므로, 직접적인 입증을 시도하지 않는다. 수운의 태도도 동일하다. 즉, 입증이 아니라 수행과 체험으로 확인할 수 있다는 입장을 시종일관 굳건하게 취했던 것이다.

결국 개인의 주관적 체험을 인식론의 근거로 제시하는 수운의 태도는 실증적 입증과 거리가 있다. 그 점에서 개인적 체험이 시공을 초월한 동일한 천도의 근거라는 수운의 주장은 '믿음'의 영역에 더 가깝다. 마치 불교인이 붓다의 깨달음 체험이 가능하다는 사실을 수행을 통해 유사한 체험을 갖기 이전부터 받아들이고, 불교적 수행을 하는 것과 비슷하다. 실현되지 않았더라도 발생 가능성에 대한 믿음은, 기본 전제를 수용하는 이들에게는 분명 타당성을 가진다. 그러나 체험의 가능성 자체를 부정하거나, 설령 체험이 가능하더라도 그것이 초월적 실재의 증거가 아니라고 보는 이들을 설득할 수는 없다. 그러므로 수운의 종교적 보편주의가 개인의 주관적 체험에서 천도의 근거를 찾는 한, 인식론적 딜레마는 필연적으로 수반된다.

5. 결언: 인간 내면에서 찾는 역설적 중심

수운 최제우는 동서양이 만나는 혼란의 시기에 종교에서 그 돌파구를 찾으려 시도했다. 그리고 치열한 수행 끝에 찾아온 자신의 종교 체험에 근거해, 수운은 모든 문명이 동일한 천도를 소유한다는 종교적 보편주의를 설파했다. 인간은 누구나 자신의 내면에서 천도를 발견할 수 있으며, 이 체험이 서로의 차이를 뛰어 넘게 만드는 소통과 공존의 가교(架橋)가 될 수 있다는 것이다. 수운의 보편주의적 입장에서는 서양이 그저 찬탄의 대상이나, '기(器)'라는 도구적인 가치만을 소유한 폄하의 대상으로 머무를 수 없었다. 한울님은 동일한 천도를 누구에게나 허락했으므로 수운에게는 우월한 '중심'과 열등한 '주변'이라는 이분법은 아예 불가능했다.

그가 보기에 서양을 인의(仁義)를 모르는 야만으로 간주하는 태도나, 동양인들을 문명화할 대상으로만 여기는 편견 역시 천도에 어긋났다. 그러나 혼란이 가중되는 시기에 중도를 표방했던 수운의 태도는 탄압을 불러왔다. 조선 정부와 유학자들은 동학을 유교와 양립이 불가능한 기독교의 가르침으로 간주해 수운을 처형했다. 『승정원일기』는 수운의 종교적 보편주의가 마주했던 당시의 오해를 다음과 같이 증언한다. "지금 이 동학(東學)이란 명칭은 서양에서 하는 술책을 그대로 본뜨면서 이름만 바꾼 채 어리석은 사람들을 현혹하는 것일 뿐입니다."[48] 서학과의 창조적 긴장을 통해 현실을 바꾸려던 수운의 가르침은 도리어 서학으로 몰려 엄혹한 시련을 겪었던 것이다.

수운은 우리 모두의 내면에서 우주의 중심을 찾아내 당대를 휩쓸던 극단적 이분법을 넘어서려 했다. 한울님이 우리 모두의 내면에 자리하기 때문에 특정 개인이나 문명이 배타적인 중심이 될 수 없고, 한울

---

48 『承政院日記』, 今此東學之稱, 全襲西洋之術, 而特移易名目, 眩亂蚩蠢耳.

님의 뜻을 현실에서 실천하는 개인과 공동체야말로 우주의 중심이라는 것이다. '지금 이곳'에서 신, 인간, 사물을 공경하라는 윤리적 규범이 가르침의 핵심이었다. 이 점에서 수운의 종교적 보편주의는 모든 것이 옳다는 상대주의로 귀결되지 않았다. 수운이 천도의 소유가 아닌 그것의 실천을 더 강조했기 때문이다. 실천을 역설했다는 점에서 수운의 가르침은 무기력하지 않았다. 수운에게 모두의 내면에 자리한 보편적인 천도는 동서양 문명이 소통하고 공존을 모색하는 기반이자, 현실을 바꾸는 힘의 원천이었다.

물론 수운의 종교적 보편주의 역시 한계를 지닌다. 개인의 주관적인 체험에서 보편적 천도의 근거를 찾는 일은 입증 가능성과 인식론적 타당성의 측면에서 피하기 어려운 난제를 마주한다. 동시에 동서양의 종교가 동일한 천도의 표현이라는 주장은 종교간 차이를 간과한다는 비판을 받을 우려도 있다. 그렇지만 수운의 가르침에는 설득력이 있다. 열강의 침탈이 빚어낸 혼란 앞에서 각자의 내면에서 정체성의 중심을 찾을 수 있다는 주장은 강력하다. 타자의 우월성 주장에 대해 굳건한 대항 논리가 될 수 있다는 점에서 특히 그러하다. 또 수운의 가르침은 개인에게 심리적 위안을 주는 것에 그치지 않고, 현실의 고통을 개선하려는 치열한 노력으로 이어졌다. 당대인들의 가슴에 깊은 울림을 주었던 동학은 갑오년에 거대한 흐름을 만들어냈던 것이다.

수운이 품었던 꿈은 비록 현실에서 좌절되었지만 오늘날에도 여전히 통찰의 원천이 될 수 있다. 우리는 종교의 다름이 빚어내는 갈등과 긴장을 경험 중이며, 종교가 더욱 전면적으로 만나게 될 미래에 불협화음은 커질 위험이 있다. 그러니 수운의 종교적 보편주의는 매력적이다. 또 그가 종교의 제도화된 형식이 아닌, 인간 종교성의 근원에 가 닿으려 했다는 점도 중요하다. '무종교의 종교(religion of no religion)'나 '영적이지만 종교적이지 않은(Spiritual But Not Religious)'과 같은 표현이 암시하듯, 제도 종교 밖에서 인간의 종교성을 발견하려는 움직임이 본격화된 상황에서 수운의 가르침은 새로운 돌파구를 제시할 수 있다.[49]

그 어느 때보다 종교 다원주의의 가치가 필요한 시기에 수운의 종교적 보편주의는 우리에게 빛을 던져준다. 수운이 자신의 비범한 종교 체험에 근거해 서로 다른 종교의 소통과 공존을 모색하는, 여러모로 험난한 길을 꿋꿋이 걸어가면서 자신이 처한 현실을 치열하게 바꾸려 시도했다는 점에서 더욱 그러하다.

---

49 성해영, 「무종교의 종교(Religion of no Religion) 개념과 새로운 종교성: 세속적 신비주의와 심층심리학의 만남을 중심으로」, 『종교와 문화』, 제32집, 2017, 1~28쪽.

공동체

동학의 신문화운동과 공동체론
— 서구 자본주의에 대한 대응을 중심으로

정혜정
동국대학교

1. 서언: 인류의 위기와 자본주의

오늘날 인류는 생명의 황폐화, 이상 기후, 그리고 최근의 코로나19 사태에 이르기까지 항시적 위협에 시달리고 있다. 이는 기본적으로 자본주의적 가치가 지배하는 물신적 사회체제의 폐해로부터 기인한다. 일찍이 마르크스는 자본주의 사회의 해악을 치밀하게 파헤쳤고, 자본주의의 종말과 공산주의 사회의 도래를 주장해 왔다. 그러나 시간이 지날수록 자본주의는 확산되고 공산주의는 축소되었다. 마르크스의 공산주의는 자본주의를 비판하고 부정했을 뿐 적절한 대안이 되지 못했다. 하지만 마르크스 이후 인류의 양심과 지성은 자본주의 사회의 문제점을 제기하고 이를 대체할 그 무엇이 필요함을 끊임없이 제기해 왔다.[1]

---

1 최근 지젝은 "위기의 시절에는 우리 모두가 사회주의자"라는 옛말을 들어 현대 재난 자본주의의 해독제로서 공산주의를 전망하였다. 현재 코로나 19사태에서 보여주었듯이 국가는 보다 적극적으로 시장 메커니즘을 버려가며 마스크, 진단키트, 산소호흡기 같이 긴급하게 필요한 물품들의 생산을 조정하고 사람의 생존을 보장

역사적으로 근대 동북아는 서세동점(西勢東漸)을 당면하여 자본주의[2]에 저항한 공통의 역사 경험을 지닌다. 20세기 자본 제국주의가 기승을 부릴 때 크로포트킨의 아나키즘이나 마르크스-레닌주의는 피압박민족의 해방, 계급해방의 이념으로서 기능했고, 반제의 동아시아 연대를 이끌었다. 조선에서의 자본주의에 대한 비판은 100여 년 전부터 제기되었다. 1920년대 조선의 조선의 신문화운동 역시 서구 제국주의에 대한 대응이자 자본주의에 대한 새로운 대안이었다. 당시 조선이나 중국의 신문화운동은 자본(제국)주의에 대한 저항과 미래 세계의 새로운 대안으로서 모색되었다. 특히 서구문화를 수용하면서도 주체적 근대를 견지하고자 노력했고, 제국주의의 침략에 저항하며 이를 극복하고자 공동체적 신문화운동을 전개했다. 이는 인간해방과 동귀일체라는 역사 흐름에 맞추어 잘못된 구(舊)전통에 대한 비판, 서구사상의 수용과 사상혁명, 그리고 '사상의 자가화(自家化)'로 구체화되었고, 민족해방과 계급해방을 아우르면서 근본적으로 인간과 역사의 본

하는 조치를 수행했다. 향후 국가기구 차원의 보건 시스템은 약자와 노인을 돌보는 영역에서 지역 공동체의 도움에 의존하게 될 것이고, 실질적인 국제협력을 조직해 자원을 생산하고 공유해야 할 터이다. 지젝은 이 지점에서 공산주의 개념이 등장하는 것이라고 지적했다. 그리고 그는 도처에서 공산주의가 절실하게 필요하다는 사실, 그리고 공산주의자가 아닌 정치가들이 이 아이디어를 시행하고 있다는 사실을 강조했다. 슬라보예 지젝, 강우성 역, 『팬데믹 패닉』, 북하우스, 2020, 128~129쪽.

2 근대 제국주의는 자본주의 후기단계를 일컫는 것이지만 자본주의와 동의어로 쓰인다. 본 연구에서는 자본주의, 제국주의, 자본(제국)주의 모두를 혼용해서 썼다.

질을 구현하고자 한 것이었다.

본 장에서는 3·1운동 직후 중국 북경에서 활동했던 이동곡(李東谷)과 이창림(李昌林)을 중심으로 동학(천도교) 신문화수립운동과 이로부터 전개된 공동체론을 살펴보고자 한다. 이동곡의 신문화운동은 중국 신문화운동을 관찰하면서 제국주의에 대한 저항이자 서구 근대를 대체할 새로운 대안으로서 전개된 것이었고, 중국과 연해주 지역의 무정부주의자, 혹은 볼셰비키와 연대하면서 민족혁명과 계급해방을 지향한 것이었다. 특히 중국 혁명의 성공을 예견했고 조선혁명도 피압박민족으로서 중국과 연대해 나갈 것을 전망하면서 소비에트-중국-조선을 연결하는 반제의 연대를 지향했다. 또한 이창림은 조선신문화운동을 인내천의 자각에 바탕한 세계개조와 역사진보, 그리고 한살림제도와 동양신문화 수립으로 구체화했다. 이는 동학에 바탕한 반자본주의적인 민중운동으로서 인류공동체 생활을 주창한 동학적 사회주의운동이라 명명할 수 있다.[3]

---

3 이동곡과 이창림은 20세기 초 북경에서 활동한 독립운동가로서 서구 근대 자본주의의 속성을 간파하고 이를 대체할 근본적인 인간관, 우주관, 역사관을 동학에서 찾고자 했던 점에서 사상운동의 공통성을 지닌다. 특히 사상혁명의 원칙, 종교에 대한 개념, 신문화운동의 전망 등에서 공통적인 견해를 나타냈다. 그러면서도 양자는 차이를 보이는데 그 각각의 특징들을 3장과 4장에서 분석하였다.

2. 중국 신문화운동 통찰과 조선 신문화수립의 방안

1920년대 천도교가 펼쳤던 동학의 신문화운동은 자유와 평등, 개인
주의와 사회주의를 비롯해 다양한 서구 사조들이 동시다발로 수용되
면서 전개되었다. 이돈화(李敦化), 김기전(金起田) 등 국내에서 신문화
운동을 전개했던 인물들은 잘 알려져 있지만 중국에서 신문화운동을
선도적으로 주창했던 이동곡, 이창림 등은 잘 알려져 있지 않다. 이동
곡[4]은 당시 천도교에서 발행한 잡지 개벽사(開闢社)의 북경특파원이자
대한민국임시정부에 파견된 인물이었다. 그는 임시정부 창조파로서
활동했고, 소비에트와 연대하여 사회주의운동에도 가담했다. 이동곡
은 러시아 혁명의 성공, 중국의 신문화운동과 사회혁명 등 동북아의
정세 변화 속에서 조선식민지라는 현실을 파악했고[5] 쑨원(孫文), 천두
슈(陳獨秀), 리다자오(李大釗), 량수밍(梁漱溟), 후스(胡適) 등의 신문화운
동과 동서사상비교론을[6] 소개하면서 동학에 바탕한 동양 신문화 수립

4　이동곡과 관련한 기존연구로는 논문 3편이 있다. 한기형, 「근대 초기 한국인의 동
　아시아 인식: 『청춘』과 『개벽』의 자료를 중심으로」, 『대동문화연구』50, 성균관대
　학교 대동문화연구원, 2005; 김민승, 「『개벽』의 중국론과 근대인식: 이동곡의 중
　국 정치 · 문화 논설을 중심으로」, 성균관대학교 석사학위논문, 2016; 차태근, 「한
　국 신문화운동과 중국의 시좌」, 『한국학연구』54, 인하대학교 한국학연구소, 2019.
　이 가운데 특히 차태근은 이동곡의 신문화운동론이 동양문화를 포기하고 오로지
　서구문화를 수용하고자 한 것으로 보고 있다.
5　北旅東谷, 「朝鮮對中國之今後關係觀」, 『개벽』28, 1922.10.1, 46쪽.
6　이동곡은 당시 동양 사상가들의 말을 인용하여 동서문화의 장단점과 차이점을 비

을 도모했다.

또한 이창림은 1920년 연해주에서 러시아 공산당에 입당하여 활동하였고, 천도교인으로서 재외 조선인사정연구회에서 활동하면서 조선인학생단을 조직했다. 그는 1921년 10월 경 경성본부로부터 여러 차례 조선인사정연구회 지부 설립을 권고 받아 하얼빈 부두구(埠頭區)에 지부를 설치하고 회원모집에 노력했다. 1922년에는 재외조선인사정회보를 발간하여 경신년 4월 참변과 일제가 강제한 거류민단체가입 문제 등 북만주 및 연해주의 상황을 널리 세상에 알렸다.[7]

이동곡(李東谷)은 중국 신문화운동을 관찰하면서 조선도 사상적 차원의 새로운 변화가 있어야 함을 절감했다. 중국과 조선의 신문화운동이 날로 격렬해 가는 당시 상황에서 중국의 신문학건설운동을 비롯교하면서 신문화수립을 제기하였다. 이를 정리하면 다음과 같다.

주장인물	서양민족	동양민족
천두슈(陳獨秀) 「東西民族根本思想」	전쟁을 본위로 함	안식을 본위로 함
	개인을 본위	가족을 본위
	법치와 실리를 본위	감정과 虛文을 본위
리따자오(李大釗) 「東西文明根本의 異点」	動을 위주	靜을 위주
	인위적	자연적
	적극적	소극적
	독립적	의뢰적
金子馬治「東西文明의 比較」	자연을 정복한 결과	-
北聆吉「東西文化의 融合」	자연을 정복	자연과 융합
	적극	소극

7 李昌林,「在北滿及露領朝鮮人の一般狀況」,『北滿及露領朝鮮人事淸』9, 在外朝鮮人 事情會報, 1922, 19쪽.

한 신문화운동은 조선에 유용한 자극과 참고가 되었다. 그리고 그가 통찰한 중국 신문화운동의 목표는 구(舊)사상, 구(舊)문예의 개혁으로부터 새로운 동양문화의 수립으로 나아가는 것에 있었다.

소춘(김기전-필자) 형으로부터 내년 신년호에 중국에 관한 기사를 써 보내라는 간탁을 받았는데 본 호에 기사를 쓰게 됨은 다소 중복된 감도 없지 않으나 중국과 조선의 신문화운동이 날로 격렬해 가는 당시 상황에서 신동양문화 수립을 위해 중국이 구사상, 구문예를 개혁하여 신문학건설운동을 소개하여 조선의 문화운동에 자극과 참고를 주려 한다.[8]

이동곡이 조선 신문화운동에서 중국을 참고로 삼고자 했던 것은 중국의 신문화운동과 혁명운동을 통해 조선과 동양의 신문화운동 방향을 모색하기 위함이었다. 이동곡은 먼저 중국문화에서 조화(調和)와 지중(持中)의 문화를 주목하면서 조선문화와의 차이점을 구분했다. 조화지중의 문화란 한마디로 '자신의 의욕을 상황과 조화시키려고 노력하는 문화'를 뜻한다. 어떤 문제가 생기면 문제를 낳는 대상에 주목하기보다는 문제를 둘러싼 상황을 재설정하여 문제의 해결을 구하려는

---

8 北旅東谷, 「現中國의 舊思想, 舊文藝의 改革으로부터 新東洋文化의 樹立에 他山의石으로 現中國의 新文學建設運動을 이약이함」, 『개벽』30, 1922.12., 23쪽.

것이다. 예를 들면 서양문화에서는 비가 새면 집을 수리하여 비가 새지 않도록 하는 것에서 만족을 구하는 반면, 중국문화에서는 집이 없는 사람의 처지를 생각하면서 비가 새는 상황을 그렇게 비관적으로 생각하지 않는다.

> 중국민의 본성은 持中的이요 調和的이라할지니 (…) 例하면 무슨 문제나 사건을 봉착할 時는 해결을 요구하든지 혹은 국면을 改變하려 하지 아니하고 곧 그 境地上에서 자기의 만족을 구하여 直往奮鬪의 태도로써 그 문제나 사건의 요구적 만족을 要치 아니하고 그 應付의 방법은 다만 자기의욕의 조화로써 근본의 정신을 持中에 둠이라 할지오 (…) 奮鬪强毅의 정신이 다소 박약함은 있으되 그의 튼튼한 조화적 消解力과 그의 강인한 持中的 보수성이 있음을 볼 때에 此의 논단이 근사타하지 않을 수 없다. 또한 대륙적 민족의 본성과 본질이 此에 近함도 사실이다.[9]

이동곡이 보기에 중국의 '조화지중'은 분투와 강의(剛毅)함이 없는 단점도 있지만 대륙적 민족의 본성을 드러내는 장점이 되기도 한다. 중국인은 "능히 타민족보다 먼저 자연과 조화하여 자기의 생활을 개

---

9   北旅東谷, 「朝鮮對中國之今後關係觀」, 『개벽』 28, 1922.10.01., 50쪽.

척"해 왔고, "지중적(持中的) 정신"으로써 점진적 보조(漸進步調)를 취해 왔다. 또한 자아의 발전을 대(對)자연의 조화적 경지 안에서 도모해 왔다. 그리하여 "민족적 융흥이 번성할 때에는 동양민족의 맹주"가 되기도 하였고, 중화적 "천하(天下)"라 칭하여 천하의 "총주재(總主裁)"됨도 자처해 왔다.[10] 이동곡은 이 같은 중국에 대한 인식하에 서양문화가 현대를 통제하고 독점하지만 동양문화를 인정하지 않을 수 없는 때에 동양문화의 대유력자로서 중국을 꼽아 중국민을 문화민족이라 하지 않을 수 없을 것이라 하였다. 그리고 만약 조화와 지중의 중국이 먼저 신문화에 대한 완전한 각오(覺悟)를 얻는 때에는 능히 신문화 건설도 이룩될 것이라 단언하면서 세계문명의 발원지로서 중국의 풍부한 문화적 능력을 인정하였다.[11] 그리고 현재 중국의 신문화운동은 옛것도 새로운 것도 아니며, 동양도 서양도 아닌 듯하나 내면에는 오히려 향상이 있고, 서양문화에 대한 이해를 가졌으며 그 바탕에는 '자가화(自家化)'의 노력이 수반된 것으로 평가되었다. 반면 중국과 일본을 비교하여서는 중국이 "민족적 내부의 충실"을 기했다면 일본은 "외면에만 차르를 발라 맞추는 서구화"를 진행해 왔다고 하여 일본에 일침을 가했다. 일본은 자민족 내부에 충실을 기하지 못했고, 자국민의 본성에 맞추어 자가화하기보다는 외면만 대충 맞추어 서구화를 추진했으며,

10 위의 글, 50~51쪽.
11 위의 글, 51쪽.

그것도 전제 황권의 '차르'를 발라댔다는 것이다.

기본적으로 신문화라는 것은 자국민의 정신에 바탕한 자가화를 이루어야 한다. 문화라는 것은 생활양식의 표현이고 생활은 민중의 본성과 본질에 기초한 행위이기 때문이다. 동양인에게는 그 본성에 터한 생활과 문화가 있고 서양인 역시 그 본성에 기초한 생활과 문화가 있을 것이다. 중국인도 중국인대로 민중의 본성과 민족적 환경에 따른 '조화와 지중'의 생활과 문화가 있어 왔다.

> 무릇 문화란 무엇이뇨 생활적 양식의 표현이다. 쏘한 생활이란 무엇이뇨 민중의 본성과 본질에 基한 행위와 동작이다 그럼으로 그 민족적 환경에 대한 다소의 지배/변환되는 점이 없지 않다 할지라도 동양인은 그 본성에 基한 생활과 문화가 有하며 서양인은 그 본성에 基한 생활과 문화가 잇다. 아울러 중국인은 그 본성과 본질에 基한 생활과 문화가 잇슬 것이다. 따라서 중국민은 그 本性質에 基한 調和的의 持中的의 生活과 文化가 잇서왔다.[12]

모든 외래문화의 수용은 "자아의 의식과 양식에 합치한 후에야 비로소 이에 의거하여 이행"될 수 있는 바, 중국인도 중국인 것이 되어야

---

12 北旅東谷, 「朝鮮對中國之今後關係觀」, 앞의 글, 54~55쪽.

만 쓰임이 있게 되듯이 조선도 조선인의 것이 되어야 쓰임이 있게 됨은 자명한 것이었다. "어떠한 경이로운 물(物)이라도 외래의 것은 선뜻 그 본신(本身)에까지 접촉되지 않으며" 접촉된다 할지라도 자국인의 것으로 화해야 쓰일 수 있기 때문이다. 신문화건설은 자민족의 본성에 바탕하여 외래문화를 접촉하고 이를 자국민의 의식과 양식에 합치시킨 후에야 비로소 문화로서 기능한다. 또한 문화라는 것은 고정된 것이 아니라 변화하는 것이다. 문화의 변화는 기존 문화와의 연속적 단절을 낳고, 기존 전통과 현실에 대한 비판을 수반한다. 조화와 지중의 문화가 중국 민중의 생활과 역사를 반영한 문화라 할 것이지만 이역시 천년, 만년 지속되는 고정된 문화는 아니다. 문화는 살아 움직이고 변화하며 융합한다. 그리고 여기에 긍정과 부정이 함께 수반된다.

한편 이동곡은 중국문화의 단점도 지적했다. 중국의 조화와 지중의 문화로부터 유출된 문화라는 것이 자연에 순응할 뿐 자연을 정복하여 분투·맹진은 못했다는 것이다. 조화와 지중은 자연에 순응하고 자연을 받들며 천명을 대하는 문화이지만 동시에 자연을 정복하지 못하고 분투와 맹진이 결핍된 점을 꼽아 중국전통을 비판했던 것이다. 생태문화를 강조하는 오늘날의 관점에서 볼 때 자연정복과 분투맹진의 문화는 결코 긍정적인 가치일 수는 없으나 당시의 위기 상황에서 볼 때 조화/지중의 문화는 오히려 한계점이 되었고, 세상을 적극적이고 능동적으로 개척함이 없는 수동적/소극적 문화를 의미했다.

調和的/持中的에서 유출한 문화는 여하한 의의와 특성을 가졋슬가 爲先 중국의 역사와 현하 민중생활의 반영을 관찰하여 가히 알 것이 려니와 중국민은 第一着 自家의 생활을 개척할 째부터 단순히 자연에 순응하며 자연에 聽하야 천명을 待하는 것으로 유일의 신조가 되며 비록 여하한 자아의 욕망과 요구가 있다 할지라도 감히 자연에 저항하며 자연을 정복하야 분투맹진하지 못하였다.[13]

중국 내에서도 자국문화에 대한 비판은 격렬했다. 일찍이 천두슈(陳獨殊)를 비롯한 중국 지식인들은 신문화수립운동을 전개함에서 공자학[孔學] 전통에 비판을 가했다. "허문(虛文)과 위례(僞禮)로써 인간을 구속"하고, "절대의 계급적 귀족으로 군자와 소인을 구별"하며 소위 "군자라야만 공자가 평생에 설한 요순의 도(道)를 알 수 있고, 소인은 절대로 이를 수 없음"을 명언(明言)한 것이 공자학이라는 것이다. 공자학은 군자를 전유하여 문화를 지배계층의 전유물로 삼았고, 복고주의적 역사관을 표방하여 항상 몸을 뒤로 향하게 돌려 놓았다. 요순우 삼대의 통치를 그리워하고 사람들로 하여금 "옛날을 옳게 여기고, 옛것을 사모"하게 하며, "고화(古化)와 퇴화(退化)"를 일삼았다는 것이 그의 주장이다. 결국 문화를 정체시켜 오늘의 중국 상황을 낳게 되었으니[14]

---

13 위의 글, 54~55쪽.
14 北旅東谷, 「朝鮮對中國之今後關係觀」, 위의 글, 55쪽.

"중국인 최대의 병독(病毒)은 오직 중국 전 문화의 결정인 공학(孔學)의 진부한 구도덕(舊道德)·구사상(舊思想)의 고집"에 있고, 먼저 이를 완전히 타도하지 않으면 중국의 문화발전도 없다는 것이 천두슈의 인식이었다. 이동곡도 천두슈의 주장처럼 공자학이 중국의 신문화 건설을 지체시키고 있다고 평했다.[15] 이는 곧 유가가 일삼는 복고적 역사관, 계급적 귀족질서, 가부장주의, 남존여비에 대한 비판이다. 그리고 이동곡은 중국문화의 장단점을 관찰하면서 조선 신문화건설의 핵심을 세 가지로 구체화 하였다. 그것은 다름 아닌 자국민의 정신과 본성에 기초한 문화형성, 외래문화의 수용에 있어서 '자가화(自家化)', 그리고 기존 전통문화에 대한 계승 및 비판이었다.

3. 이동곡의 조선 신문화건설론과 서구 문예부흥운동

1) 사상혁명과 반자본주의의 시대정신

이동곡은 조선의 정신과 본성에 기초한 문화형성을 동학에서 찾았다. 동학은 수운 최제우의 창도에서 천도교로 개칭됨에 이르기까지 출발부터 "조선을 위하고, 세계를 위하여 죽고 피흘리며 집과 땅을 팔

---

15 위의 글, 25~26쪽.

아 모든 것을 희생하여 분투"[16]해 왔다. 그러나 동학농민혁명으로부터 신국가수립운동, 그리고 3·1운동에서 지금에 이르기까지 동학은 끊임없는 박해와 탄압을 받아왔지만, 그 희생에 대한 보수와 대가는 현재의 고통스럽고 치욕스런 환경에 처한 것밖에 없음을 그는 토로했다. 그리고 조선의 현재 환경을 벗어나기 위해 환경을 개조하고 새 환경을 만들기 위해 신문화건설을 주창한다 하였다.

참으로 丗의 무리는 더 말할 것 없다. 또한 新丗를 탄생하는 난산의 고통도 거의 正境이 없다. 현하의 고통도 고통이려니와 미진의 업을 기성키 위하여 우선 현재의 환경에서 벗어나야하겠다. 현재의 환경에서 초월하자 함은 현재의 환경을 개조하여 새 환경을 만들자 함이다.[17]

이동곡은 현재의 환경개조와 새 환경의 건설은 먼저 사상혁명에 의한 신문화건설에 있음을 절감했다.[18] 인류의 진전이 사상의 확대와 발휘에 의한 것이고, 한 사상이 건설되면 이로써 일체의 생활과 문화가 유행되다가 새 사상의 건설로 분기되는 것이 곧 인간계의 혁명이라 하였다. 인간계의 혁명은 곧 사상혁명으로서 부단한 파괴와 건설을

---

16 北旅東谷,「吾敎人의 最後的 覺悟」,『천도교회월보』147, 1922.12, 25쪽.
17 위의 글, 24쪽.
18 北旅東谷,「朝鮮對中國之今後關係觀」, 앞의 글, 26쪽.

통해 "새 것과 진보를 향하여 무궁의 광명적 피안"을 향해 나아가는 것이다. 이는 동학(천도교)에서 흔히 말하는 '사람성 무궁의 창조본능', '무궁한 향상성'을 의미한다. 이동곡이 말하는 사상의 혁명은 사람 무궁의 진보성, 무궁한 사상적 창조에서 이루어지는 인류의 진선미(眞善美)를 실현함이다.

> 사람은 무궁의 진전성을 가진 것이다 그렇기에 사람의 사상은 무궁의 창조적 본능을 가진 것이다. 이 무궁한 사상적 창조에서 인류가 그의 진선미(眞善美)를 실현할 수 있는바 그럼으로써 부단의 奮進的 途程에서 창조적 본능을 발표하여야 할 것이니, 이것이 곳 사상의 근본 진의이며 人生은 사상적으로 된 것이다.[19]

사상혁명은 신정신을 갖는 것이고 신정신은 기존 상태에 대한 비판과 더불어 역사적 진보를 이루는 시대정신을 내포한다. 기존 환경에 대한 비판과 단절을 통해 개조를 도모하고, 그 사상의 진보 속에서 새로운 환경을 만들어 가는 것이기에 사상의 진보는 곧 역사의 진보이다. 역사의 진보는 새롭게 "우리가 뜻한 일의 정궤(正軌)"[20]에 정신을 몰입하고 일치단결을 이루어 나아감에서 전개된다. 당시의 역사적 과

---

19 北旅東谷, 「吾教人의 最後的 覺悟」, 앞의 글, 26~27쪽.
20 北旅東谷, 「海內海外의 同志에게」, 『개벽』34, 1923.04., 18쪽.

제는 민족해방과 계급해방으로서 자본(제국)주의에 대한 저항과 극복이었다. "자본주의가 날뜀으로 말미암은 사회운동의 폭발은 세계 전 인류의 대 투쟁"[21]을 낳게 되었고, 조선 역시 일본 제국주의 침략과 억압으로 고통당하는 환경에서 벗어나 새로운 환경을 만들고자 투쟁해야 했다.

천도교는 일찍이 3·1운동을 통해 일제에 저항하면서 민족자결에 입각한 독립을 구가했다. 그러나 윌슨이 외쳐댔던 민족자결주의라는 것이 자본(제국)주의의 얼마나 허울 좋고, 허망한 것이었는가를 자성하면서 반제국주의를 표방해 나갔다. 그리고 현재 일본이 중국의 칭다오(靑島)를 전탈(戰奪)하고 저열한 상품으로 폭리를 취해 동양의 맹주로서 "제국주의-군국주의의 대본영"이라 자처 하지만 그 전횡이 절정에 이르게 되면 오히려 역전을 면치 못할 것이라 예측했다. 서구가 시대의 전환과 자아의 각성을 돌아보지 못하고 자멸해 가고 있는데, 그러한 서구를 흉내 내지 못하여 안달하는 일본 역시 가련하게 여겨질 뿐이었다.

歐戰의 기간은 總히 세계의 제국주의 및 군국주의의 마지막 한 과정기인 동시에 최후의 그 독염(毒焰)이 인류의 대불행을 폭열케 하던

---

21   이동곡, 「中國에 在한 日本의 利權動搖와 東亞의 今後의 大勢」, 『개벽』36, 1923, 23쪽.

것이었었는데 더구나 일본은 歐戰의 기간 즉 (…) 그동안에 오히려 최후의 야욕을 逞하야 청도(靑島)를 전탈(戰奪)하고 21조를 중국에 요구하여 위협으로 체결하고 또는 조열한 일본 상품을 구미인(歐米人)에게 폭리로 전매하여 일시적 폭부(暴富)로 마지막 戰前 구미인(歐米人)의 후철(後轍) 밟기에 급급하였었다. 시대의 전운(轉運)과 자아의 각성을 돌보지 못하고 자멸에 들어가는 구미인의 현상을 자관(目觀)하고도 그것을 곧 흉내 내지 못하여 전력(全力)을 다하려 하는 것을 보면 참으로 가린(可憐)타 아니 할 수 없다.

본래 "인류는 공동생활을 하여야 할 것"이나 이를 막고 있는 것이 현재 제국주의가 가하는 식민지 생활의 악순환이고, 이를 벗어나야만 인류의 공동생활도 가능할 것이었다. 이동곡은 현재 생활의 악순환을 벗어나기 위해서는 현재의 환경을 극복해야 하고 이를 위해서는 먼저 "자아를 기조로 하는 공동의 생산기관을 통해 각자의 생활을 증진케 할 주안을 세우자"[22] 하였다. 여기서 자아를 기조로 한다 함은 곧 인내천의 자아에 바탕을 두자 함이고, "우주의 본체를 표현하는 자아실현"을 의미한다. 그리고 이에 바탕하여 "공동 생산기관을 통해 각자의 생활을 문화적으로 향상"시키자는 것은 생산기관의 확보를 통

22   위의 글, 25~26쪽.

해 민중의 힘을 기르고 사상의 진보를 이루어나가자는 것이었다.[23] 요컨대 이동곡이 제창한 조선 신문화수립은 일본 자본(제국)주의로부터 벗어나기 위함인 동시에 인민의 생활을 '공동생활'로 진보시켜 나가기 위함이었다.

2) 인내천의 신문화건설과 서구 문예부흥운동

한편, 이동곡이 주장한 신문화운동은 '인내천의 진리를 통해 인류의 새 생활을 창건하자'는 후천개벽으로서 모든 박해와 고난을 무릅쓰고, 인내천의 진리로 나아가자 함이었다. 동학의 인내천은 인류 신생명의 활로를 근본적으로 제시한 사상으로서 인내천의 사람은 곧 "천(天)의 권위"를 지녔고, "만지만능(萬智萬能)의 전우주 · 전인생"으로 총체적 전환을 이룬 사람이다.[24] 인내천으로 나아가는 것은 "조선이나 동양뿐만 아니라 세계적이요, 새로운 것이며 독특한 것이 아닌 평범한 것"이라 그는 말했다. 그리고 오늘날 서양도 동서문화의 조화를 논하고 동방문화의 가치를 다소 이해하며 동방문화의 특징인 정감적 생활을 맛보려 하는 때에 동방사상의 정수가 포괄된 동학(천도교)의 사

---

23 北旅東谷,「吾教人의 最後的 覺悟」, 앞의 글, 22쪽.
24 위의 글, 20~21쪽.

상문화야말로 그 대표가 되지 않을 수 없다 하였다.[25] 다시 말해 조선의 신문화는 인내천의 진리를 문화의 기조(基調)에 놓는 것이고, "자아의 충실"과 "무궁성의 창조"로써 사회개조를 실현하는 것이었다. 여기서 자아의 충실은 "자기 한울을 스스로 모시고(自天自侍)", "우주 본체를 표현하는 자아실현"이며[26] "세계적 대자아의 완성"이다. 그리고 무궁성의 창조는 그 '생명력의 발휘'로서 사회와 세계를 개조하는 신사상이라 할 수 있다.[27]

그러나 신사상, 신문화는 부단한 파괴와 부단한 건설의 과정에 있다. 보다 나은 새것과 진보를 향하여 무궁한 광명의 피안을 바라보고 나아가는 과정에 있는 것이지 어떤 정지된 종착점이 있는 것은 아니다. 사상은 부단한 진보성을 지니는 것이고, 만약 부단한 파괴와 건설, 혁명이 없으면 이는 골동품에 지나지 않게 된다. 그리고 골동품적 사상하에서 생활하는 인간은 시체의 몸짓에 불과하다.

당시 조선문화의 경우 부단한 파괴와 건설에서 가장 먼저 파기되어야 할 것은 주자학이었다. 중국 신문화수립에서 공자학의 파기운동이 일어났던 것처럼 조선 신문화의 신생운동은 1차적으로 주자학의 폐해를 일소하는 것이었다. "삼강오륜이 사회의 철조가 된 현실"을 개조

---

25 위의 글, 22쪽.
26 위의 글, 24쪽.
27 위의 글, 26쪽.

하고, 아무 해석도 정의도 없는 "군군신신부부자자(君君臣臣父父子子)"라는 자의적 남용을 혁신하고자 하였다.[28] 당시 이동곡은 주자학을 민족 쇠퇴의 근본 원인으로서 지적하고, 이를 "사생자적 문화"라 일컬었다. 그리고 조선은 그 사생자적 문화속에서 자신을 비하하고, 사대(事大)를 일삼으며 위선과 사욕으로 가득차게 되었다고 비판했다. 조선은 "민족적 자기의 정당한 진로를 잃고 그 본체부터 착오인 만악(萬惡)의 사생자적 문화로부터 막대한 박해"를 받아왔음이다. 천두슈가 공자학을 비판하면서 "중국의 부활 여부는 철저한 사상혁명이 성공되느냐 아니 되느냐에 있다."고 한 것처럼 이동곡 역시 주자학이 조선에 낳은 폐해를 강도 높게 비판하면서 그 "자살의 독약"에 파괴의 도끼를 내리지 않으면 안 될 것을 주장하였다.

우리의 신생의 본원이 반드시 그 사상의 혁명으로부터 비롯해야 할 것을 快히 깨달아야 하겠나니 실행에 들어서는 소위 그 사생자적 문화라는 것이 우리의 민족적 쇠퇴의 근본 원인임을 아는 동시에 최후의 총공격을 내려야 할 것이다. 우리 신생의 첫 기점은 우리의 신인생관과 세계관의 완전한 정착에서 사상의 수립이 있어야 하는 그것이다. (…) 우리의 지금껏 歸宿되어 오던 그 생활과 문화는 자살의 독약

28 같은 글.

임을 痛覺하여 파괴의 도끼를 먼저 내려야 하겠다.[29]

한편 이동곡은 기존 전통의 구습·구사상을 타파하고자 전략적으로 서구사상을 수용했다. 과거의 숙명적, 퇴굴적, 소극적, 사대적 인생관을 서구정신의 수용을 통해 과학적, 자연주의적, 신인생관으로 바꾸어 나가고자 하였다. 그리고 조선이 과거 본원적 번역 없이 중국문화를 답습한 태도나 일본이 "졸렬한 외면치레만 하고 근본 운동이 안 일어나는 것",[30] "가화적(假化的)으로 서양문화를 흉내 내는 것" 모두를 비판하면서 번역운동을 일으키자 하였고, 서구 문예부흥운동의 진수를 가져오자 하였다. 문예부흥운동은 중국의 량수밍도 주목한 바 있는데, 그는 서양의 문예부흥을 사상혁명의 출발점으로 삼아 이로부터 재생운동, 즉 신인간(新人間) 발견운동의 근본점을 확립하자 하였다. 당시 중국과 조선에 서구의 문예부흥이 주목되었던 것은 그것이 사상혁명의 도정으로서 서양인의 각오적 행위이자 사상의 발휘이며 신사상의 건설로 간주되었기 때문이었다.

이제부터 西洋의 文藝復興해 온 途程을 밟아 思想革命에서부터 먼저 出發되어야 하겠다 (…) 인류가 원래 불안전하다 함은 곧 뇌적 작용

---

29 위의 글, 11쪽.
30 위의 글, 27쪽.

의 불안전을 의미함인즉 인류의 진전은 곧 뇌력의 진화로 사상의 확
대가 그것이다. 그러므로 금일 인류사회를 건설한 것은 그 사상의 발
휘에 불과하다는 것이다.[31]

동학으로 표현하면 사상혁명에서 사상의 발휘란 인내천의 자아를
실현함에서 전일적이 되는 우주근원의 본체를 표현하는 것이다. 이를
수운 최제우는 천령(天靈)을 받음이라 했고,[32] 의암 손병희는 "성령의
출세"[33]라 했으며 이돈화는 "영의 표현"[34]이라 했다. 이 영의 표현은 생
생불식의 무궁성과 창조성, 그리고 역동성을 지니기에 새 사상을 발휘
하고, 새 세상을 건설한다. 신인간의 발견이란 인간이 필연적으로 밟
아 나가야 할 문화생활의 도정(途程)인 근본적 사상을 발견하자는 것이
요, 인간성의 회복과 해방을 통해 세계개조를 이루자는 것이다.[35] 따라
서 인류의 진보는 의식의 진화이고 사상의 혁명과 발휘에 있다.

결국 사상의 건설이라 함은 곧 자아의 실현으로부터 전인간적의 본
체를 표현하려 함이다. 그리하여 한 시대의 성자(聖者)로서의 나, 혹은
민중의 공통 의식하에 한 사상이 건설되었다면 그의 총 지배에서 일

---

31 위의 글, 11쪽.
32 『동경대전』, 「논학문」.
33 『의삼성사법설』, 「성령출세설」.
34 이돈화, 「대신사성령출세설」(一), 『천도교회월보』95, 1918.06.15.
35 이동곡, 앞의 글, 28쪽.

체의 생활과 문화가 형성·유행되다가 이 또한 시대의 진전과 자아의 향상으로 인하여 다시금 새 사상을 건설하려고 분기하는 것이 곧 인간계의 사상혁명이다. 사상은 부단한 파괴와 부단한 건설 가운데서 항상 이전보다 나은, 새것과 진보를 향하여 무궁의 광명적 피안을 바라보고 나아가는 것이다.[36]

3) 조선신문화수립의 도안 설정

앞에서 살펴보았듯이 이동곡은 중국과 서양 등 여러 문화 현상을 살폈지만 그가 지향했던 신문화의 방향은 인내천의 자각과 인간 무궁성의 창조에 따른 사회진보였다. 조선의 신문화란 신사상의 반영이고, 인간 본성으로부터의 창조이며 이를 통한 세계개벽(世界開闢)이었다. 이러한 신문화운동의 성격은 다섯 가지로 정리되었는데, 그것은 혁명의 정신, 구사상의 해체, 신사상의 소개, 신인생관의 수립, 신문학의 건설로 구체화되었다.

첫째, 혁명의 정신.
이동곡은 조선의 신생운동의 전선에서 우리가 가질 것은 혁명의 정신이라 하였다. 혁명의 정신이란 새로운 의사를 발휘하는 것을 말한

---

36 위의 글, 14~15쪽.

다. 원래 한자적 개념에서 혁명이란 천명(天命)을 혁(革)함이다. 그는
여러 서양 사상가가 말한 혁명의 개념을 인용하여 혁명의 정신을 다
양한 의미로 다루면서 인간 삶은 혁명의 삶이어야 함을 거듭 강조했
다. 예컨대 루소는 혁명이란 "인간 신생의 길을 여는 것"이라 말했고,
엥겔스는 "혁명이라는 것은 나의 새 의견을 가지고 칼과 피로써 이를
강박적으로 실현하는 것"이라 했다. 이동곡이 여러 사람의 말을 들어
혁명의 정신을 강조했던 것은 당시 반제국주의 투쟁에서 희생을 감수
해야 하고 인류의 진화는 혁명이 아니면 이루어질 수 없는 상황에서
비롯된 것이었다. 혁명이 있는 민족은 산 민족이고 혁명이 없는 민족
은 죽은 민족이다. "인류는 부단한 진화와 창조"를 거듭한다는 진리를
인정한다면 부단한 파괴와 부단한 혁명의 건설이 동시에 있는 것임을
인정하지 않을 수 없을 것[37]이라 이동곡은 말했다.

둘째, 구(舊)사상의 해소.

이동곡은 조선의 구사상은 '가(假)중국화'된 사생아적 사상이라 말
했다. 조선의 사상은 공자의 사상을 가장 협익적(狹隘的)으로, 그리고
인식과 사실을 착오적으로 해석해 놓은 '주자학의 수입(輸入)'에 불과
했다는 것이다. 그나마 그 수입이 온전한 것도 못 되는 것이었으며,
더구나 열등한 역사가의 위조적 사실(史實)이 더하여져 조선인은 사상

---

37 위의 글, 22쪽.

도 문화도 없는 것으로 날조되었다. 이동곡은 오래전부터 조선의 사유가 중국화, 사대화됨으로써 민족고유의 사상과 문화가 결단나버렸다는 위기의식을 드러냈다. 특히 고려말부터 조선은 오로지 '假중국화 하기'를 노력해 온 까닭에 민간의 전설까지도 거의 없어지게 되었고, 현재 남아있는 것이라고는 고작 이민족의 사상과 문화에 가화(假化)된 것밖에 남아있는 것이 없다는 이동곡의 통찰이다.

> 지금껏 가중국화(假中國化)의 사생자적 사상(私生子的 思想) 및 문화 그것이 민중의 생활하던 일체가 되얏스며 또는 그 독약을 작구만 좃타고 하는 것을 보는 째에 이로써 말하자면 우리의 구사상(舊思想)이라하야 해부(解剖)치 안을 수 업다.[38]

셋째, 신사상의 소개와 창조.

구사상의 해부와 파기가 있으면 새로운 것에 대한 건설적 견해, 즉 신사상의 소개나 신사상의 창조가 있어야 한다. 신사상이라 소개하면 당시 사람들은 서양사상이나 현대 최신 사조라 할 사회주의나 공산주의로 간주될 법도 하지만 이동곡이 말하는 신사상의 소개는 "인간으로써 필연(必然)히 밟아 갈 문화와 생활의 도정(途程)인 일개(一個)의 근본적 사상을 발견하자"는 취지로 말해졌다. 그리고 그 하나의 예로서

---

38 위의 글, 24쪽.

서구 문예부흥운동을 주목했다. 이동곡이 서양역사에서 문예부흥운동을 주목한 것은 곧 그 사상혁명과 발휘가 인류 본연의 사상과 생활, 문화, 정치경제의 길을 열은 것으로 이해했기 때문이다. 문예부흥은 신의 권위로부터 인간이 해방되고, 종교개혁을 통해서 세계개조를 이룬 신사상의 운동이었다. 그러나 이동곡은 신사상을 소개함에서 "남의 것을 가져오더라도 자기의 완전한 이해에 입각"해야 함을 강조했다. 사회주의나 공산주의를 가져올 때, 그것이 자가화 되어야 신사상의 창조로 이어질 수 있음을 분명히 했던 것이다.[39]

넷째, 신인생관의 수립.

신인생관(新人生觀)이란 사람에 대한 정당한 개념을 가지는 것이다. 정당한 개념을 가지려면 "자기를 둘러싸고 있는 우주 만유에 대한 관찰"을 하지 않을 수 없고, 진정한 우주와 세계관을 가져야 자아에 대한 관찰도 가능하다. 이에 이동곡은 인내천의 자아관과 사회진보를 말했다. 일체의 사상, 생활, 문화는 인생관과 우주관의 해석이다. 서구에서 문예부흥운동이 일어나기 전에는 사람이 사람의 본위로 생활하지 못하며 거의 신적 지배하에서 생활하여 인생에 대한 정당한 관념을 가지지 못하였듯이, 조선 또한 가중국화의 사상에서 생활했기에 우주와 인생에 대한 문제를 생각해 본 적이 드물었다는 것이 이동곡의 주

---

39 위의 글, 28쪽.

장이다. 그러나 사상은 무궁한 진보성을 가졌고 무궁한 사상적 창조에서 인류는 진선미를 실현하는 것이기에 인생은 사상적인 것이다.

> 사람은 무궁의 진전성(進展性)을 가졌다. 무궁한 사상적 창조에서 인류가 그의 진선미를 실현할 수 있는바 부단히 창조적 본능을 발표하여야 할 것이니 이것이 곧 사상의 근본 진의이며 인생은 사상적인 것이다.[40]

다섯째, 신문학의 수립.

이동곡은 사상혁명의 대업을 완전히 할 유일의 무기는 신문학의 건설이요, 신문학의 건설을 따라 사상혁명은 착수될 것이라 하였다. "문학이라는 것은 인간사상을 발표하는 것"인 동시에 "인생을 표현하는 것"이기에 문학이 없는 민족은 곧 사상이 없는 민족이요 사상이 없는 민족은 살아 있는 민족이 아니다.[41] 루쉰이 중국의 근대문학을 선도해 나갔듯이 조선에도 활발한 신문학이 전개되어 사상혁명이 시작되기를 그는 기대했다.

---

40 이동곡, 「사상의 혁명」, 『개벽』 52, 1924.10, 8쪽.
41 위의 글, 30쪽.

4. 이창림의 동양 신문화수립과 한살림 공동체

1) 동양의 신문화, 동학

이창림은 이동곡과 더불어 동학 신문화운동가이자 사회주의 독립
운동가로 손꼽힌다.[42] 이창림은 이동곡처럼 조선 신문화운동의 주된
원천이 동학에 있음을 선언했다. 동학의 신문화운동은 후천개벽운동
으로서 인내천의 역동성과 창조를 통해 보다 나은 사회를 만드는 신
생운동이라 정의내렸다. 이는 동양 3파(유불도) 철학의 개조운동, '인
내천(人乃天)의 자각운동', '세계개벽의 창조적 진보운동', '한살림운동'
을 핵심으로 삼는다. '인내천의 자각'이란 사람이 곧 '우주 근원임'과

---

42 이창림(이종림)은 1900년 함경남도 원산에서 태어나 3·1운동 이후 러시아 연해
주로 건너가 러시아 공산당에 입당했고, 1920년 동방노력자공산대학을 나와 1920
년대 초까지는 재외 조선인사정연구회를 주도했다. 1923년 1월 연해주 신한촌의
조선인 발기로 조선인학생단을 조직했고, 1927년 9월에는 함남 원산에서 제2 야
체이카의 책임자로서 활동하였다. 동년 11월에 신간회 원산지회에서 재만동포문
제 실행위원으로 활동하였고, 1927년 고려공산청년회 함경남도 간부로 선정되었
으며 1928년 3월에는 제3차 조선공산당(ML당) 사건 당시 양명(梁明)과 함께 연루
되었으나 러시아로 탈출하여 기소 유예되었다. 또한 박춘산과 함께 1937년 12월 고
려혁명당의 신경(新京) 대관(大官) 암살음모사건에 연루되기도 했다. 이 사건은
장춘성에 폭탄을 직격하여 대관과 일본 순사 4명이 그 자리에서 치폐되었던 사건
이다. 이창림의 사망 연도는 알려져 있지 않으나 1937년 10월 공산노력자대학 졸
업생 검거시 일제에게 체포 당한 기록이 남아 있다. 저술로는 기고문 1편(1923년
10월 『개벽』40호에 게재한 「새삼스럽게 음미되는 조선의 최수운주의」)이 전해지
는데, 그는 "한살림" 생활공동체를 처음 주창한 인물이라 할 수 있다.

동시에 '우주와 하나 됨'을 자각하여 스스로 우주적 대아(大我)를 체행하는 것을 뜻한다. 또한 '세계개벽의 창조적 진보운동'이란 우주 근원과 하나 된 한울격(天格)으로 사회문제를 깊이 간파하고 세상을 변화시켜가는 사회운동을 말한다. 그리고 '한살림운동'은 세계를 한 집안으로 보아 인류공동체로서 공생하는 생활시스템으로의 전환이다. 이는 당시 자본(제국)주의가 자행하는 인류상잔(人類相殘)이 아닌 상호부조(相互扶助)의 협동생활을 건설하자는 것이고, 천하억조의 창생 모두가 일체가 되어 진리로 함께 돌아가자는(同歸一體) 동양 신문화 수립이었다.

동학은 동양재래의 삼파(三派: 儒佛仙)철학을 융합 · 정리하고 새롭게 하여 버릴 것은 버리고 쓸 것은 사용하여 동양 신문화수립을 주장하였다. (…) 인류로서 인류를 해치지 못할 것이요, 오직 인류로써 인류끼리 서로 도와(互助) 협동생활을 하여야한다는 기본적 도리를 설파(說破)하였다. (…) 세계의 개벽(開闢), 동양철학의 통합개조(統合改造), 「한살림」제도의 생활방식 등 이상 3자가 처음으로 나온 당시의 조선 사회에서는 이미 「人乃天」의 진리를 곧바로 갈파(喝破)하여 (…) 인류의 생활과 사상문화에 오히려 분열을 가져오는 것은 종교적 대해독(害毒)임을 통관(痛觀)하여 「천하억조 동귀일체(天下億兆 同歸一

體)」를 주장하였다.[43]

이창림은 이동곡이 그러했던 것처럼 "수천년 동안 중국문화에 마취"되어 자신의 것을 돌보지 않고 조선인이 "가중국인(假中國人)"이 된 현실을 비판했다. "자가(自家)에 대한 의식적 판단"이 전혀 없는 조선인은 "조선인"이라고 할 수 없다. 더구나 수백 년간 경쟁적 여독(餘毒)으로 인해 「남 하는 일 까닭 없이 배척하며 남 잘되는 것 까닭 없이 질투하는」 병적 심리와 분기하는 노농 신흥계급을 저지하는 고질적 폐해의 심각성을 말했다. 이창림 역시 그 해결을 천도교(동학)에서 찾자하였고, 어쩌면 동학은 이미 조선 민중의 정신과 실제 생활에 근원적으로 기초된 것이기에 그 진리를 깊이 고찰하여 이로부터 적당한 해결책을 찾는 것은 당연한 일이라 하였다. 수운의 사상은 동양철학의 완성이자 동양 신문화수립의 기원으로 삼아졌다. 동양 재래의 유불선 3파의 철학을 융합·개조하여 동양철학을 완성한 이 진리로써 인류가 동귀일체 할 것을 그는 고창하였다. 동학은 동양 3파 철학의 르네상스인 셈이다. 서구 르네상스가 신의 권위로부터의 해방이듯이 조선의 르네상스는 유불도 3파 철학의 폐해에서 벗어나는 것이었다.

---

43 中國 北京에서 李昌林, 「새삼스럽게 吟味되는 朝鮮의 崔水雲主義」, 『개벽』40, 1923.10, 16~17쪽.

今後의 인류는 一體로 다같이 이 진리에 同歸하리라 함을 先言하고 과거 일체의 不自然 不合理함을 喝破하여 소위 聖賢 즉 孔孟의 言이라 하면 隻字半句에 감히 絲毫라도 懷疑와 반대를 가지지 못하는 그 당시에 毅然히 「此世는 堯舜 孔孟의 道로도 不足言이라」하고 東洋 在來의 三派哲學을 融合整新하야 버릴 것은 버리고 쓸 것은 사용하야 儼히 동양 신문화의 수립을 주장하였으며 (…)[44]

유불선 3파는 동양문화를 대표해왔고, 솥의 세 발처럼 세력을 이루어 동양 역사를 지배해 왔다. 유학은 편협하여 신사조의 출현을 결코 허용하지 않았고, 오로지 "요순을 조술(祖述)할 뿐이며 복고호고(復古好古)의 사설(邪說)"을 늘어놓아 인류의 진보를 방해해 왔다. 또한 불가(佛家)와 선가(仙家)는 부분적으로 진리가 없지 않으나 "소극적이고, 전제가(專制家)의 이용물"이 되어 박애, 평등, 자유 등도 적극화할 수 없었다. 더구나 유불선(儒佛仙) 이외의 사상은 그 출현이 저지되었을 뿐 아니라 동양의 철학, 사상, 문화를 융합·정신(整新)하는 것도 어려웠다. 결국 동양철학과 문화가 최후 파산을 맞게 됨에 이르렀다. 이러한 때에 동양 재래의 유불선 3파의 논의를 통합·정신(整新)한 것이 동학이라 그는 주장했다. 동학은 유가의 정명주의(正名主義), 불가의 수성(修性) 및 진리의 깨달음(悟眞), 선가의 초인간적 달관주의를 합리(合理)

---

44 위의 글, 16쪽.

함과 동시에 새롭게 성심신(性心身) 삼단(三端)으로 영육일치(靈肉一致)의 원칙을 창론했다. 그리고 이것이 곧 "신동학(新東學)의 건설"[45]이라 그는 명명했다. 이창림은 동학으로 인하여 동양 신문화가 최초로 재생되는 기원이 마련되었다 하였고, 신동학의 건설은 곧 동양 신문화수립이자 인류 생활의 신 도정이라 하였다. 동학은 동양의 신문화인 셈이다.

> 그러므로 선생이 동양재래의 유불선 삼교의 철학과 교의를 合統整頓하여 儒의 정명주의적(正名主義的) 철리(哲理)와 佛의 수성적 묘리(修性的 妙理)와 仙의 초인간적 달관주의적 달견(達見)을 합리(合理)하여 성심신(性心身) 3端의 영육일치(靈肉一致)를 주장하여 동양의 철학을 계통적으로 융합개조(融合改造)를 완성하였나니 3敎의 각설(各說)이 분분하여 우리 민중의 도정(道程)이 자못 迷暗한 중 그러한 快斷과 明見이 있어 동양의 철학으로 하여금 완성하여 동양의 신문화가 수립케 되는 동시에 우리의 사상과 문화에 그 영예가 얼마나 하뇨?[46]

동양 신문화수립이자 인류생활의 신 도정으로서 신동학 건설은 이

---

45 위의 글, 19쪽.
46 위의 글, 14쪽.

창림의 단순한 자의적 주장이 아니라 서양도 동학의 신문화의 영역으로 접근해 올 조짐을 보이고 있고, 서구도 동양의 가치를 인정하기 시작했음을 염두에 둔 것이라 하였다. 그리고 어느 독일 지식인(슈펭글러)은 "서구인의 금후 생로는 동양에 있다"고 하였고, 한 서구인이 혜겔과 같은 체계적인 철학자나 혹은 개조를 주장한 사상가가 동양에는 없느냐고 물었을 때, 조선의 최수운 선생을 소개했다든가, 혹은 국제사회당에서 수운의 사상을 연설한 예를 그 근거로 들었다. 그러면서도 그는 오히려 우리 스스로 우리의 것을 소개하고 선전함이 없는 것이 안타깝다고 하였다.[47] 그러나 향후의 세계 문화는 동양 재래문화를 정돈·개조한 동학 신문화의 영역으로 접근해 올 것이라 하였다.

歐戰 이후의 서양인의 자살적 사실과 행동이 날로 출현되는 것을 보며 「我歐洲人의 今後生路는 동양에 잇다」(獨逸 某 잡지에 據함)하는 부르지지는 소리가 각금 우리의 귀에 들리는 것을 보면 경제상으로는 물론이겟지마는 그의 일반적 思潮가 이상의 동양재래문화를 整頓改造한 신문화의 境에 접근되야 오는 것도 사실이요 현시 서양에서 동양의 書籍과 기타 古物을 만히 조화하는 것만 보아도 가히 알 것

---

47 이는 100여 년 이후인 오늘날도 마찬가지 상황이다. 한국 유학생들은 외국 학생들로부터 "한국의 고유사상은 무엇이냐?"는 질문을 자주 받는다고 한다. 이에 한국 학생들은 머뭇거리다가 흔히 유교라 대답하면 외국 학생들은 유교가 중국사상이지 왜 당신 나라의 고유사상이냐고 반문한다고 한다.

이다. (…) 歐洲에 갓슬 때에 歐洲人이 뭇기를 『동양의 철학과 문화에 「헤겔」과 가튼 계통적 철학자가 업스며 又는 개조를 주장한 이가 업느냐고 물엇다』 한다. 그 때에 某君은 不得己 朝鮮의 崔濟愚 선생이 佛儒仙 3敎合一論을 주장하고 기타 百家諸子의 整頓融合의 공부에 노력해 보앗다고 답하얏스며 又는 社會黨大會의 席上에서 崔濟愚 선생의 創論을 소개하얏다고 年前 上海에 돌아와 나에게 말하얏다. (…) 自家의 寶를 타인의 驟問에 겨우 답하게 되고 자기 스스로의 소개와 선전이 업는 것이 엇지 이 懷不售가 안이뇨?[48]

한편 이창림은 동양 신문화수립에서 종교의 개념도 재설정하였다. 종교는 단지 인류 생활의 한 공구(工具)이고 인류 생활의 한 방식에 불과하다는 것이다. 종교의 진의는 절대 해방, 절대 평이(絶對平易)에 있는 것이고, 만약 종교라는 것이 인류 생활을 떠나 군림하고, 각파 각문으로 분립하여 인류 생활과 사상문화에 오히려 분열을 도래케 한다면 이는 오히려 종교적 대해독(大害毒)이라 하였다. 수운은 일찍이 이를 통관(痛觀)하여 「천하억조 동귀일체(天下億兆 同歸一體)」를 주장하였고,[49] 우주 인생의 진리를 인내천 세 글자로 도파하여[50] 인류의 본 면

---

48 中國 北京에서 李昌林, 앞의 글, 19~20쪽.
49 위의 글, 16~17쪽.
50 인내천이란 말은 흔히 의암 손병희가 처음 사용한 말로 알고 있지만 2대 해월이 이미 사용된 바 있다. 인내천은 수운의 시천주를 지칭한 것이다. 시천주이기에 인

목과 인류의 참 의의를 제시했다고 그는 보았다. 인생의 의의는 "사람 性의 무궁을 발휘하여 인적(人的) 생활을 완성함"에 있다. 따라서 동학 은 「인내천(人乃天)」의 진리를 갈파(喝破)하여 과거 종교 일체의 폐악 을 초월하고, 궁극적으로는 종교의 의식을 폐기하는 경지에 이르고자 하는 것이라고 그는 주장했다. 그리고 전 세계 인류가 인내천 진리의 실현에서 생활하게 된다면 그때에는 동학(천도교)의 명패마저도 존재 할 필요가 없고 그날이 곧 명패를 떼어버릴 날이 될 것이라 말했다.

2) 인내천의 자각과 세계개벽

앞에서도 언급한 것처럼 이창림은 조선 신문화 운동의 주된 원천이 동학에서 비롯했음을 선언했다. 일찍이 수운은 사회의 부패, 혼돈, 암 흑 속에서 다 썩어져 죽어가는 조선에 "민중운동의 신도정(新道程)"을 제시했다. 조선 민중과 동학은 운명을 같이해 왔고, 현재 수운에 대하 여 조선의 전 민중들의 이해가 깊지는 못하다 할지라도 동학(천도교) 이 조선의 모든 방면에서 중대한 의의를 가짐은 부인할 수 없을 것이 라 하였다. 우주적 인생의 근저로부터 일대 혁명을 일으키는 인내천 의 진리와 인류의 한살림적 신생활을 세계개조의 참 이상으로 삼는 동학(천도교)은 '세계개조의 진리'이자 '민중운동의 새 도정'이며 조선

내천이라 할 수 있다.

민중의 진리라 할 수 있다. 따라서 그는 신생활과 신문화를 건설하고 아울러 세계개조의 일원이 되려는 조선민중은 자신의 내면 깊이에 계명된 신생의 진리와 광명을 붙들어 자아의 신생을 완성하고, 세계개조의 전선에 나서서 그 원대하고 숭고한 진리를 드러내자고 하였다.

그런즉 신생활과 신문화를 건설하며 아울너 세계개조의 일원이 되랴는 우리 조선 민중은 멀리 구할 것 업시라. 自家의 裏面에 이러한 사실과 진리가 존재한 이상에 조선 민중 전체로의 공통히 천도교에 대한 고찰과 비판에 노력하야보자. 그리하야 민족적 신생기에 선 우리 조선 민중은 이로써 세계 전 인류의 신생활 신문화의 건설에 새 기원을 세우기로 진전하여야 할 것이니 신생하랴는 민족의 이상이 이가튼 崇高遠大에 期的치 안을 수 업슬 것이다.[51]

세계개조로서 후천개벽의 신기원은 '사람이 한울(天)'이요 '한울(天)이 사람'이라는 인내천(人乃天)의 진리에 기초한다. 한울(天)은 우주근원이자 우주대생명체를 지칭하며, 한울(天)은 사람을 떠나서는 말할 수 없다. 사람 밖에 신(神)이 있어 인류를 지배한다는 것은 파기되어야 할 사상이라고 이창림은 보았다. 그러면서 인내천은 우주인생의 총

---

51 위의 글, 22쪽.

근원에서부터 근본을 가져오는 대혁명의 진리라 하였다.

후천개벽(後天開闢)을 주장하여 인류의 신기원(新紀元)을 잡아 (…) 「사람이 곧 한울이요」, 「한울이 곧 사람」임을 쾌히 단안(斷案)하여 사람 이외에 한울이 있으며 신(神)이 있어 인류를 지배한다는 (…) 파기하지 않으면 안 될 진리를 통척(痛斥)하고 우주인생의 총 근원(根源)부터 근본(根本)을 추번(推飜)하야 대혁명의 진리를 계시(啓示)하였다.[52]

인간 삶을 우주 인생의 근원적 삶에다 근본을 세우는 것은 진리가 개인적인 차원에만 머무르는 일이 아니라 역사적이고 우주적이며 대생명적인 차원이기 때문이다. 인간에 부여된 우주근원을 자각하는 일은 사상, 문화, 생활, 제도가 차례로 개조를 이루는 출발이고, 그 활동으로 인하여 새 문화, 새 세상의 출현을 보게 되는 것이다. 신문화운동에서 인내천의 자각은 인류의 해방을 낳는 근본적 토대가 되어 세계의 변혁으로 나아간다. 즉 세계 변혁이란 「인내천(人乃天)」 진리의 자각으로부터 오는 의식의 전환, 삶의 태도 변화, 역사의 진보를 모두 내포하는 과정이고, 이는 기존 사회의 모순에 대한 통찰과 비판, 그리고 단절과 창조를 수반한다.

52 위의 글, 15쪽.

한편 중국의 천두슈(陳獨殊)가 지향했던 신문화운동도 창조의 정신이 다른 영역으로의 파급됨을 목적한 것이었다. 천두슈는 창조의 정신을 진화로 보았고, 집단의 결합과 조직 활동에서 공공심의 발휘를 중시했으며, 다양한 영역으로 파급되는 사회개조를 목적했다. 예를 들어 신문화운동이 군사적인 면으로 파급되면 전쟁을 그치게 하는 것이고, 산업에 미치게 되면 노동자들이 자신의 지위를 깨닫게 되며, 자본가들에게 미치면 노동자를 기계나 소, 말, 노예가 아닌 사람으로 대우하도록 할 것이었다. 또한 신문화운동이 정치에 영향을 미치면 새로운 정치사상을 창조해내고 현실 정치의 억압과 구속으로부터 해방을 얻게 되는 것이었다. 천두슈는 신문화운동을 창조적 '사람의 운동'이라 하였다.[53] 그러나 여기에는 이창림이 말한 '우주 인생의 근저로부터의 혁명'이라는 차원은 논해지지 않았다.

이창림은 동학을 "민중의 철학"으로 규정했다. 일찍이 수운 최제우는 '새로운 세상의 개벽(新世開闢)'을 창도하여 조선민중뿐만 아니라 장차 세계 민중에까지 계급해방운동의 길을 개척하는 민중철학을 전개하였다는 것이다. 동학은 사회의 부패, 혼돈, 암흑 속에서 죽어가는 모든 민중에게 「새 세상은 다 잘 살아보자」고 외치는 고함소리로 계급

---

53 천두슈, 심혜영 옮김, 『천두슈사상선집』, 부산: 산지니, 2017, 204~207쪽; 정혜정, 「1920년대 동북아시아의 사회주의 연동과 조선 신문화운동: 천도교 잡지 『개벽』을 중심으로」, 『동북아연구』34-2, 조선대 동북아연구소, 2019, 184쪽, 재인용.

투쟁의 전선에 나서서 갑오동학농민혁명(1894), 갑진개화운동(1904), 3·1운동(1919)의 대 풍운을 일으켰다. 그리하여 민중운동과 계급해방의 새로운 길을 열어나갔던 것이 동학이다. 그러나 그렇다고 해서 막연히 동학이 민족의 이상이 되고, 민중철학이 되는 것은 아닐 것이다. 이창림은 동학을 사색하고 연구하며 어느 정도 비판과 판단에 이르러야 세계 전 인류의 신문화건설도 가능하고, 세계개조의 전선에도 나설 수 있다고 보았다.

> 天道敎는 이미 朝鮮 민중의 정신과 실제적 생활의 근본에 그 관련이 기초적으로 되야 잇는지라 피할내야 피할 수 업시 나아가 誠懇의 태도와 경건의 念으로써 此를 깁히 고찰하야 적당한 해결을 하지 안을 수 업도다. 딸하서 천도교의 이 진리가 과연 우리 조선인의 자랑할 가치가 잇는 최수운 선생이 우리 조선인 중의 偉人인 여부를 결관하여야 할 것이다.[54]

따라서 그는 "조선 민중은 공통히 먼저 이에 사색하며 연구하여 상당한 判案을 얻는 동시에 이로써 한번 세계개조의 전선(前線)이 되어 보자."[55]고 사람들에게 호소하였다. 그리고 "수운 선생이 민중의 전선

---

54 위의 글, 13쪽.
55 中國 北京에서 李昌林, 앞의 글, 21~22쪽.

에서 가장 큰 희생으로 가셨으니 우리도 이로써 세계개조의 전선에 나설 용기를 갖자"고[56] 하였다. 수운이 창도한 신세개벽(新世開闢)의 진리와 숭고함, 그리고 그의 열정이 조선 민중의 혈관에 배양되고, 이것이 조선의 냉혹·암흑·죽음의 생활을 해방시키는 생명력이 되어 이로써 우리로 하여금 세계개조의 전선에 나설 용기도 가지게 할 것이기 때문이다.

3) 반자본주의의 한살림 공동체

한편 이창림은 동학적 사회주의를 지향하여 '한살림 공동체'를 주장했다.[57] 일찍이 3·1운동을 주도했던 천도교 역시 3·1운동 이후 사회주의를 전략적으로 수용하여 반제의 민족해방운동의 방편으로 삼았고, 잡지 『개벽』을 통해 사회주의 이론을 최초로 소개했다. 특히 정규선, 이동곡, 오지영, 이창림을 비롯한 동학운동가들은 사회주의 운동을 펼쳤지만 맑시즘에 기초한 것이 아니라 동학의 인내천 자각에서 비롯되는 한살림 공산사회를 지향했다.

한살림 공동체 운동은 당시 자본(제국)주의를 반대하고 그 대안으

---

56 위의 글, 16쪽.
57 현재의 한살림운동은 '에코필리아'적인 생명운동이 주류를 이루지만 일제하의 한살림운동은 생명공동체뿐만 아니라 인내천의 자각과 반자본(제국)주의를 전면에 내세웠던 인간혁명, 사회혁명적 성격이 강했다.

로 제시된 조선의 신문화운동이다. 이는 동아시아의 개조운동, 그리고 나아가 인류 '한살림' 공동체 운동과 연결되었다. 해월은 일찍이 신세(新世) 개벽은 「산(山)이 검고 땅에 비단을 깔고 사해(四海)가 한집안이 된 후」[58]에야 이루어질 것이라 했다. 이는 장차 자연이 건강하고, 땅을 어머니 살처럼 소중히 하며 사해가 '한집안' 될 때 도래하는 세상이다. 한살림 생활도 전 우주 생명이, 한 집안을 이루는 개벽운동이다. 동학의 인내천과 한살림 생활의 제도야말로 조선과 동양, 그리고 금후 세계개조의 이상이자 진리가 되며 민중운동의 새 도정(途程)이될 것이었다.[59]

사람은 사람일 뿐이요 사람 이상에 하등의 무엇이 존재치 안이한 동시에 인류로서는 인류로서의 剝削치 못할 것이요 반드시 「한살림」임을 하여야할 것이다. 故로 이의 진리와 號令으로써 나아가는 뭉텅이의 힘이 엇지 그 위대치 안으며 此에 엇지 반항할 자 잇스랴.[60]

새 세상은 양반이 상놈이 되고 부자가 가난한 자로 역전되는 것이 아니라 인간이 인간을 차별하지 않는 평등한 세상, 인간이 인간을 해

---

58 『해월신사법설』 원문에서는 "산이 검게 변하고 길에 비단을 깔며 만국과 교역을 이룰 때", 개벽이 이루어진다고 하였다. 이창림은 해월의 원문을 재해석했다.
59 위의 글, 21쪽.
60 위의 글, 20쪽.

치지 않고 모두가 존중받고 궁핍함이 없는 세상, 오직 인류가 인류를 서로 돕고, 뭇 생명이 상호부조로 함께 성장하는 세상이다. 그러므로 인내천의 진리에 귀의하는 자는 "빈부귀천(貧富貴賤)이나 계급(階級)이 없이 한 집안같이 협동하여 사는" 한살림의 일원이 된다. 인류는 반드시 「한살림」을 하여야 할 것이고, 인내천의 진리에 서서 세상을 창조해 나가는 '하나 된 생명력(生命力)'의 창조에 참여할 것이었다.

> 인류생활의 방식과 제도에 至하야 「오는 시절에는 常漢이 兩班되고 貧者가 富者된다」 하야 인류로서 인류를 剝削치 못할 것이요 인류로써 인류끼리 互助하며 인류로 인류끼리 협동생활 하여야한다는 기본적 도리를 說破하얏나니 세계의 開闢, 동양철학의 統合改造, 「한살림」제도적 생활방식 이상 3者가 처음으로 出世되는 당시의 朝鮮 사회에서는 물론 瘋人의 狂語에 돌리지 안는다 하면 한갓 大逆不道라 하야 공격 迫害하얏섯슬 것이다. 시대적 進運의 모든 사상문화가 날로 이의 진리에 접근되야 오는 금일에 잇서 한번 回顧하며 사색하야보면 (…) 감상이 과연 如何하뇨?[61]

> 반드시 사람은 사람끼리 한결같이 「한살림」을 이루어야할 것이다.

---

61 위의 글, 16쪽.

이만하면 우리의 憧憬하던 善美가 다하엿다 하지 안을 수 잇슬가. 이 로써 세계는 새로운 理想鄕으로 우리 인류의 眼前에 전개된다 할 것 이며 인류의 新紀元이 이에서 그어진다고 할 것이다. 이것이 우리 민 중의 진리와 광명이 안이고 무엇이뇨.[62]

또한 "칼 마르크스는 예언하기를 세계개조의 완성은 동(東)으로부 터 비롯한다."고 하였고, "「마르크스학설」에 가장 조예가 깊었던 제2 국제당 「카우츠키」 역시 금후 세계개조사업을 위하여 동아(東亞)를 깊 이 고찰하는 중"이라 그는 말했다. 동학의 한살림 생활이야말로 사해 가 한 집안이 되고 양반상인의 계급이 없으며 빈자/부자의 구별도 없 는 세계의 민중운동이 될 것이라 그는 주장했다. 또한 서구가 동양으 로 향할 때 동양이 줄 수 있는 생로(生路)도 바로 인내천의 자각과 한 살림주의적 제도의 생활방식에 있다고 그는 말했다. 어떤 의미에서 이창림은 마르크스가 주장한 계급투쟁론과 공산사회를 일정 부분 수 용했지만 인내천에 바탕하여 한살림 공동체로 나가고자 했던 점에서 '동학적 사회주의'를 지향했다고 볼 수 있다. 조선의 민중운동이 동학 을 중심으로 이루어질 것은 물론이고, 세계가 동학으로 접근해 오며 동아(東亞)와 세계의 개조운동도 '한살림'으로부터 비롯될 것이었다.

62 위의 글, 15쪽.

4) 조소앙의 한살림 비밀결사운동

「대한독립선언서」를 기초했던 조소앙도 '한살림(韓薩任)'을 주장했다. 이창림과 조소앙이 주장한 한살림은 일정 부분 서로 닮아있다는 점에서 흥미롭다. 일찍이 조소앙은 1914년 「일신교령(一神敎令)」을 저술하여 육성일체(六聖一體) 사해동포(四海同胞)의 영각성(靈覺性)을 주장한 바 있다. 「대동종교신창립」에서는 육성(六聖)에서 소크라테스와 마호메트가 빠지고 대신 노자와 수운을 육성에 포함 시켰다.[63] 한살림 당의 결성은 육성교(六聖敎)라는 영각의 사유에서 제도적 차원으로 발전한 것이라 할 수 있다. 3·1혁명 이후 그는 조선의 황족, 귀족, 신사 지식계급이나 민중 청년남녀학생 모두가 장차 노농계급으로 만연하게 되고, 이에 따라 문화운동이 노농계급의 조직운동으로 접어들게 될 것임을 말하여[64] 조선인 자체가 무산대중화(無産大衆化)됨을 강조했다.

조소앙은 조선의 독립운동이 단순한 민족운동에 머물러서는 안 되며 계급혁명과 세계혁명을 지향하는 방향으로 나아가고 있다고 판단

---

63 김기승, 『조소앙이 꿈꾼 세계』, 지영사, 2003, 117-123쪽; 백낙청 외, 백영서 엮음, 『백년의 변혁: 3.1에서 촛불까지』, 창비, 2019, 172쪽.
64 조소앙은 1919년 12월 사회당 명의로 『赤子報』를 파리에서 창간했고, 국제사회주의 운동과 연계를 형성해 나아갔다. 적자보 2호에서 조소앙은 독일의 사회주의 정당이 노동자 중심의 사회주의 정권 수립을 지향하는 것에 대해 이를 긍정적으로 평가했다. 한국독립운동사연구소 기획, 김기승 저, 『조소앙』, 역사공간, 2015, 70~71쪽.

했다. 방략적 측면에서는 당면이익투쟁, 유기적 조직의 완성을 통한 혁명 실행기로 들어가고 있고, 사상방면으로서는 반일독립의 민족혁명과 계급해방의 경제혁명운동이 동시적으로 병진하여 들어가고 있다고 보았다. 또한 대외방면으로는 구미, 중국, 러시아를 의뢰해 온 것으로부터 "피압박민족'의 반제 연합체로 들어가 위대한 구성체를 이루고, 민주입헌을 계승함이 오늘의 조선이 지향하는 新사회주의적 경향"[65]이라 하였다.

1920년대 초에 그는 '한살림(韓薩任)'당 비밀결사를 조직하고 「한살림 요령」을 저술하여 강령과 정책을 구체화했다. 한살림은 일가(一家), 공생(共生), 공산(共産), 공산(公産) 등을 번역한 순수한 우리말로 사적 소유가 없는 공동체적 삶을 뜻한다. 동학 신문화운동의 당면 목표와 유사하게 그는 '제국주의를 뿌리부터 근절하여 없애고 인류대동의 세계를 만드는 것이 우리들이 절실히 바라는 바'라고 하면서 동아시아 피압박민족이 대연합을 만들어 동아시아의 혹막을 걷어내고 세계대동을 반드시 이룩하자고 호소했다.

조소앙은 국제적인 시각에서 민족혁명과 계급혁명이 분리될 수 없는 것임을 간파하여 한살림 당이 민족혁명과 계급혁명을 아우르면서 인류 평등의 대동세계 건설을 지향하는 진보적 혁명 단체임을 알리고

---

65   조소앙, 「韓國之現狀及其革命趨勢」, 삼균학회, 『조소앙선생 문집』上, 횃불사, 1979, 73쪽.

자 하였다.[66] 실제로 한살림 당은 중국혁명가와의 연대를 비롯해 항일 연대의 국제적인 성격을 띠었고, 일본 제국주의에 맞서는 피압박민족과의 연대를 결성하여 궁극적으로 세계 자본(제국)주의 타도를 통한 세계일가를 지향했다.

> 우리 운동의 목표인 타도일본은 국제 제국주의의 一團勢力의 타도를 의미하는 것인만큼 우리 운동과 국제적 모든 반일세력과의 관계는 본질상으로 매우 密切한 것이다. 그러므로 海內에 비하여 다소간의 운동 자유를 가진 해외운동은 일본과 근본적 혹은 일시적인 대립관계를 가진 국제적 반일세력과 긴밀한 연결관계를 결성하여 해외운동의 특수임무를 유력하게 진전하는 동시에 그것이 전체운동과의 국제관계로 전변되도록 하는 정치적 매개공작을 하여야 할 것이다.[67]

'타도 일본'을 곧 '국제 제국주의 타도'로 간주했던 한살림 당은 강목을 3단계로 설정하였다. 1단계 독립전쟁, 2단계 계급혁명, 그리고 3단계인 무치(無治)에 목표를 두었다. 당시 조선은 피압박민족으로서 그리고 착취당하는 무산자라는 이중의 노예로 고통을 당하고 있었다.

---

66   한국독립운동사연구소 기획, 앞의 글, 84쪽.
67   조소앙, 「海外運動의 特殊任務」, 『진광』, 1934.9.20, 삼균학회, 『조소앙선생문집』上, 횃불사, 1979, 134쪽.

따라서 한살림 당은 민족독립과 무산자가 주인이 되어 공동생활을 하는 계급혁명, 그리고 권력의 억압이 없는 무정부적 무치(無治)를 주장했다. 물론 무정부적 무치는 가장 마지막에 실현될 단계로서 인류가 한살림의 공생을 이루고, 이로부터 비로소 정부와 의회가 소멸됨으로써 이루어지는 단계이다. '독립(민족혁명)'이 그 출발점이라면 '공생(계급혁명)'은 그 경로이며 '무치이면서 공생'하는 것은 그 궁극적 경지라 할 수 있다. 조소앙은 이를 만한(卍韓)민국 건설을 위한 독립전쟁, 일체의 수단과 생산을 균등하게 나누기 위한 계급전쟁, 노농계층이 국가권력을 장악하고 마침내 국가권력이 소멸되는 한살림 세계건설로 규정하였던 것이다. 이는 초기 동학(천도교) 신문화운동에서 인류의 역사를 해방의 역사로 규정하고, 민족해방(조선독립)에서 계급해방 그리고 인간해방으로 나아갈 것을 선언한 것과 맥락이 상통한다고 볼 수 있다. 조소앙의 한살림 당의 강목은 아래와 같다.

[강목] 당이 수행해야 할 3단계의 전쟁에 대한 규정

1단계(30년간의 독립전쟁): 한민족의 자유를 억압하는 자를 물리쳐 卍韓민국을 건설한다.

2단계(50년간의 계급전쟁): 일체의 생산수단과 이권을 공동으로 경작하고 고르게 나누기 위해 이를 방해하는 세력을 물리쳐야 한다.

3단계: 전쟁을 계속하여 노동자와 농민이 무장하여 국가권력을 장악하여 卍韓 한 살림을 건설하고 나아가 아시아 한살림과 세계 한살

림을 건설한다.[68]

또한 한살림 당은 [실천강령] 7가지를 제시하였는데 그 내용을 열거하면 다음과 같다.

1) 불소찬(不素餐): 각자의 능력을 다함으로써 즐거움을 고르게 누린다.

2) 무사권(無私權): 계급 차별 제도를 철폐하여 이권을 공유하고, 사적 소유의 특권을 폐지하여 일체의 생산기관을 공유함으로써 한살림을 실현한다.

3) 이성동권(異性同權): 남녀 모두는 도덕, 정치, 경제, 노동, 예술 등 모든 분야에서 권리와 의무를 균등하게 향유하여야 한다.

4) 자강대(自强隊): 옛것을 파괴하고 새로운 것을 건설하기 위해서는 무력이 필수적이다. 모든 노동자는 정강을 실천하고 사회를 유지하기 위해 자체적으로 무장단을 결성하고 훈련을 해야 한다.

5) 비전쟁(非戰爭): 역사적으로 열강들은 침략전쟁을 이용하여 군벌과 재벌이 약소민족과 노동자들을 개와 소나 말처럼 부려먹는 죄악을 저지르도록 하였다. 이러한 화근을 없애기 위해 반드시 전쟁을 금

---

68 한국독립운동사연구소 기획, 김기승 저, 『조소앙』, 역사공간, 2015, 77~78쪽.

지해야 한다. 다만 약소민족의 독립전쟁과 피압박계급의 자위전은 이에 포함되지 않는다.

6) 민족연맹(民族聯盟): 국가와 인종의 구별은 본래 인위적으로 만들어진 것이다. 다른 민족과 연대하는 것은 서로 이로운 것이니 반드시 국가와 민족들이 서로 함께 대동세계를 만들어야 한다.

7) 세계 한살림(世界 韓薩任): 민족과 민족이 평등하고 국가와 국가가 똑같아진 후에야 화평할 수 있다. 화평하게 되면 자연히 세계 한 살림이라는 무치의 경계로 진입할 수 있다.[69]

'불소찬'에서 '세계 한 살림'에 이르는 7가지 항목은 단계별 과제이기도 하다. 3단계 혁명을 위해 각자 능력을 다하고 계급제도를 철폐하며 이권과 생산기관을 공유하고 남녀 모두가 균등한 권리와 의무를 누리기 위해서 자강대 결성, 전쟁 금지, 민족연맹을 실행하자는 것이다. 그리고 민족들이 서로 함께 대동세계를 만들고 민족과 민족이 평등하여 국가와 국가가 동등해진 후에야 세계는 화평하게 된다. 동학과 조소앙의 한살림은 내용에 있어서 일정 부분 상호 공유되는 측면이 많다. 조소앙도 개인, 민족, 국가가 평등을 이루고 한살림의 세계 일가를 이루는 때에 비로소 혁명은 완성된다고 보았다. 그러나 이창

---

69 위의 책, 78~79쪽.

림이 한살림의 기조를 인내천의 자각을 통한 근원적 우주 자아에 두었으나 조소앙의 한살림은 그 기저를 명확히 하지 않았다는 점에서 차이를 엿볼 수 있다.

5. 결언: 인내천의 사상혁명과 한살림 공동체

3·1운동 이후 동학의 신문화운동은 서구 자본(제국)주의에 대한 저항과 대안으로서 전개된 것이었다. "자본주의가 날뜀으로 말미암아" 사회운동이 폭발하고 "세계 전 인류의 대 투쟁"이 전개되는 현재의 상황에서 조선도 그 억압의 고통으로부터 벗어나기 위해 신문화를 건설하고자 했다. 특히 중국에서 활동했던 이동곡과 이창림은 동학사상에 바탕하여 자본(제국)주의에 저항하고 새로운 대안으로서 신문화운동을 제기했다. 이는 인내천의 사상운동으로서 우주생명의 무궁한 역동과 창조를 통해 보다 나은 사회를 만드는 신생운동이었다. 이동곡과 이창림 모두는 동학을 기조로 신문화운동을 제기했다는 점에서 공통점을 지닌다. 그러나 이동곡이 서구 문예부흥을 주목하여 인내천의 사상혁명을 말했다면 이창림은 이를 한살림 공동체로 구체화했다는 점에서 차이가 있다.

이동곡은 중국 혁명의 성공을 예견했고, 반제연대의 중심국가로 보았으며 조선도 피압박민족으로서 중국과 연대해 나갈 것을 전망했다. 그리고 중국은 신문화건설의 재편을 통해 세계개조를 이룰 수 있을 것이라 기대했다. 그는 중국 신문화운동을 통찰하면서 조선과 동양의 신문화운동을 논했는데, 중국이 지녀 온 조화와 지중(持中)의 문화, 중국의 대륙적 본성, 중국과 일본의 상호 비교, 천두슈의 공자학 반대운동을 주목하면서 신문화 방략을 모색해 나갔다. 그리고 그 과정에서 자국민의 정신과 본성에 기초하여 신문화를 형성해 나가야 한다는 것, 외래문화 수용에서는 수용과 더불어 자가화(自家化)를 이루어야 한다는 것, 그리고 기존 전통문화에 대한 긍정과 부정을 통해 끊임없는 변화와 융합을 이루어가야 한다는 점을 신문화건설의 방략으로 삼았다. 이는 인내천에 입각한 신사상·신문화의 사상혁명, 반자본(제국)주의 연대와 인류의 공동생활, 주자학 파기운동 등으로 제시되어 동학적 사회주의로 전개되었는데, 이는 "자아를 기조로 한 공동의 생산기관을 통해 각자의 생활을 증진"하자는 것으로 구체화 되었다.

한편 이창림의 신문화운동은 세계 개벽운동으로서 동양 신문화수립의 제창, 인내천(人乃天)의 자각운동, 창조적 진보운동, '한살림' 운동으로 특징지어졌다. 여기서 동양 신문화수립의 제창이란 동양을 대표해 온 3파 철학의 개조운동으로서 3파를 새롭게 성심신(性心身) 3단의 영육일치(靈肉一致)로 창론한 "신동학의 건설"을 말한다. 그리고 '인내천'의 자각이란 사람이 곧 '우주 근원임'과 동시에 '우주와 하나 됨'을 자각하여 스스로 우주적 대아(大我)로 행위하는 것이다. 인내천 세 글자에는 동학의 인간관, 우주관, 역사관이 내포되어 있다. 인간에 부여된 우주근원을 자각하는 일은 인간 자체가 대우주생명체와 하나라는 우주관을 열어주고, 인간 스스로 한울(天)의 무궁성, 창조성, 역동성을 체화하여 한울의 품격(天格)으로 전환을 이루게 한다. 인내천의 자각으로 말미암는 무궁한 창조적 본성을 통해 사상, 문화, 생활, 제도 등을 보다 새롭게 개조해 나간다는 점에서 인간은 자연히 역사의식과 창조적 진보성을 지닐 수밖에 없다. 창조적 진보운동이란 우주 근원과 하나 된 한울의 품격(天格)으로 사회문제를 깊이 간파하고 이를 변화시켜가는 개벽운동이다. 인내천의 진리와 한살림 생활로 '동귀일체(同歸一體)'하게 되는 '한살림' 운동은 세계를 한 집안으로 보고 자연, 생명, 인간을 함께 기르는 생활시스템으로의 전환이다. 이는 모두가 일체가 되어 진리로 함께 돌아가자는 공동체운동이다. 요컨대 이창림이 제시한 신문화운동은 "인내천의 자각"과 "세계의 개벽(開闢)", 그리고 "「한살림」 제도의 생활방식"으로 요약된다. 한편 동학사상과 관련이 깊은 조소앙도 한살림당을 결성했는데, 이는 육성교(六聖敎)에서 말한 영각의 사유를 제도적 차원으로 발전시킨 것이라 할 수 있다. 조소앙의 한살림은 일정부분 동학의 한살림과 교집합을 이룬다.

　　동학의 신문화건설은 인간과 우주의 본질을 구현하는 문화이고, 역사적 사회진보와 공동체문명을 지향하는 신동학의 건설운동이자 동양의 신문화로 간주되었다. 따라서 동학이 창립한 동양의 신문화는 「人乃天」의 진리를 갈파(喝破)하여 「천하억조 동귀일체(天下億兆同歸一體)」의 문화를 수립하는 것이고, 그 신문화수립은 동양 재래의 삼파(三派: 儒佛仙) 철학을 융합·정리·재생하여 새로운 인류생활 방식과 제도를 주창하는 것이며, 인류상잔(人類相殘)이 아닌 상호부조(相互扶助)의 한살림 협동생활을 건설하는 것이었다.

요컨대, 동학 신문화운동은 1920년대 사회주의를 수용하고 마르크스-레닌의 이론들을 소개했지만 마르크스주의를 그대로 수용하지 않았다. 특히 이창림, 정규선, 최동희 등 국외에서 독립운동을 전개했던 동학운동가들은 맑시즘이 아닌 인내천주의에 바탕한 인간해방을 지향하여 고려혁명당을 정의부와 연합하여 결성하고 민중운동을 주도하고자 했다. 조선의 민중운동이 이미 수운에 의해 "63년 전 조선 민중으로부터 발휘되었음"을 선언하면서 민중운동의 선구성을 강조했다. 그리고 동학을 창도한 수운을 불합리한 사회의 반항아, 대혁명의 진리를 계시한 자, 인류의 신운동을 일으킨 자, 동양철학의 완성자, 민중생활의 진리를 천명한 자로 선언하였다. 수운이 창도한 시천주의 진리는 해월과 의암으로 계승되어 인내천의 신세 개벽을 이어갔고, 이는 곧 자본주의 사회의 극복을 통한 조선의 해방, 인류의 해방을 지향한 것이었다.

생태

생태문명에 관한 동서양의 대화

― 토마스 베리와 해월 최시형을 중심으로

조성환
원광대학교 동북아시아인문학연구소

1. 서언: 관점의 개벽

영문학자 백낙청은 최근에 출간된 신간 『서양의 개벽사상가 D.H. 로런스』에서 우리에게는 '외설문학가'로 알려져 있는 영국의 소설가 로런스(1885~1930)를 "서양의 개벽사상가"라고 소개하였다.[1] 여기에서 '개벽'은 1860년에 수운 최제우(1824~1864)가 주창한 '다시개벽'에서 유래하는 말로,[2] "새로운 문명을 열자"는 의미의 사상언어이다. 마치 태초에 하늘과 땅이 처음 열리는 '천지개벽'이 있었듯이, 또 한 번의 '문명개벽'을 하자는 것이다. 최제우 이후에 '다시개벽'은 해월 최시형(1827~1898)으로 오면 '후천개벽'으로 정립되고, 이어서 증산교, 천도교, 원불교에서 발전되었다. 백낙청이 말하는 '개벽'은 이들 개벽종교에서 주창하는 '후천개벽'을 가리킨다.[3] 백낙청이 보기에 로런스는 '문

---

1 백낙청, 『서양의 개벽사상가 D. H. 로런스』, 창비, 2020.
2 '다시개벽'은 최제우의 『용담유사』에 두 차례에 걸쳐 나오고 있다.
3 백낙청이 생각하는 원불교의 '후천개벽'의 의미에 대해서는 다음 책을 참고하기 바란다. 백낙청 지음, 박윤철 엮음, 『문명의 대전환과 후천개벽-백낙청의 원불교 공

명의 전환'을 의미하는 후천개벽을 지향한 사상가이고, 그런 의미에서 "서양의 개벽사상가"로 규정할 수 있다는 것이다. 이렇게 보면 『서양의 개벽사상가 D.H. 로런스』라는 제목은 동서양의 대화를 시도하고 있다고 볼 수 있다. 서양문학가 로런스를 한국적 관점에서 이해하고 있기 때문이다.

그런데 이와 같은 해석은 그리 흔한 것은 아니다. 왜냐하면 우리가 서양에 대해서 논할 때에는 대개 서구적 틀로 설명하기 때문이다. 실은 한국에 대해서도 크게 다르지 않다. 대개 서구적인 범주나 사고로 설명하기 마련이다. 예를 들면 동학의 '하늘님'의 의미를 설명하면서 '님'이 아닌 '신'(God) 개념을 가지고 오는 것 등이 그러하다. 물론 이 역시 동서양의 대화라면 대화라고 할 수 있는데, 문제는 우리가 한국인임에도 불구하고 철저하게 서양인의 입장에서 대화를 하고 있다는 점이다. 뭔가 불공평하다는 생각이 든다.

그래서 최근에는 서양에서조차 이러한 서구 중심적 시각에서 벗어나고자 하는 움직임이 활발하게 시도되고 있다. 비교철학자이자 중국 불교연구자인 시카고대학의 브룩 지포린(Brook Ziporyn) 교수는 2015년에 북경에서 행한 강연에서 다음과 같은 질문을 던지고 있다.

"만약에 중국인들이 서양을 식민지화하러 갔다면 어떤 점이 가장

부』, 모시는사람들, 2016.

이상하게 보였을까? 그것은 아마도 지나치게 신(God) 관념에 집착하는 문화였을 것이다."[4]

이것은 일종의 '관점의 전환'을 촉구하는 질문이라고 할 수 있는데, 이러한 질문을 던짐으로써 그동안 서구적 시각에서만 바라보았던 중국을-가령 "왜 중국에는 근대 과학이 탄생하지 못했을까?"와 같은 부정적인 질문들을-중국의 시각에서 '다시' 보게 하고, 그럼으로써 시선의 균형을 맞추려고 하는 것이리라.

백낙청의 로런스 해석도 이러한 맥락에서 이해할 수 있을 것이다. 지포린이 (서양인임에도 불구하고) 중국인의 입장에서 서양을 바라보고 있듯이, 백낙청 또한 한국인의 입장에서 서양을 해석하고 있기 때문이다. 그런 점에서 두 사람 모두 서양을 상대화하면서 동서양을 바라보는 눈높이를 맞추고 있다고 할 수 있다. 이와 같이 '관점의 전환'을 통해 '시각의 균형'을 잡는 방법은 새로운 해석의 가능성을 열어준다는 점에서 그 자체로 '개벽적'이라고 할만하다.

이 글에서는 이러한 '관점의 개벽'을 지향하면서, 한국의 동학지도자 해월 최시형과 영국의 소설가 D.H. 로런스, 그리고 미국의 가톨릭 신부 토마스 베리를 생태철학의 맥락에서 비교하고자 한다. 구체적

---

4 "Religion without God: China's Precious Spiritual Heritage" 이 강연은 유튜브에서 시청이 가능하다(https://www.youtube.com/watch?v=Zoz0cnzj7ao).

으로는 해월 최시형의 『해월신사법설』(1890년 전후)과 D.H. 로런스의 『묵시록』(1931년), 그리고 토마스 베리의 『위대한 과업』(2000년)을 분석의 대상으로 삼아서, 이들 사이의 공통의 문제의식을 '지구인문학'적 관점에서 추출해 냄으로써, 오늘날 인류가 안고 있는 '지구위험'의 문제를 풀 수 있는 철학적 실마리를 찾고자 한다.

2. 현대인의 우주상실과 지구소외

1) D.H. 로런스의 「요한계시록」 해석

로런스는 그의 사후에 출간된 「요한계시록」의 해석서 『묵시록』(Apocalypse)에서 요한 이전의 이교도들(pagans)의 입을 빌려 현대문명의 문제점을 다음과 같이 비판하고 있다.

아마도 우리와 이교도들 사이의 가장 큰 차이는 우주(cosmos)에 대하여 서로 다른 관계를 맺는 점에 있는 듯하다. 우리에게는 모든 점들이 다 개인적이다. 경관과 하늘, 이것들은 우리의 개인적인 삶에 달콤한 배경으로 자리를 잡고 있는 그 이상은 아니다. 과학자가 바라보는 우주는 우리의 개인성을 연장하는 것 이외에 아무것도 아니다. 이교도들에게 우주는 경관이나 개인적인 배경이 아니었다. 우주는 살아있었다. 인간은 우주와 함께 '살았으며' 우주를 자신보다 위대한 것으

<u>로 알고 있었다.</u>[5]

여기에서 로런스는, '우리'와 '이교도'들의 삶의 방식을 비교하면서, 이교도들이 "우주와 함께 하는 삶"을 산 반면, 우리는 "개인적인 삶"을 살고 있다고 진단하고 있다. 여기에서 "개인적인 삶"이란, 다른 사람들과 단절된 삶이라는 의미가 아니라, "우주와 동떨어진 삶"을 말한다. 우리에게 있어 우주는 하나의 '경관'이자 '배경'일 뿐이고, 과학자들의 탐구대상에 지나지 않는다. 반면에 이교도들에게 우주는 살아있고, 인간보다 더 위대한 것으로 여겨졌다는 것이다.

그렇다면 로런스가 말하는 '우리'란 과학의 세례를 받은 근대인들을 가리키고, '이교도들'은 근대 이전의 사람들을 지칭함을 알 수 있다. 로런스가 보기에 근대 이전의 삶과 근대적인 삶을 구분하는 기준은 '우주와의 단절'이다. 따라서 우리는 근대 문명이 상실했던 우주를 되찾아야 한다. 바로 이것이 『묵시록』의 메시지이다. 로런스를 "서양의 개벽사상가"라고 부를 수 있는 이유는 여기에 있다.

흥미로운 것은 로런스가 「요한계시록」을 해석하면서 이상적인 삶의 형태를 "신과 함께 하는 삶"이 아니라 "우주와 함께 하는 삶"이라고

---

5 D.H. Lawrence, *Apocalypse*, Penguin Books, 1976, p.27. 번역은 D.H. 로렌스 저, 김명복 역, 『로렌스의 묵시록』, 나남출판, 1998, 51~52쪽. 밑줄은 인용자의 것. 이하도 마찬가지.

말하고 있는 점이다. 이 점은 17세기의 철학자 파스칼(1623~1662)과 좋은 대비를 이루고 있다. 파스칼은 『팡세』(1670)에서 "신과 함께 하는 행복"과 "신과 함께 하지 않는 불행"을 말하였는데,[6] 그로부터 약 250년 뒤에 로런스는 "우주와 함께 하는 행복"과 "우주와 함께 하지 않는 불행"을 말하고 있는 것이다. '신'의 자리에 '우주'가 들어간 것이다.

여기에서 로런스가 말하는 '우주(cosmos)'는 동아시아의 사상용어로 말하면 '천지(天地)'에 해당한다. 동아시아에서도 '우주(宇宙)'라는 말이 쓰이지 않은 것은 아니지만 보다 일반적으로 사용된 개념은 '천지'였다. '천(天)'과 '지(地)'는 각각 천문(天文)과 지리(地理)의 약자로 볼 수 있고, 문(文)과 리(理)에는 조화와 질서의 의미가 담겨 있다는 점에서 서양어의 'cosmos'에 대응된다. 따라서 로런스가 말하는 '우주와 함께 하지 않는 삶'이란 동아시아적으로 말하면 '천지와 함께 하지 않는 삶'에 해당한다. 사자성어로 말하면 '천인합일(天人合一)'에 어긋나는 삶, 또는 '천인분리(天人分離)'의 삶이다. 천인합일은 동아시아사상의 근저에 깔려있는 영원한 이상이었다. 그런 점에서 로런스가 지향하는 문명도 동아시아의 천인합일적 문명과 크게 다르지 않음을 알 수 있다.

---

6 블레즈 파스칼 지음, 김형길 옮김, 『팡세』, 서울대학교출판문화원, 2015, 21쪽. 이 부분은 강유원 선생의 「실천학강의」 수업에서 알게 되었다.

2) 우주를 상실한 현대인

그렇다면 로런스가 보기에 천인분리의 삶은 무엇이 문제인가? 지금과 같은 시대라면 기후위기나 환경파괴와 같은 지구적 위험이 지적될 수 있을 것이다. 그런데 로런스가 살던 1930년대까지만 해도 아직이런 문제는 표면화되지 않았다. 대신 인간의 마음의 병이 문제였던 것 같다. 마치 사르트르가 실존적 '불안'을 언급했듯이, 로런스는 현대인의 '고독'을 지적하고 있기 때문이다. 그런데 그 고독의 원인에 대한로런스의 진단은 독특하다. 현대인들이 고독한 이유는 사람과 함께하지 않아서가 아니라 우주와 함께 하지 않기 때문이라는 것이다. 달리 말하면 현대인들은 주위에 사람이 있어도 고독은 면할 수 없는 운명인 것이다.

> 현대인들이 외롭다고 불평하는 소리를 들으면 나는 무슨 일이 일어났는지를 안다. 그들은 우주(cosmos)를 잃어버렸다. 우리에게 부족한것은 인간적이고 사적인 어떤 것이 아니다. 우리에게 결여된 것은 우주적 삶(cosmic life)이다.[7]

> (고대인들에게) 태양은 멋들어진 생명체였으며, 사람들은 그 생명

---

7 *Apocalypse*, p.30; 『로렌스의 묵시록』, 59쪽.

체로부터 힘과 영광을 끌어내어, 그것에 경의와 영광과 감사를 보냈다. 그러나 우리 시대에 와서 그 관계를 깨어지고 (…) 태양은 이제 훨씬 더 보잘 것 없는 것으로 되어 버렸다. (…) <u>우주와의 교감적인 관계에서 벗어나자 우리는 우주를 잃었다.</u> 이것은 우리에게 커다란 비극이다.[8]

이 진단에 의하면 현대인들의 고독의 원인은 '우주의 상실'로 인한 '우주적 삶'의 결여이다. 그들은 '개인'을 얻은 대신 '우주'를 잃었고, 개인의 '자유'는 증대되었을지몰라도 자연과의 '관계'는 단절되었다. 토마스 베리 식으로 말하면 '자연'이라는 친구를 잃어버린 것이다.[9] 그런 점에서 토마스 베리는 로런스의 문제의식을 잇고 있다고 할 수 있다. 그렇다면 어떻게 하면 잃어버린 우주를 회복할 수 있을까? 로런스는 뜻밖에도 동아시아의 천인합일적 우주론을 해결책으로 제시하고 있다.

<u>우리와 우주는 하나다.</u> 우주는 거대한 생명체이고 우리는 그것의 일부이다. 태양은 커다란 심장이고, 그 진동들은 우리의 핏줄을 관통

---

8 *Apocalypse*, pp. 27~28; 『로렌스의 묵시록』, 53~54쪽.
9 토마스 베리가 1991년에 쓴 책의 제목은 "Befriending the Earth: A Theology of Reconciliation Between Humans and the Earth", 즉 "인간이 지구와 친구되고 화해하자"였다. 우리말 번역은 토마스 베리 · 토마스 클락 지음, 김준우 옮김, 『신생대를 넘어 생태대로 : 인간과 지구의 화해를 위한 대화』, 에코조익, 2006.

한다. 달은 환하게 빛나는 커다란 신경중추이고, 우리의 떨림은 거기에서 온다.[10]

　나의 눈이 나의 일부이듯이 나는 태양의 일부이다. 내가 지구의 일부임을 나의 발은 안다. 그리고 나의 피는 바다의 일부이다. (…) 나의 개인주의는 실로 환상이다. 나는 거대한 전체의 일부이다. (…) 우리가 원하는 것은 우리의 거짓되고 비유기적인 관계, 특히 돈과 관련된 관계들을 파괴하고, 그리고 우주와, 태양과 지구와, 인류와 민족과 가족과 살아 있는 유기적 관계를 새로이 정립하는 것이다. 태양과 함께 시작하라. 그리고 그 나머지는 천천히 천천히 일어날 것이다.[11]

　로런스가 보기에 우주는 하나의 거대한 생명체이고, 인간은 우주생명체의 일부이다. 인간은 우주와 단절된 존재가 아니라 우주라는 유기체를 이루고 있는 구성원에 속한다. 따라서 근대인들의 개인주의와 인간중심주의는 하나의 '환상'에 지나지 않는다. 인간은 환경과 단절된 개인도 아니고 지구의 중심에 있지도 않다. 그런 의미에서 로런스의 인간관과 우주론은 '인간적' 관점이 아니라 '지구적' 관점, 더 넓게는 '우주적' 관점에 서 있다고 할 수 있다. 흥미롭게도 이러한 관점은

10　*Apocalypse*, p.29; 『로렌스의 묵시록』, 57쪽.
11　*Apocalypse*, p.126; 『로렌스의 묵시록』, 235쪽.

조선후기의 실학자 담헌 홍대용(1731~1783)과 대단히 유사하다. 홍대용은 북경에 다녀온 뒤에 쓴 『의산문답』(1766)에서 지구와 만물의 관계를 다음과 같이 묘사하였다.

> 대저 지구는 우주의 생명체다. 흙은 지구의 피부와 살이고, 물은 지구의 정액과 피이며, 비와 이슬은 지구의 눈물과 땀이고, 바람과 불은 지구의 혼백과 혈기이다. 그래서 물과 흙이 안에서 빚고, 해와 햇볕이 바깥에서 구우며, 원기(元氣)가 모여서 여러 생물들이 무성하게 자라는 것이다. 초목은 지구의 털과 머리카락이고, 사람과 짐승은 지구의 벼룩과 이이다."[12]

여기에서 홍대용은 지구를 하나의 거대한 생명체로 묘사하면서, 인간을 지구에 기생하는 '벼룩'에 비유하고 있다. 인간은 다른 생물과 존재론적으로 하등의 차이가 없다는 것이다. 이것은 당시의 주류 학문인 유학의 인간중심주의에 대한 비판으로, 홍대용이 이러한 관점을 취할 수 있었던 것은 세계를 도덕적이 아니라 생태적으로 바라보기 때문이다. 유학에서는 인간을 '도덕적 존재'로 규정하여 동물보다 인

---

12 夫地者虛界之活物也. 土者其膚肉也. 水者其精血也. 雨露者其涕汗也. 風火者其魂魄榮衛也. 是以水土醞於內, 日火熏於外. 元氣湊集, 滋生衆物. 草木者地之毛髮也, 人獸者地之蚤蝨也. 김태준 · 김효민 역, 『의산문답』, 지식을만드는지식, 2011, 130쪽.

간이 우월하다고 보는데, 홍대용은 인간을 '생태적 존재'로 간주하여 지구의 일부분에 지나지 않는다고 보는 것이다. 그런 점에서 홍대용도, 로런스와 마찬가지로 '지구적' 관점을 취하고 있는 셈이다.[13]

3) 지구소외와 지구적 위험

로런스가 제기한 '지구적' 관점에서의 근대문명 비판은 그로부터 약 4반세기 후에 독일철학자 한나 아렌트(1906~1975)에서 또 다른 형태로 제기된다. 한나 아렌트는 1958년에 쓴 『인간의 조건』에서 '지구소외' 개념을 제시하면서, '세계소외'보다 '지구소외'가 더 심각하다고 지적하였다.

인간의 조건 때문에 여전히 지구에 구속되어 있는 우리는 마치 외부, 즉 아르키메데스적 점으로부터 지구를 마음대로 할 수 있는 양, 지상에서 (…) 행동하는 방식을 발견했다.[14]

근대 자연과학 발전의 밑바탕에 깔려 있는 지구소외와 비교해 볼

---

13 이상은 조성환 · 허남진, 「지구인문학적 관점에서 본 한국종교-홍대용의 『의산문답』과 개벽종교를 중심으로」, 『신종교연구』 43집, 2020, 103~104쪽 참조.
14 한나 아렌트 지음, 이진우 옮김, 『인간의 조건』, 한길사, 2020(제2 개정판), 373쪽.

때 (…) 세계소외는 사소한 의미만을 가질 뿐이다. 세계소외가 근대사
회의 방향과 발전을 규정했다면, 지구소외는 근대과학의 기호가 되었
다. (…) 근대수학은 인간을 지구에 묶인 경험의 한계로부터 해방시켰
으며 인식능력을 유한성의 속박으로부터 해방시켰다.[15]

아렌트가 보기에 근대과학은 인간에게 지구라는 속박으로부터 해
방시켜 주는 자유를 가져다주었지만, 그것은 동시에 인간을 삶의 '조
건'에서 분리시키는 소외를 초래하였다. 흥미롭게도 『인간의 조건』
이 나오기 1년 전에 소련에서는 인류 최초의 인공위성이 발사되었다.
1957년 10월에 발사된 '스푸트니크 1호'가 그것이다. 아마도 아렌트는
인간이 지구탈출에 성공하는 모습을 보면서 '지구소외' 개념을 떠올렸
으리라.[16]

아렌트의 지구소외 개념은 한편으로는 로런스와 같은 지구학적 관
점에 서 있으면서, 다른 한편으로는 그보다 더 나아간 근대문명 비판
이다. 로런스의 근대문명 비판이 '인간문제'(인간소외)의 차원에서 제
기된 것이라면, 아렌트는 '지구문제'(지구소외)의 차원에서 제기하고 있

---

15 위의 책, 375~376쪽.
16 이상의 논의는 2020년 11월 28일에 있었던 한국종교학회 한국종교분과 학술대회
    "지구위험시대의 한국적 영성과 지구적 치유"에서 발표한 조성환의 「근대성에서
    지구성으로」를 참고하였다. 「근대성에서 지구성으로」는 2021년에 모시는사람들
    에서 간행된 『지구적 전환』의 프롤로그로 수록되었다.

기 때문이다. 더 중요한 점은 아렌트의 통찰이 오늘날 우리가 겪고 있는 지구적 차원의 위험으로 증명되고 있다는 점이다.

아렌트의 '지구소외' 개념은 그로부터 다시 4반세기 뒤에 울리히 벡의 '지구위험' 개념으로 발전된다. 울리히 벡은 『위험사회』(1986)에서 '위험의 지구화'를 지적하였다. 지구화(globalization)가 진행되고 있는 현대사회는 국민국가 시대와는 달리 '위험'이 지역이나 국가를 넘어서 '지구적' 차원에서 전개된다는 것이다.[17] 그 중에서도 특히 가장 심각한 것은 생태위기이다.

> 생태적인 위기의식은 공포와 히스테리로 분출되면서 (…) 하나의 공동운명이라는 의식을 처음으로 경험하게 될 수 있을지도 모르겠다. 대단히 역설적이기는 하지만 그 한계를 가늠할 수 없는 거대한 위협에 직면하면서 이러한 공동운명은 인간, 동물, 식물 사이의 한계마저도 지양하는 세계시민적인(코스모폴리탄) 일상의식을 각성케 할 수도 있을 것이다. 위험이 사회를 구축하고 (…) 전 지구적인 위험이 지구사회를 구축하는 셈이다.[18]

---

17   울리히 벡 지음, 홍성태 옮김, 『위험사회-새로운 근대(성)를 향하여』, 새물결, 1997, 77쪽, 82쪽.
18   울리히 벡 지음, 조만영 옮김, 『지구화의 길』, 거름, 2000, 81쪽.

여기에서 울리히 벡은 생태위기라는 지구적 위험으로 인해 인류가 처음으로 '공동운명체'라는 인식을 갖게 되리라고 예측하고 있다. 실제로 지금 우리가 겪고 있는 팬데믹 상황은 울리히 벡의 예측이 현실화되고 있음을 말해주고 있다. 울리히 벡이 '지구적 위험'(global risk)을 경고했다면, 그로부터 2년 뒤에 가톨릭 사상가 토마스 베리는 '지구공동체'(Earth Community) 개념을 제시하였다. 1988년에 나온 토마스 베리의 『지구의 꿈』은 "지구가 하나의 공동체"라는 인식을 회복함으로써 지구위험을 해결하고자 하는 기획이다.[19]

이러한 맥락에서 토마스 베리는 자신을 신학자(theologian)가 아니라 지구학자(geologian)라고 자칭하였다.[20] 그런데 그가 말하는 '지구학'은 '지구자연학'보다는 '지구인문학'에 가깝다.[21] '지구'에 대한 인문학적 성찰에서 출발하기 때문이다(실제로 그의 후기 저작에 해당하는 『황혼의 사색』(2006)의 부제는 "성스런 공동체인 지구에 대한 성찰"이다)[22]. 이렇게 보면

---

19 번역은 토마스 베리 지음, 맹영선 옮김, 『지구의 꿈』, 대화문화아카데미, 2013.
20 이재돈, 「20세기를 빛낸 신학자들(49) : 토마스 베리(상) 종교·과학 아우른 우주론으로 생태적 회복 추구」, 『가톨릭 평화신문』(온라인) 1270호, 2014.06.22.
21 '지구인문학' 개념에 대해서는 조성환·허남진의 「지구인문학적 관점에서 본 한국종교-홍대용의 『의산문답』과 개벽종교를 중심으로」(『신종교연구』 43집, 2020)에서 빌려왔다.
22 토마스 베리 지음, 메리 에블린 터커 엮음, 박만 옮김, 『황혼의 사색-성스러운 공동체인 지구에 대한 성찰』, 한국기독교연구소, 2015. 원제는 "Evening Thoughts: Reflecting on Earth as Sacred Community"이고, 2006년에 Sierra Club Books에서 간행되었다.

앞에서 살펴본 로런스나 홍대용도 지구인문학적인 측면을 지니고 있다고 할 수 있다. 그래서 이하에서는 '지구인문학'이라는 관점에서 토마스 베리의 생태철학의 기본 구조를, 그의 『위대한 과업』(2000)을 중심으로 살펴보고자 한다.

3. 토마스 베리의 지구인문학

1) 지구에서 살아가는 법

21세기를 여는 새해에 출판된 토마스 베리(Thomas Berry)의 『위대한 과업』은 다음과 같이 시작되고 있다.

> 이 책은 <u>21세기를 여는 시대에 인간이 지구에서 살아가기 위한 방법</u>을 제시하고 있다. 우리는 우리가 지금 어디에 있는지, <u>어떻게 지구라는 행성에서 살게 되었는지를 이해해야 한다.</u> 이런 점들을 분명히 이해한 후에야 우리는 <u>지구와 인간 모두를 향상시키는 방향</u>으로 나아갈 수 있다.[23]

23 토마스 베리 지음, 이영숙 옮김, 『위대한 과업-미래로 향한 우리의 길』, 대화문화아카데미, 2009, 8쪽. 이하 쪽수만 표시.

이 「서문」에는 토마스 베리의 지구인문학의 성격과 방향이 분명하게 제시되어 있다. 그것은 한마디로 '21세기에 인간이 지구에서 살아가는 방법'에 관한 학문이다. 여기에서 '21세기'는 '시간'을, '인간'은 '주체'를, '지구'는 '공간'을, '살아가는 법'은 '철학'을 각각 나타낸다. 일찍이 울리히 벡이 지적하였듯이 종래의 사회학은 "20세기에 탄생한 국가 중심"의 학문이다.[24] 따라서 지금과 같은 지구화 시대에는 한계가 있을 수밖에 없는데, 토마스 베리의 '지구인문학'은 실로 이에 대한 화답이라고 할 수 있다. 특히 '살아가는 법'(way of life)이라는 표현에서 지구인문학의 강한 시대성과 실천성을 느낄 수 있다.

그런데 그런 실천을 위해서는 '이해'가 선행되어야 한다고 토마스 베리는 말한다. 그것은 바로 '지구'에 대한 이해다. 그런 점에서는 이론적 성격도 겸비하고 있다고 볼 수 있다. 실제로 토마스 베리는 물리학자 브라이언 스윔과 함께 우주의 생성과 진화에 관한 책을 쓰기도 하였다.[25] 이상을 바탕으로 토마스 베리의 '지구인문학'을 다시 정의해 보면 다음과 같다: "지구에 대한 이해를 바탕으로 지구에서 사는 법을 탐구하는 학문."

이러한 학문적 성격은 동아시아의 학문 전통과도 잘 부합된다. 예

---

24 울리히 벡 지음, 조만영 옮김, 『지구화의 길』, 거름, 2000, 49쪽, 54쪽.
25 토마스 베리, 브라이언 스윔 지음, 맹영선 옮김, 『우주이야기』, 대화문화아카데미, 2010.

를 들면 토마스 베리가 말하는 '살아가기 위한 방법(way)'은 동아시아 개념으로 말하면 '도(道)'로 번역될 수 있다. 그 중에서도 '인간이 살아가기 위한 방법'은 '인도(人道)'에 해당한다. 반면에 지구에 대한 이해는 '천도(天道)'에 대한 탐구이다. 따라서 토마스 베리의 지구인문학은, 동아시아의 사상용어로 말하면, "천도에 대한 이해를 바탕으로 인도의 실천을 추구하는 학문"이라고 정의될 수 있다. 이처럼 천도에서 인도를 도출하는 학문관은 동아시아의 오랜 이상이었다. 고대 유학의 문헌인 『맹자』와 『중용』에서는 "천도(天道)는 성(誠) 그 자체이지만, 인도(人道)는 성(誠)하고자 한다"고 하였고, 도가를 대표하는 『노자』에서는 "천도무친(天道無親)"(제79장)이라고 하였으며, 『장자』에는 「천도(天道)」라는 제목의 장(章)이 있다. 바로 이런 점들이 토마스 베리의 지구인문학이 동아시아사상과 깊은 친연성을 지니는 요인이다.

한편 현대 한국사회에서는 '도(道)'라는 말 대신에 '인문학'이라는 개념이 유행하고 있다. 가히 사회적 열풍이라고 해도 과언이 아니다. 그 이유는 아마도 지난 반세기 동안 산업화에 매진하느라 '기술학'만 강조되었기 때문이리라. 기술학이 '자연을 활용하는 법'을 탐구하는 학문이라면, 인문학은 '삶을 사는 법'을 묻는 학문이라고 할 수 있다. 즉 "어떻게 살 것인가?"에 관한 총체적인 탐구가 인문학인 것이다. 그래서 오늘날의 인문학의 유행은 자연학과 인문학 사이의 균형을 잡으려는 노력의 일환으로 볼 수 있다. 토마스 베리의 '지구인문학'도 마찬가지라고 생각한다. 기본적으로는 지구에 대한 이해를 전제로 하고 있지만, 궁극적으로는 지구에서 사는 법을 설파하고 있다는 점에서 '지구자연학'이 아니라 '지구인문학'이다.

2) 천인(天人)분리와 지구의 황폐화

그렇다면 토마스 베리는 왜 21세기에 '지구인문학'이라는 새로운 학문이 요청되고 있다고 말하는 것일까? 그는 어떠한 눈으로 지금의 시대를 바라보고 있는가? 그의 시대인식은 앞에서 소개한 D.H. 로런스나 한나 아렌트와 어떤 연관성이 있을까? 그가 진단하는 현대사회의 모습에 대해서 살펴보자.

> 산업시대 이전의 생활방식으로 살아가던 때에는 (…) 원시장엄의 현시로서 우주는 궁극적인 전거로 인식된다. 모든 존재는 우주와의 긴밀한 제휴 관계 속에서 이해될 때 존재의 완전한 정체성을 획득하게 된다. (…) 그 시기에 우주란 의미의 세계였고, 사회 질서, 경제적 생존, 질병 치유의 근본적인 틀이었다. (…) 그러나 산업사회의 사람들은 더 이상 우주와 더불어 살고 있지 않다.(『위대한 과업』, 29-30쪽)

> 문제는 근대과학이 진보함에 따라 우리가 우주를 주체들의 영적 교섭이라기보다는 객체들의 집합이라고 여기기 시작했다는 점이

다. (…) 더 중요한 현실은 우리가 <u>우주 그 자체를 잃어버렸다</u>는 것이
다.(『위대한 과업』, 32쪽)

여기에서 우리는 로런스가 『묵시록』에서 비판했던 것과 같은 문명
비판론과 다시 한 번 해후하게 된다. 그것은 근대인의 '우주상실'이라
는 비판이다. 산업사회 이전의 사람들에게 우주는 영적 주체들이 교
감하는 장이자, 인간이 자신의 정체성을 획득하는 의미의 세계였다.
이 시대까지만 해도 인간은 우주 만물과의 교감을 통해 자신의 아이
덴티티를 확보하면서 삶의 의미를 찾을 수 있었다. 그러나 근대과학
이 발달함에 따라 만물은 실험과 관찰의 대상으로 여겨지고, 우주는
단순한 객체들의 집합소로 전락하고 말았다.

그런데 토마스 베리 시대로 오면 로런스 때와는 또 다른 문제 상황
이 대두되게 된다. 그것은 '지구의 황폐화'라는 생태위기다. 인간과 만
물의 관계가 단절되는 차원을 넘어서 인간이 지구를 착취하는 상황이
악화되었기 때문이다. 이 문제의 원인을 토마스 베리는 다음과 같이
진단하고 있다.

<u>지구가 황폐화된 가장 치명적인 원인</u>은 다른 존재들을 근본적으로
무시한 채 모든 권리를 당연하다는 듯 인간에게 부여하는 태도에 있
다. 다시 말해서 인간이 아닌 다른 존재는 아무 권리도 갖지 못하는
것으로 생각하는 독단적 의식이 문제이다. <u>다른 존재들은 단지 인간</u>

이 이용할 때에만 가치를 지닌다는 것이다. 이 같은 논리에서는 인간이 아닌 다른 존재들은 전적으로 착취의 대상이 된다. 이는 정치적, 경제적, 지적, 종교적 체제에 해당하는 정부, 기업, 대학, 종교라는 인간의 네 가지 근본적인 체제가 공유하는 태도이다. 네 가지 체제 모두 의식적 혹은 무의식적으로 인간과 인간이 아닌 존재를 철저히 분리하고 있다.(『위대한 과업』 17쪽)

　로런스가 살았던 시대까지만 해도 '착취'는 아직 인간들끼리의 문제로 인식되고 있었다. 자본가가 노동자를 혹사시키거나, 한 나라가 다른 나라를 식민지배하는 것 등이 그것이다. 그러나 21세기에 들어서는 인간이 지구를 식민지 지배하는 상황이 벌어지게 되었다. 과학기술이 발달함에 따라 인간이 인간을 착취하는데 그치지 않고 만물까지 착취하기에 이른 것이다. 아렌트의 표현을 빌리면 '지구소외'의 시작이다.

　물론 과학이 발달했다고 해서 반드시 만물을 착취하라는 법은 없다. 인간이 과학을 어떻게 쓰느냐에 따라 달라지기 때문이다. 그런데 과학을 어떻게 쓰느냐는 만물을 어떻게 대하느냐와 관계되는 문제다. 만물을 각자 고유한 '권리'를 가진 존재로 대한다면 과학도 그에 맞게 사용될 것이다. 반대로 만물을 단순한 도구로 여긴다면, 과학은 만물을 착취하는 수단으로 사용될 수 있다.

토마스 베리에 의하면, 근대에 들어와서 만물은 아무런 본질적 가치도 부여받지 못한, 오로지 인간에게 유용할 때만 가치를 지니는 도구적 존재로 인식되기 시작했다. 만물은 더 이상 지구시스템을 유지하는 필수불가결한 구성원이 아니라, 인간을 위해서만 의미를 지니는 수단적 존재로 여겨지게 된 것이다. 바로 여기에서 인간과 만물의 분리가 시작되었고, 그로 인해 인간과 만물이 이익을 나누던 상생의 시대에서 인간이 만물을 지배하는 독점의 시대로 진입하게 되었다. 과학은 인간에게 이루 말할 수 없는 '편리'를 가져다주었지만, 반대로 인간과 만물을 단절시키는 '분리'를 초래한 것이다.

그렇다면 이러한 인식은 어떻게 생겨났을까? 인간과 만물의 관계를 단절시키고, 한쪽이 다른 쪽을 착취해도 좋다는 발상은 어떻게 해서 가능했을까? 토마스 베리는 그것을 계몽주의 시대의 '진보'(progress) 개념에서 찾고 있다.

16세기 말과 17세기 초, 프랜시스 베이컨은 또 다른 역사적 비전, 즉 자연 세계의 기능을 과학적으로 통제함으로써 지상의 문제에서만큼은 보다 나은 질서를 확립할 수 있다는 비전을 받아들였다. 이 비전을 처음으로 '진보(progress)'라는 교의로 분명히 한 것은 그다음 세기의 베르나르 퐁트넬이다. 진보라는 비전은 지난 2세기 동안의 산업 시대에 이루어졌다. 자유자본주의와 마르크시스트 사회주의는 그 차이점이 무엇이든 둘 다 산업적 진보를-오늘날 지구 전체에서 일어나고 있는 생태계 붕괴에 대해 다른 어떤 원인보다 가장 큰 원인인 산업적 진보를-이루어야 한다는 비전에 전적으로 헌신했다. 인간의 조건을 개선시키려는, 즉 '진보'하려는 그 헌신이 오히려 지구의 기본 생명 체계를 붕괴시켰다는 것은 엄청난 아니러니이다.[26]

토마스 베리의 분석에 의하면, 1600년 전후에 베이컨은 과학으로 자연을 통제할 수 있다는 비전을 갖게 되었고, 그것이 다음 세기에 '진보'(progress) 개념으로 확립되었으며, 산업화 시대에 들어서는 '산업적 진보'라는 비전으로 발달하였다. 인간의 조건을 개선시키려는 '진보' 관념은 자본주의든 사회주의든 가리지 않고 모두에게 공유되었고, 그것이 역설적으로 지구의 '퇴보'를 가져왔으며, 오늘날 지구의 생명 체계를 붕괴시키고 있다는 것이다.

여기에서 토마스 베리가 말하는 '인간의 조건'은 한나 아렌트가 '지구소외'를 언급했던 책의 제목과 동일하다. 물론 토마스 베리가 아렌트의 『인간의 조건』을 염두에 두고 쓴 말은 아니겠지만, 두 사람 사이의 문제의식의 유사성을 확인할 수 있는 대목이다. 근대과학은 인간의 조건을 향상시키기 위해 발전되었지만, 결과적으로는 인간의 조건을 파괴시키는 비극을 초래하고 말았다는 것이다. 여기에서 파괴된

26 토마스 베리 지음, 맹영선 옮김, 『지구의 꿈』, 대화문화아카데미, 2013, 15쪽. 이하 쪽수만 밝힘.

인간의 조건은 '지구시스템'을 말한다. 토마스 베리가 보기에는 '지구'야말로 인간의 삶의 궁극적인 '조건'인데, 근대인들은 이것을 망각하고 지구를 단지 수단으로 여긴 것이다.

3) 지구에 대한 새로운 이해

그렇다면 문제는 이 잘못된 '지구인식'을 어떻게 바로잡을 것인가에 달려 있을 것이다. 그리고 그 새로운 지구인식을 바탕으로 인간의 위치를 어떻게 다시 설정하고, 그것을 통해서 단절되었던 인간과 만물, 인간과 지구의 관계를 어떻게 다시 '이을' 것인가가 문제이다. 이 작업을 토마스 베리는 '위대한 과업(Great Work)'이라고 말하고 있다.

> 우리의 위대한 과업, 다시 말해서 역사적 역할이란 지구에 대한 새로운 이해에 달려 있다. (『위대한 과업』 39쪽)

여기에서 말하는 '지구에 대한 새로운 이해'는 앞에서 살펴본 『위대한 과업』의 「서문」에 나온 "어떻게 지구라는 행성에서 살게 되었는지를 이해해야 한다"고 할 때의 '지구이해'를 말하며, '위대한 과업'은 그 이해를 바탕으로 황폐화된 지구를 살리는 '실천'을 하는 것이다. 우리 식으로 말하면 일종의 '지구살림'이라고 할 수 있다.

토마스 베리는 이 지구살림이라는 위대한 과업의 첫 걸음을 '지구공동체(Earth Community)' 개념에서 시작하고 있다. 지구는 인간만이 사는 '인류공동체'가 아니라 인간과 만물이 공존하는 '지구공동체'라는 것이다. 그리고 이 지구공동체가 유지될 때에 비로소 인간공동체도 유지될 수 있다고 말한다. '지구공동체' 개념은 1988년에 출판된 토마스 베리의 『지구의 꿈』에서 제시되었다. 이 책의 제2장 제목이 '지구 공동체'인데, 그 첫머리는 다음과 같이 시작되고 있다.

우리가 태어났고 우리를 양육하고 인도하고 치유해준 행성 지구. 그러나 <u>산업에 의한 착취</u>가 이루어졌던 지난 2세기 동안 우리가 지나칠 정도로 <u>남용했던</u> 행성 지구에 마음을 쓰는 것은 중요한 일이다. (『지구의 꿈』, 29쪽)

여기에는 토마스 베리가 인간과 지구를 바라보는 기본 인식이 잘 드러나 있다. 그것은 인간이 태어나는 곳이자 인간을 길러주는 존재가 '지구'라는 것이다. 그런 의미에서 지구는 인간에게 고향과 같은 공간이자 부모와 같은 존재이다. "인도하고 치유한다"는 점에서는 스승이자 의사이기도 하다. 실제로 근대화되기 이전에는 자연을 '스승'으로 삼고 자연에서 위안을 얻는 자연관이 일반적이었다. 동아시아의 '천도(天道)' 개념도 천(天)을 도(道), 즉 '삶의 지침'으로 삼는다는 생각의 표명이다(여기에서 천(天)은 넓게는 '우주' 전체를, 좁게는 '지구'로 이해할 수 있다).

"우리가 태어났고 자란 곳이 지구다"는 토마스 베리의 지구인식은 인간존재를 철저하게 '생태적'으로 바라보는 관점에서 기인한다. 그는 인간을 이해하는데 있어서, 다른 존재와의 '다름'이 아니라 '같음'에 주목하고 있다. 인간은 지구에서 나서 지구에서 자란다는 점에 있어서는 다른 존재와 차이가 없다. 마치 '학교'에는 선생과 학생, 선배와 후배 사이에 '차이'는 있지만, 학교라는 공간에서 생활한다는 점에서는 '같은' 것과 비슷하다. 그런데 학교가 없으면 학생도 없고 선생도 없다. 학교는 학생과 선생을 만나게 해주는 하나의 '장'이기 때문이다. 학생과 선생은, 그것이 유형이 되었든 무형이 되었든, 학교라는 사회 안에서 서로 가르치고 배우는 활동을 주고받는다. 학교를 하나의 '학문공동체'라고 부르는 이유도 여기에 있다. 마찬가지로 토마스 베리는 인간과 만물은 '지구'라는 공동체 안에서 생장(生長)하고 있다고 본다. 그런 의미에서 지구는 하나의 '생태공동체'에 다름 아니고, 인간과 만물은 지구라는 생태공동체 안에서 살아가는 지구의 구성원이다.

> 인간이든 인간이 아니든 모든 것은 지구의 구성원들이며, 실상 그들을 아우르는 단 하나의 통합된 지구공동체가 있을 뿐이다. 지구공동체 안에서 모든 존재는 자신의 역할, 존엄성, 자생성(自生性)을 갖고 있다. 모든 존재는 그 자신의 목소리를 지닌다. (『위대한 과업』 17쪽)

여기에서 '지구의 구성원들'을 다른 말로 하면 '지구적 존재(global

entity)'라고 할 수 있을 것이다. 그리고 '지구적 존재로서의 인간'은 '지구인'이라고 명명될 수 있다. 토마스 베리에 의하면, 지구적 존재는 지구 안에서 각자의 역할이 있고, 자신의 소리를 내고 있으며, 그 자체로 존엄하다. 여기에는 어떠한 위계도 없고, 인간과 만물이 각자의 고유한 '역할'을 수행하고 있다. 지구(Earth)는 이들의 조화로 이루어진 '우주(cosmos)'이다.

실제로 진화론자로 알려져 있는 찰스 다윈(1809~1882)에 의하면, 인간에게는 하찮은 존재로 보이는 '지렁이'조차도 지구의 당당한 구성원으로 간주되어야 한다. 지렁이는 자신의 고유한 활동에 의해 '분변토'라는 옥토를 형성함으로써 지구공동체의 일원으로 참여하고 있기 때문이다. 신유물론자인 제인 베넷(Jane Bennett, 1957~)은 찰스 다윈의 연구를 소개하면서 지구의 역사에서 지렁이의 역할을 다음과 같이 평가하고 있다.

다윈은 매우 많은 영국의 지렁이를 아주 오랫동안 관찰했다. (…) 가장 많이 관찰한 것은 그들이 표토나 '분변토'를 만드는 방식이었다. 지렁이들은 '지표의 물질'을 소화시킨 이후에 그들의 은신처 입구에 배설물을 쌓아올리고, 그 결과 지면에 분변토의 새로운 층을 계속하여 형성하게 된다. (…) 그런데 다윈이 『지렁이의 활동과 분변토의 형성』(1881)에서 마지막으로 내놓은 주장은 생물이나 농경이 아니라 역사에 관한 것이었다. "지렁이들은 대다수의 사람들이 생각했던 것보다 세계 역사에서 중요한 역할을 수행해왔다."[27]

지렁이는 어떻게 역사를 만들어냈는가? 그들은 분변토를 형성했고, 이는 "모든 종류의 싹의 생육"을 가능하게 했으며, 이것은 다시 인간에게 호의적인 지구 환경을 만들 수 있게 했고, 이는 인간의 역사에서 나타났던 문화적 인공물, 의식, 계획, 여러 노력을 가능하게 했다.[28] 지렁이들은 인간이 만들어낸 인공물을 보존하여 '역사를 만들기도' 했다. 지렁이들은 "지면에 떨어진 모든 물건을 분변토 밑에 파묻힘으로써 한없이 긴 시간에 걸쳐 그것을 부패되지 않게" 보호해주었고, 이는 "고고학자가 지렁이에게 감사를 표해야만 하는" 지렁이들의 서비스였다.[29] 다윈은 지렁이가 사람들과 함께 여러 작업을 수행하며 인간 문화를 개시했으며, 사람과 지렁이가 함께 만들어온 것들을 보존하는데 도움을 주었다고 주장했다.[30]

이에 의하면 지렁이는 지구상에서 '분변토의 형성'이라는 자신의 고유한 '역할'을 수행하고 있고, 그것을 통해서 "모든 종류의 싹의 생육"

---

27 찰스 다윈 지음, 최훈근 옮김, 『지렁이의 활동과 분변토의 형성』, "7. 결론", 지식을만드는지식, 2014, 275쪽.
28 『지렁이의 활동과 분변토의 형성』, 277~278쪽.
29 『지렁이의 활동과 분변토의 형성』, 277~278쪽.
30 제인 베넷 지음, 문성재 옮김, 『생동하는 물질』, 현실문화, 2020, 239~240쪽.

을 가능하게 해 준다. 그런 점에서 지렁이는 지구공동체의 일원이자, 다른 생물에게 '은혜로운' 존재라고 할 수 있다. 뿐만 아니라 지렁이가 생성한 분변토는 인간이 문화 활동을 할 수 있는 호의적인 지구환경을 만들어 준다. 그런 의미에서 지렁이는 인간이 '역사'를 만드는데 '함께' 참여하고 있다고 할 수 있고, 인간은 이 점에서 지렁이에게 '감사'해야 한다는 것이다.

인간의 역사를 보는 이러한 관점은, 최근의 역사학 개념으로 말하면, '지구사(global history)'적 관점이라고 할 수 있다. 종래의 '세계사(world history)'가 역사의 주체를 '인간'에 한정시키고 인간과 국가를 중심으로 역사를 서술했다면, 21세기에 대두되고 있는 '지구사'는 인간을 둘러싼 '환경'까지도 역사학의 대상에 포함시키는 '확장된' 역사학이기 때문이다.[31] 따라서 지렁이를 역사의 주체로 인정한 다윈의 관점은 지구사적 관점에 해당한다.

4) 천인(天人)관계의 회복

지렁이를 고마운 존재로 인식해야 한다는 생각은 1916년에 한반도

---

31 대표적인 지구사 연구자인 조지형은 지구사의 한 분야로 인간과 자연의 영향 관계를 탐구하는 '생태사' 또는 '환경사'를 들고 있다. 조지형, 「지구사란 무엇인가?」, 『서양사론』 92, 2007, 312~313쪽.

에서 탄생한 원불교의 '은(恩)사상'을 연상시킨다. 원불교의 사은(四恩) 교리는 천지와 만물을 인간생존에 없어서는 안 되는 '은혜'로운 존재로 보고 있다는 점에서 "고고학자는 지렁이에게 '감사'해야 한다"는 다윈의 관점과 상통하고 있다. 여기에서 고고학자와 지렁이를 인간 전체와 만물의 차원으로 확장하면 원불교의 '은사상'이 된다.

이처럼 인간 이외의 존재가 인간에게 고마운 존재가 될 수 있는 것은 지구공동체 안에서는 인간과 만물이 단절되어 있는 것이 아니라 서로 연결되어 있기 때문이다. 마치 지렁이와 흙, 식물의 싹과 인간이 서로 어우러져 지구라는 하나의 '통일체'를 이루는 것과 같다. 이들은 한쪽이 다른 쪽을 '착취'하는 '지배-피지배'의 관계가 아니라 지구라는 한 집안 안에서 '공생'하는 '친척관계'에 있다.

> 모든 것은 우주의 일부이며, 전체로서의 통일체를 형성하기 위해 서로 연결되어 있다. (『위대한 과업』 32쪽)

> 지구는 지금보다 인간과 더 친밀한 존재였다. 동물과 인간은 친척관계였다. (『위대한 과업』 40쪽)

여기에서 우리는 토마스 베리가 '지구공동체' 개념을 제창한 의도가 '관계의 회복'에 있음을 엿볼 수 있다. 근대 학문에 의해 끊어졌던 인간과 만물, 인간과 자연, 인간과 지구, 인간과 우주의 관계를 다시 '연결하는' 것이야말로 지구를 살릴 수 있는 근본적 처방이라고 생각했기 때문이다. 그리고 이러한 우주적 '연결성'과 '신성성'을 자각한 삶이 바로 종교적 삶이다. 토마스 베리에 의하면, '종교'라는 말의 어원은 '근원으로 돌아간다'인데, 여기에서 '근원'은 '우주'를 가리킨다. 따라서 종교적 삶이란 '우주와 함께 하는 삶'을 말하고, 우주와 함께하는 삶은 내가 나 이외의 존재와의 긴밀한 연쇄 속에서 존재한다는 사실을 깨닫고, 그것을 삶 속에서 실천하는 삶이다.

인간의 모든 직업은 우주와 그 작동 양식이 표현이 되어야 합니다. 이 점은 종교에서 특히 사실입니다. 이는 종교(religion)와 우주(universe)라는 용어가 그 의미에서 비슷하기 때문입니다. 둘 다 라틴어에서 나왔으며, 둘 다 원초적인 하나 됨(unity)의 상태로 되돌아감을 뜻합니다. 종교, 곧 레-리가레(re-ligare)는 "근원으로 돌아감"을 뜻하며, 우주 곧 우니-베르사(uni-versa) 역시 "많은 것이 하나로 돌아감"을 뜻합니다. 이전 사람들은 이 점을 이해했던 것 같습니다. 그들은 우주의 연쇄성과의 관계 속에서 타당성을 확보하는 행동 양태를 따라 살아갔습니다. 그들은 우주의 언약(the Covenant of Universe), 곧 우주의 각 구성인자들이 다른 구성인자들과의 긴밀한 상호관계 속에서 그 자체를 경험하는 존재론적인 언약 가운데 살았습니다. 그들은 자신들의 <u>우주의식(universe-consciousness)</u> 안에서 스스로에 대한 의식을 끊임없이 촉발시켰습니다. 상대방이 없이는 자기 자신 역시 의미를 갖지 못했습니다.[32]

여기에서 '하나로 돌아간다'는 것은, 동학으로 말하면 '동귀일체(同歸一體)'라고 할 수 있는데, 그 의미는 "어느 한 존재로 수렴된다"기보다는 "우주공동체로 돌아간다"는 뜻으로 이해될 수 있다. 즉 "만물이 긴밀한 상호연관 속에서 하나의 통일체를 이루는 것이 우주의 본래 모습"이고, 그 실상(實相)으로 "다시 돌아가는" 것이 종교적 삶이자 우주적 삶이라는 것이다.

동학을 창시한 최제우가 '동귀일체'로 돌아간 시대를 '다시개벽'이라고 하였듯이, 토마스 베리는 "하나로 돌아간 시대"를 '생태대(Ecozoic Era)'라고 명명하고 있다. 그리고 생태대로의 전환이야말로 인류가 살아남을 수 있는 '위대한 과업'이라고 웅변하고 있다.

지금과는 전혀 다른 미래에 대한 비전을 가져야만 우리는 지구에서 살아남을 수 있다. 이와 같은 황홀한 비전을 '생태대(Ecozoic Era)'라는

---

32 토마스 베리 지음, 박만 옮김,『황혼의 사색 : 성스러운 공동체인 지구에 대한 성찰』, 한국기독교연구소, 2016, 130~131쪽; 허남진, 「지구위험시대의 지구종교학-토마스 베리의 지구학을 중심으로」, 2020년 11월 28일 한국종교학회 한국종교분과 "지구위험시대의 한국적 영성과 지구적 치유" 발표문 참조.

시대로 제안한다. 이 시대는 <u>인간이 지구와 상호 유익한 존재가 되는</u>
<u>기간</u>이다. (『위대한 과업』, 10쪽)

인간과 지구가 상호 유익했던 이전 시대로 <u>가치 전환</u>을 하는 것이
우리가 해야 할 <u>위대한 과업</u>이다. (『위대한 과업』, 15쪽)

여기에서 토마스 베리가 말하는 "지금과는 전혀 다른 미래"는 동학
으로 말하면 '다시개벽'과 '후천개벽'의 시대다. 그리고 "인간과 지구가
상호 유익했던 시대"는 천도교의 개념을 원용하면 '천인공화(天人共和)
의 시대'에 해당한다. 바로 여기에 토마스 베리와 동학사상의 접점이
존재한다. 그 중에서도 특히 해월 최시형의 사상은 만물까지도 하늘
처럼 공경하라는 경물(敬物)을 말하고 있다는 점에서 생태철학적 성격
이 농후하고, "하늘과 사람이 서로 함께 하는" 천인상여(天人相與)를 말
하고 있다는 점에서 토마스 베리의 생태대 개념과 유사하다. 그래서
이하에서는 해월 최시형의 개벽사상을 생태문명론의 관점에서 고찰
하고, 그것을 토마스 베리의 지구인문학과 비교해 보고자 한다.

4. 해월 최시형의 생태문명론

1) 다나카 쇼조의 도덕문명론

최시형이 살았던 19세기말의 한국사회는 아직 산업화가 본격적으로 진행되기 이전 시기였다. 그러나 서구열강과 일본을 통해 근대 기술문명이 조금씩 소개되는 시대이기도 했다. 이 점은 그의 『법설』에 나오는 '물질발명'이나 '물질개벽'이라는 표현으로부터 확인할 수 있다 (이 개념에 대해서는 후술). '물질'이라는 개념 자체가 서양어의 번역어일 뿐만 아니라, 그것이 '발명'되고 '개벽'되었다는 표현은 종래와는 전혀 다른 차원의 '문물'을 접했음을 말해주고 있다. 실제로 최시형은 동학 농민혁명을 통해 일본군의 신식무기를 경험했을 것이고, 그것의 위력을 실감했을 것이다.

한편 이 시기는 '서세동점'이라는 말로부터 알 수 있듯이, 서구열강이 선진기술을 앞세워서 아시아에 진출한 시기이기도 하다. 특히 동학이 창시된 1860년은 영불연합군에 의해 북경이 함락된 해로, 조선인들에게 커다란 위기의식을 불러일으키는 계기가 되었다. 이러한 위기의식은 수운 최제우의 『동경대전』에 나오는 '순망지탄(脣亡之歎)'이라는 말에도 보이고 있는데(「포덕문」), 그의 동학은 이러한 외부적 '위험'에 대한 사상적 대응의 일환으로 나온 "보국안민의 계책"이었다(『동경대전』「포덕문」). 실제로 동학농민혁명의 제2차 봉기의 구호는 "척왜

양창의(斥倭洋倡義)"였고, 이것을 오늘날의 역사학자들은 '반외세'라고 표현하고 있다.

그러나 동학을 사상적 차원에서 좀 더 깊게 들여다보면, 단순히 외세에 대한 '항거'나 정치적 '혁명'의 수준에 머물러 있었던 것만은 아님을 알 수 있다. 동학이 표방한 '개벽'은 보다 큰 '문명전환'의 차원을 말하기 때문이다. 무엇보다도 '개벽'이라는 말 자체가 '시대의 전환'이라는 메시지를 담고 있다. 이러한 점에서 개벽을 표방한 동학을 '한국적 근대'라고 부르기도 한다.[33] 'modern'의 번역어로서의 '근대'에는 '새로운 시대'라는 의미가 담겨 있기 때문이다. 다만 여기에서 주의할 점은, 이때의 '근대'가 서구 유럽이 추구한 '근대'와 반드시 일치하지는 않았다는 점이다. 동학농민혁명이 '척왜양'을 외쳤다면, 오히려 동학이 지향한 근대는 그것과는 반대의 성격을 지니고 있었으리라는 점은 쉽게 짐작할 수 있다.

이 점에 대해서는 일본 최초의 환경운동가로 알려진 다나카 쇼조 (1841~1913)의 동학 평가를 참조할 필요가 있다. 동학농민혁명과 동시대를 살았던 그는 1896년에 쓴 「조선잡기(朝鮮雜記)」라는 글에서 동학을 '문명적'이라고 평가하였다. 당시 일본에서는 '탈아입구'를 주창한 후쿠자와 유키치(福澤諭吉, 1835~1901)의 『문명론 개략』(1875)으로부터 알 수 있듯이, '문명적'이라고 하면 기본적으로 '서구문명'을 가리킨다.

---

33 가령, 조성환, 『한국 근대의 탄생-개화에서 개벽으로』, 모시는사람들, 2018.

그런데 다나카 쇼조는 서구가 아닌 동학에 대해서 '문명적'이라고 한 것이다. 이것은 무엇을 의미하는가? 먼저 그의 동학 평가를 들어보자.

> 동학당은 문명적이다. 12개조의 군율은 덕의를 지키는 것이 엄격하다. 인민의 재물을 빼앗지 않고, 부녀자를 욕보이지 않으며, 병참부대의 물자는 군수나 관아에 의지하지 않고, 병력으로 권력을 빼앗아 재물을 취하되 그 땅을 다스리는 것이 공평하다. 만약에 군율을 어기는 자가 있으면 곧바로 총살한다.[34]

이에 의하면 다나카 쇼조가 말한 '문명적'이란, "덕의를 엄격하게 지킨다"는 표현으로부터 알 수 있듯이, '도덕적'을 의미한다. 여기에서 '도덕적'은 전쟁에 임하면서도 인민에게 피해를 주지 않고 공공성을 유지하려는 태도를 말한다. 당시에 국내외의 모든 지식인들이 동학을 '폭도'나 '난'으로 규정한 것과는 대단히 상반되는 평가이다. 흥미롭게도 동학농민군에 대한 이러한 평가는 동시대의 한 유학자가 본 동학군의 모습과 일치하고 있다. 매천 황현은 『오하기문』에서 동학군과 관군의 모습을 다음과 같이 비교하고 있다.

---

34 조성환 기록·정리, 「동학사상과 한국의 근대 다시보기-다나카 쇼조의 동학 평가를 중심으로」, 『개벽신문』 제66호, 2017년 8월(https://brunch.co.kr/@sichunju/141). 「조선잡기」의 번역은 야규 마코토.

[1894년 3월 3일] (도적들은=동학군은) 일반 백성에게는 먹을 것이나 짚신 같은 것을 달라고 했을 뿐 부녀자를 겁탈하거나 재물을 약탈하는 짓은 하지 않았다. 그래서 이들을 추종하는 자들이 날로 늘어났고, 도적의 기세는 갈수록 거세졌다.[35]

도적은[=동학군은] 감영과 고을의 관청에 이미 쌓이고 쌓인 원한이 있는 데다, 또 관군의 횡포에 대한 증오까지 겹쳐 관군이 하는 짓과는 반대로 하는데 주력했다. 주변의 주민에게 폐를 끼치는 행위를 금지하는 명령을 내려 조금도 피해를 입히지 않았다. 심지어 행군하다가 주변에 스러진 보리를 일으켜 세워 놓고 갔다. 이때 관군과 도적 양쪽은 모두 양식을 가지고 다니지 않았다. 오로지 민간에서 먹을 것을 구했는데, 강제로 할당한 뒤 갖다 바치게 하였다. 도적의 진영에는 음식 광주리가 끊이지 않았지만 관군은 굶주린 기색이 뚜렷했다.[36]

여기에서 황현은 도덕성을 중시하는 동학군의 모습을 폭력적인 관군의 행태와 대비시키고 있는데, 다나카 쇼조와 차이가 있다면 동학군을 '도적'으로 보고 있다는 점이다. 황현이 동학군을 도적으로 본 이

---

35 황현 저, 김종익 역, 『오동나무 아래에서 역사를 기록하다-황현이 본 동학농민전쟁』, 역사비평, 2016, 129쪽.
36 위의 책, 139쪽.

유는 그가 유학자이기 때문이다. 유학의 특징은 유학만이 '문명적'이고, 나머지는 '이단적'이거나 '야만적'이라고 본다는 점에 있다. 하지만 황현이 보기에 동학군은 단순한 도덕이 아니라 도덕을 지키는 도적이다. 그래서 그의 눈에 비친 동학군은 '도덕적 도적', 달리 말하면 '道賊(도적)'인 셈이다.

그렇다면 동학군을 '문명적'이라고 평가한 다나카 쇼조 또한 일본군을 염두에 두었다고 볼 수 있지 않을까? 왜냐하면 당시의 일본군은 신식무기를 앞세워서 동학군을 상대로 무자비한 제노사이드 작전을 감행하였기 때문이다. 그래서 "동학군이 문명적"이라는 찬탄의 이면에는, 마치 황현이 정부군을 동학군과 비교하면서 비판했듯이, 일본군의 야만성에 대한 간접적인 비난이 깔려있었을 것이다.

실제로 다나카 쇼조는 말기에 가면 일본의 근대문명에 대한 직접적인 비판을 가하고 있다. "참된 문명은 산을 황폐하게 하지 않고, 강을 더럽히지 않고, 마을을 부수지 않고, 사람을 죽이지 아니한다"는 생태문명론이 그것이다. 이 문명론은 광산에서 나오는 오염물질로 인해 농민과 자연이 생명을 잃어가는 모습을 목격하는 과정에서 나온 것이다. 마치 정부군과 일본군이 '정의'를 자처하면서 동학군에 폭력을 가했듯이, 당시 일본이 추진하는 근대화는 '문명'이라는 이름으로 저지른 '야만'에 다름 아니라는 것이다.

지금까지 살펴본 다나카 쇼조의 문명론은 두 가지 의미를 담고 있다. 하나는 도덕적인 문명 개념이고, 다른 하나는 생태적인 문명 개념이다. 오니시 히데나오의 다나카 쇼조 연구에 의하면, 다나카 쇼조의 생태문명 개념은 후기에 나왔다고 한다.[37] 그렇다면 그의 문명 개념은 전자에서 후자로 확장되어 갔음을 알 수 있다. 하지만 두 문명 개념 사이에는 공통점이 있다. 그것은 폭력에 반대한다는 점이다. "문명적"인 동학군은 백성에게 폭력을 가하지 않았고, "참된 문명"은 자연에 폭력을 가하지 않는다. 전자는 동학농민혁명의 슬로건인 제폭구민(除暴救民), 즉 "폭력을 제거하여 백성을 구제하자"와 상통하고, 후자는 최시형의 "만물을 공경하라"는 경물(敬物) 사상을 연상시킨다.

바로 여기에 다나카 쇼조와 최시형 사이의 사상적 접점이 존재한다. 비록 다나카 쇼조는 동학군의 '제폭구민'적 측면만을 높게 평가하고 있지만, 최시형의 동학사상에는 다나카 쇼조가 만년에 지향했던 생태사상도 중요한 위치를 차지하고 있다. 이 점은 100여 년 뒤에 탄생한 '한살림운동'이 최시형의 사상을 토대로 하고 있다는 사실로부터도 확인할 수 있다. 다만 최시형은 19세기 사상가이니만큼, '문명' 개념보다는 '도덕'이라는 말을 주로 사용하였을 뿐이다.

37　오니시 히데나오, 「다나카 쇼조(田中正造)와 최제우(崔濟愚)의 비교연구 : 공공철학 관점을 중심으로」, 원광대학교 원불교학과 박사학위논문, 2018.

2) 최시형에서의 도덕의 확장

제자백가 이래로 동아시아에서 '도덕'이라고 하면 기본적으로 천지의 도덕을 가리킨다. 노자는 『도덕경』에서 "도는 만물을 낳고(道生之) 덕은 만물을 기른다(德畜之)"고 했는데, 여기에서 '도덕'은 천지가 만물을 낳고 기르는 작용을 말한다. 해월이 사용하는 '도덕' 개념 역시 마찬가지다. 차이가 있다면 해월의 도덕 개념에는 '생태적' 의미가 강화되고 있다는 점이다. 그런 의미에서는 다나카 쇼조가 말년에 말한 '문명' 개념과 거의 동의어라고 보아도 무방하다. 그럼 먼저 해월의 '도덕' 개념에 대해서 살펴보기로 하자.

손병희가 물었다: "전란을 당하면 각국이 서로 병기를 가지고 승부를 겨룰 것이니, 이때를 당하여 우리 도인(道人)은 두 나라가 싸우는 사이에서 어떤 선심(善心)으로 이길 수 있습니까?"

신사(=해월)가 대답하였다: "전쟁은 단지 병기만 가지고 이기는 경우는 없다. 병전(兵戰)을 능가하는 것은 책전(策戰)이니, 계책이 지극히 큰 것이다. 서양의 무기는 세상 사람이 견주어 대적할 자가 없다고 하는데, 무기는 살인의 기계를 말하는 것이요(武器謂之殺人器), 도덕은 활인의 기틀을 말하는 것이니(道德謂之活人機), 그대들은 이때를 당하여 수도(修道)를 지극한 정성으로 하는 게 옳다. 큰 전쟁 뒤에는 반드시 큰 평화가 있으니, 전쟁이란 평화의 근본이다. 뜻은 동방에 있고 기계는 서방에 있느니라.

　여기에서 해월은 서양의 '무기'를 동방의 '도덕'과 대비시키면서, 무기가 전쟁에서 사람을 죽이는 '살인' 도구인데 반해, 도덕은 수도(修道)를 통해 사람을 살리는 '활인'의 기틀이고, 그것이 전쟁 후의 평화를 준비하는 길이라고 말하고 있다. 여기에서 '수도'는, 『중용』에서 "수도지위교(修道之謂敎)"라고 할 때의 그 '수도'로, 직역하면 "도를 닦다"는 뜻이다. 전문 용어로 하면 '수양'에 해당한다. 그리고 '덕'은, 『도덕경』에서 "덕축지(德畜之)"라고 하였듯이, 도를 닦은 결과 내 몸에 쌓인 내공을 말한다.

　도덕이 수양의 다른 말이라고 한다면, '무기'는 기술과 상통하는 개념이다. 수양이 인간을 욕망에서 해방시키고자 하는 노력이라면, 무기는 인간을 무력으로 지배하고자 하는 수단이다. 실제로 해월 이후에 조선은 일본의 식민지 지배를 받게 되는데, 이것은 로런스의 『묵시록』에는 나오지 않는 근대 문명의 또 다른 문제이다. 즉 해월시대의 조선에서는 산업문명에 의한 '고독'의 문제보다는 제국주의에 의한 '폭력'의 문제가 가장 시급한 과제였다. 이상의 해석을 바탕으로 위의 해월의 말을 정리하면 다음과 같다.

지역	수단	방법	사건	목적	결과
서양	무기	기술	전쟁	살인	지배
동방	도덕	수양	평화	활인	해방

그렇다면 해월에게 있어서 '도덕'이란 무엇을 말하는 것일까? 그것은 유학에서 강조하는 삼강오륜인가? 아니면 노자가 설파한 무위자연인가? 동학적 도덕이란 구체적으로 어떤 도덕을 말하는 걸까? 최시형의 설법을 모아놓은 『해월신사법설』에는 위의 용례 이외에도 모두 다섯 차례에 걸쳐 '도덕' 개념이 나온다. 그 중에서 동학적인 특징을 보여주는 용례 하나를 소개하면 다음과 같다.

셋째는 경물(敬物)이니 사람은 사람을 공경함으로써 도덕의 극치가 되지 못하고, 나아가서 물(物)을 공경함에까지 이르러야 천지기화(天地氣化)의 덕(德)에 합일될 수 있나니라. (「삼경(三敬)」)

이곳은 "경천(敬天)·경인(敬人)·경물(敬物)"의 삼경(三敬) 사상을 설파하는 대목인데, 여기에서 해월은 맨 마지막의 경물(敬物)이야말로 "도덕의 최고 단계"라고 말하고 있다. 인간 이외의 존재까지도 공경할 줄 알아야 천지기화의 덕에 합치될 수 있고, 그런 경지에 이르러야 비로소 도덕이 완성되었다고 할 수 있다는 것이다. 여기에서는 앞에서 소개한 도덕 개념과는 차원이 다른 도덕 개념이 전개되고 있다. 앞에서는 인간의 영역에서만 도덕을 논했는데, 여기에서는 만물의 차원에서 도덕을 말하고 있기 때문이다. 그런 의미에서 '활인도덕'에 대해서 '활물도덕(活物道德)'이라고 할 수 있을 것이다. 아울러 도덕의 영역을 인간에서 만물로 확장시키고 있다는 점에서는 다나카 쇼조가 추구한 생태문명과도 상통하고 있다.

그렇다면 해월은 왜 만물까지도 공경해야 한다고 말하는 것일까? 여기에는 그의 독특한 천지론이 깔려 있는데, "천지가 부모이다"는 천지부모 사상이 그것이다. 흥미롭게도 그의 천지부모 개념은 토마스 베리가 주창한 지구공동체 개념과도 상통한다. 바로 이 점이 해월의 사상이 지구인문학적으로 해석될 수 있는 부분이기도 하다. 그럼 먼저 해월의 천지부모 사상에 대해서 살펴보기로 하자.

천지는 곧 부모요 부모는 곧 천지니, 천지부모는 일체이다. 부모의 포태가 곧 천지의 포태이니, 지금 사람들은 다만 부모 포태의 이치만 알고 천지포태의 이치와 기운을 알지 못한다. 하늘과 땅이 덮어주고 실어주니 덕이 아니고 무엇이겠는가? 해와 달이 비쳐주니 은혜가 아니고 무엇이겠는가? (…) 천지는 만물의 부모이기 때문에 경전에 이르기를 "님(主)이란 존칭으로 부모와 함께 섬긴다는 것이다"고 하였다. (…) "존칭하여 부모와 함께 섬긴다"는 것은 앞 성인이 밝히지 못한 일이요 수운 대선생님께서 처음으로 창조한 대도이다. (…) 천지가 부모인 이치를 알지 못한 것이 오만 년이나 되었으니, 천지가 부모인 것을 알지 못하면 억조창생이 누가 부모에게 효도하고 봉양하는 도로써 천지를 공경스럽게 받들겠는가! (『해월신사법설』「천지부모」)

여기에서 해월은 천지가 만물을 길러주기 때문에 만물의 부모에 다름 아니고, 따라서 천지를 친부모처럼 섬겨야 한다고 주장하고 있다. 아울러 이러한 사상은 동학의 창시자인 수운 최제우가 오만 년 만에 처음 밝혔다고 덧붙이고 있다. 그런 의미에서 해월이 보기에 수운은 새로운 도덕 개념을 제시한 장본인이다. 그 도덕은 인간을 넘어선 지구, 더 나아가서는 우주를 '부모'로 모셔야 한다는 새로운 '효' 도덕이다. 그런 점에서는 수운이 현대적인 '지구윤리'를 제창했다고 할 수 있는데, 사실 수운의 『동경대전』이나 『용담유사』에는 '천지부모' 사상은 찾아보기 어렵다. 이 문헌들의 기저에 흐르는 사상은 시천주(侍天主)이기 때문이다. 따라서 천지부모론은 수운에 대한 해월의 독창적인 해석이라고 보아도 무방하다.

여기에서 우리는 해월이 '도덕의 전환'을 기준으로 선천과 후천을 나누고 있음을 엿볼 수 있다. 즉 '부모' 개념이 인간에서 천지로 확장된 것이 후천개벽의 시작이라는 것이다. 토마스 베리 식으로 말하면 지구공동체에 대한 자각이 후천의 출발이 되는 셈이다.

3) 물질문명시대의 생태적 전환

해월의 천지부모론은 종래의 천지에 대한 관점을 '생성'에서 '생태'로 전환시켰다. 가령 신유학에서도 천지를 생성의 관점에서 바라보아 "천지에는 만물을 낳는 마음"이 있고, 그것을 '인(仁)'이라고 했는데, 그렇다고 해서 신유학에서 천지를 부모로 모셔야 한다는 천지부모론을 설파하는 것은 아니다.[38] 천지의 리에 따르는 천인합일의 경지에 도달해야 한다고 말하고 있을 뿐이다. 뿐만 아니라 성리학에서는 '윤리'(오륜)를 기준으로 인간과 만물의 차등을 설정하고 있다. 즉 생성의 원리인 '인(仁)'은 기질이 맑은 인간이 가장 많이 발현할 수 있고, 그래서 인간이 금수보다 우월하다는 것이다.

반면에 해월은 마치 홍대용이 그러했듯이, 유학에서와 같은 존재론적 차등을 설정하지 않는다. 천지부모론에 입각해서 인간과 만물을 다 같은 '동포'로 간주하고 있다.[39] 그리고 그것을, 수운의 시천주 개념을 빌려와서, 만물도 하늘님을 모시고 있다는 '만물시천주'로 표현하였다(『해월신사법설』「대인접물」). 수운이 인간과 인간 사이의 차별을 철

---

38 참고로 황종원은 유학에서도 천지를 부모로 여기라는 생각이 없는 것은 아니지만 차별애적인 관념으로 인해 부모사랑만을 강조했고, 해월의 천지부모론은 바로 이 점을 비판한 것이라고 보고 있다. 황종원, 「최시형의 생태학적 사유와 평화」, 『유교사상문화연구』 74, 2018, 66~67쪽.
39 "人吾同胞, 物吾同胞." (『해월신사법설』「삼경」).

폐하였다면, 해월은 인간과 만물 사이의 차별까지도 철폐한 것이다. 그래서 인간과 만물은, 토마스 베리 식으로 말하면, 다 같이 지구라는 '생태계'에서 살고 있는 하나의 구성원일 뿐이다. 이러한 생각은 그의 '기화론(氣化論)'을 보면 더욱 선명하게 드러난다.

내 항상 말할 때에 물물천(物物天)이요 사사천(事事天)이라 하였나니, 만약 이 이치를 시인한다면 물물(物物)이 다 이천식천(以天食天) 아님이 없을지니, 이천식천은 어찌 생각하면 이치(理)에 부합하지 않는 것 같지만, 이것은 인심의 편견으로 보는 말이요, 만일 하늘 전체로 보면 하늘이 하늘 전체를 키우기 위해 동질(同質)이 된 자는 상호부조(相互扶助)로써 서로 기화(氣化)를 이루게 하고, 이질(異質)이 된 자는 이천식천으로써 서로 기화(氣化)를 통하게 하는 것이니, 하늘은 일면에서 동질적 기화로 종속을 기르게(養) 하고, 일면에서 이질적 기화로 종속과 종속의 연대적 성장발전을 도모하는 것이니, 총괄해서 말하면 이천식천은 하늘의 기화작용으로 볼 수 있는데, 대신사(=수운)께서 시(侍) 자를 해설할 때에 "내유신령(內有神靈)"이라 한 것은 하늘을 말하는 것이고, 외유기화(外有氣化)라 한 것은 이천식천을 말한 것이니, 지묘한 천지의 묘법이 도무지 기화(氣化)에 있느니라. (『해월신사법설』「이천식천(以天食天)」)

여기에서 '이천식천'이란 "하늘이 하늘을 먹는다"는 뜻으로, 해월의 하늘철학과 밥사상이 응축되어 있는 표현이다. 해월에 의하면 우리가 무언가를 먹는다는 행위는 그 음식에 들어 있는 하늘님, 즉 생명력이 나에게로 이동하는 사건에 다름 아니다. 이것을 해월은 전통적인 개념을 빌려와 '기화(氣化)', 즉 "생명력의 전화"라고 표현하고 있다. 그래서 하늘이 하늘을 먹는 것은 서로 다른 종 사이의 기화, 즉 '이질적 기화'에 속한다. 반면에 같은 종끼리는, 가령 부모가 자식을 기르고 선생이 학생을 기르듯이, 하늘이 하늘을 길러주는 이천양천(以天養天)이 진행된다. 기화로 말하면 '동질적 기화'에 속한다. 그래서 이 우주는 끊임없는 기화 작용의 연속에 다름 아니다. 기화의 세계에서는 서로가 서로에게 의존해 있으면서 서로가 서로를 이롭게 해준다.

그런데 해월의 시대로 접어들면 새로운 문제 상황이 대두되는데, 그것이 바로 이 장의 서두에서 소개한 '물질발명'이다. 당시의 서세동점은 물질문명이라는 새로운 문명의 유입을 의미하였다. 이에 대해 해월은 새로운 도덕이 요구되는 시대라고 하면서, 최제우가 말한 '개벽'의 의미를 다음과 같이 해석하고 있다.

대신사(=수운)께서 늘 말씀하시기를, 이 세상은 요순공맹의 덕이라도 부족언(不足言)이라 하셨으니, 이는 지금이 후천개벽임을 말하는 것이다. 선천은 물질개벽이요 후천은 인심개벽이니, 장래 물질발명이 극에 달하고 모든 것이 전례없이 발달을 이룰 것이니, 이때에 도심은 더욱 쇠약하고 인심은 더욱 위태할 것이며, 더구나 인심을 인도하는 선천도덕이 때에 순응치 못할 것이다. 그러므로 하늘의 신령한 변화 중에 일대 개벽의 운이 회복 되었으니, 우리 도의 포덕천하와 광제창생은 하늘이 명하신 바이니라. (『해월신사법설』「기타」)

여기에서 처음으로 '후천개벽' 개념이 등장하고 있다. 그런데 해월의 후천개벽론은 도덕론과 맞물려 나오고 있다. 즉 새로운 물질발달 시대에 대응할 수 있는 새로운 도덕, 달리 말하면 '후천도덕'이 요청되는 시대가 후천개벽의 시대라는 것이다. 토마스 베리 식으로 말하면, 산업문명의 폐해를 극복할 수 있는 대안으로 '신도덕'이 필요하다는 것이다.

그렇다면 여기에서 우리는 하나의 가설을 세워볼 수 있을 것이다. 해월이 앞서 설파한 천지부모, 만물동포, 기화사상 등이 바로 후천도덕의 덕목이고, 그것은 인간과 자연의 관계를 생태적 차원에서 다시 정립하는 것이며, 그것을 바탕으로 천지만물의 영역으로 도덕을 확장하는 지구윤리를 수립하는 것이 해월이 지향한 생태문명이라고 -. 그리고 이러한 생태문명론은 다나카 쇼조의 참문명론과 토마스 베리의 지구공동체론과 상통하고 있으며, 해월의 경우에는 '모심'과 '공경'이라는 천지도덕 또는 지구윤리를 강조하고 있다는 점이 특징적이라고 -.

이처럼 해월의 동학사상에는 인간중심적인 유학사상의 극복과 기술중심적인 물질문명에 대한 경계라는 두 가지 차원이 모두 들어 있다. 그리고 그것을 새로운 '도덕' 개념으로 제시하고 있고, 우주의 전환이라는 개벽론을 끌어들여 정당화하고 있다. 흔히 동학에는 근대적이면서도 탈근대적인 요소가 있다고 하는 것은 이러한 이유에서이다. 유학의 극복이라는 차원에서는 근대적이지만, 산업문명에 대한 경계라는 차원에서는 탈근대적이다(물론 이 경우의 '근대'나 '탈근대'는 다분히 서구적 근대를 기준으로 하고 있다). 그리고 후자의 요소, 달리 말하면 생태문명적 요소가 토마스 베리와 같은 생태신학 내지는 지구인문학과 대화할 수 있는 지점이다.

5. 결언: 지구를 공경하는 신앙

지구화로 인한 지구위험시대를 맞아 종교의 역할이 다시 한 번 강조되고 있다. 그 중에서도 특히 생태신학자 래리 라스무쎈가 쓴 『지구를 공경하는 신앙-문명전환을 위한 종교윤리』는 그 제목만으로도 주목을 끌기에 충분하다. 왜냐하면 이 시대에 종교가 나아가야 할 방향을 분명하게 제시해주고 있기 때문이다. "지구를 공경하는 신앙"이라는 문구에는 기후위기와 팬데믹으로 점철된 지구위험시대에는 각자 어떤 종교를 믿는지에 상관없이 누구나 '지구를 공경해야 한다'는 메시지가 담겨 있다. 아마도 최시형이 말한 후천개벽, 토마스 베리가 말한 생태대는 이러한 시대를 의미할 것이다.

사실 지구공경은 특정한 종교를 신앙하지 않아도 가능하다. 해월이 말한 천지부모와 기화의 원리만 깨달으면 누구나 경물을 실천할 수 있기 때문이다. 실제로 해월은 "만물이 하늘님을 모시고 있다는 이치만 알면, 살생을 금하려 하지 않아도 저절로 금해진다"고 하였다(『해월신사법설』「대인접물」). 여기에서 하늘님을 우주적 생명력의 인격적 표현으로 이해하면, 생태철학과 생태윤리의 차원으로 충분히 수용될 수 있다. 실제로 해월의 동학사상은 이후에 윤노빈의 『신생철학』(1974), 김지하의 생명사상, 그리고 장일순의 한살림철학과 같은 '생명철학'으로 계승되었고, '한살림'이라는 시민운동으로까지 전개되었다.

마찬가지로 토마스 베리도 자신을 '지구학자'라고 자청했듯이, 신학적 배경이 없이도 충분히 공감할 수 있는 생태철학을 논하고 있다. 특히 그의 『지구의 꿈』이나 『위대한 과업』과 같은 저작들은 그리스도교 신자가 아니어도 누구나 공감할 수 있는 이야기라는 점에서 보편성을 지니고 있다. 이처럼 오늘날 인류가 직면하고 있는 지구위험문제는 '종교 같지 않은 종교', '종교라는 장벽을 넘어선 종교'의 모습을 요청하고 있다. 그런 점에서 "종교란 무엇인가?"라는 근본적인 물음까지 던지고 있다고 할 수 있다. 더 나아가서 종교뿐만 아니라, 과학, 철학, 역사와 같은 모든 학문의 본질과 역할을 근본적으로 다시 묻고 있다. 지구적 위험 상황은 과거와 같이 동서를 구분하거나 학문의 경계를 짓는 것과 같은 방식을 떠나서, 지구적 차원에서 문제를 총체적으로 다시 바라볼 것을 요구하고 있다. 최근에 서양에서 대두되고 있는 지구학은 이러한 요청에 대한 학문적 대응에 다름 아니다. 따라서 앞으로의 한국학도 이러한 방향으로 나아가지 않을 수 없을 것이다. 이 글은 그러한 방향성에 대한 제언이나 사례 정도를 소개한 시론에 불과하다.

영성

오로빈도와 최제우의 인간 완성과
새로운 문명의 길

김용휘
대구대학교

1. 서언: 전환이 이미 시작되었다

코로나19가 우리 일상의 많은 부분을 바꾸고 있다. 마스크가 필수품이 되었고, 비대면, 바이오, 뉴노멀 같은 용어들이 자주 들린다. 드라이브 스루, 원격교육, 원격공연, 원격의료는 물론 무인 로봇을 활용한 무인점포, 스마트 오피스 등 비대면 산업과 바이오 관련 산업이 급성장할 것으로 보인다. 특히 인공지능과 디지털, 빅데이터, 자율주행, 사물인터넷을 중심으로 한 4차 산업은 더 가속화될 것으로 보인다.

한편으론 삶의 의미와 환경에 대한 새로운 관심도 증가하고 있다. 사회적 거리두기를 하면서 그동안 바쁘게만 살아왔던 우리의 삶을 되돌아보게 되었고, 잠시 멈춘 자리에서 삶에서 진정 중요한 것이 무엇인지를 깨닫게 하기도 했다. 글로벌보다는 지역화와 신공동체, 탈도시화, 에콜로지 라이프에 대한 논의도 무성하다. 인간의 활동이 멈추자 대기오염이나 미세먼지도 많이 완화되고 자연이 다시 살아나고 있다는 소식도 들린다. 그동안 자연파괴에 인간 활동이 얼마나 큰 영향을 미쳤는지가 여실히 드러난 것이다.

기후변화를 비롯한 생태적 위기에 대한 관심도 커지고 있다. 코로나19의 근본적 원인은 결국 인간의 무분별한 개발과 지난친 탐욕으로 생태계 질서가 깨진 데 있기 때문이다. 뭔가 근본적인 전환이 이루어지지 않는 한, 또 다른 형태의 어쩌면 더 강력한 제2, 제3의 코로나가 올 것이라는 우려도 심심찮게 나오고 있다.

우리는 정말 코로나 이전으로 돌아갈 수 없을지도 모른다. 그래서 당연하지 않았던 것이 당연하게 여겨지는 뉴노멀에 익숙해져야 할지도 모른다. 어떤 사람은 그동안의 비정상을 비로소 정상으로 돌리는 것으로 '뉴노멀'을 이야기하기도 한다. 내일의 행복을 위해 오늘의 행복을 더 이상 유보하지 않고, '지금 여기'를 온전히 누리며, 내 옆에 있는 사람을 먼저 챙기는 것으로 말이다. 또한 교육에서도 교사 중심, 지식 전달 중심의 비정상적 교육에서 아동이 주체가 되어 스스로 배우고 깨칠 수 있는 교육으로의 정상화를 이야기하기도 한다.

하지만 대부분의 미래문명에 대한 영화들이 그리고 있듯이 우리의 미래는 유토피아라기보다는 디스토피아일 가능성이 많아 보이는 것도 엄연한 사실이다. 코로나 이후가 가져올 미래를 정확히 예측하는 것은 어렵겠지만, 지금의 현실에서 예상되는 것은 앞에서도 언급했지만 기술문명이 더 강화될 것이라는 점이다. 그런데 그 기술문명은 누구나 누릴 수 있는 것이 아니라는 점에 문제의 심각성이 있다. 정보 역시 마찬가지이다. 돈이 있는 사람과 기업이 기술과 정보를 독점하고, 그것으로 다시 돈을 버는 사회가 되면서 사회적 양극화가 더 확대

될 가능성이 크다. 그것이 더 심해지면 지금처럼 한 사회 안에서의 두 계층이 아니라, 완전히 다른 계급으로 분화되고, 예전의 성안, 성밖처럼 완전히 다른 두 사회로 분리될 수도 있다. 성안 사람들은 마치 거대한 실험실처럼 모든 것이 인공지능과 사물인터넷, 로봇에 의해 완벽하게 관리·통제되어 최상의 것을 누릴 수 있겠지만, 성밖 사람들은 삶의 최소한의 것들도 보장받지 못한 채 비참한 삶을 영위할 가능성도 있다.

또한 유발 하라리가 우려하듯이 코로나 사태와 같은 비상한 시기는 개인정보 통제가 용인되어 밀착감시와 개인의 자유가 제한될 우려가 있다. 국가와 기업의 역할이 강화되고 빅브라더의 출현, 국수주의, 자국 우선주의가 강화될 우려가 크다. 비대면 산업의 증가는 우리 일상에서 인간관계를 더 파편화하면서 정신적 위기와 심리적 어려움을 더 가속화시킬 가능성도 있다.

무엇보다도 디지털 기술관리 사회는 우리의 삶을 자연과 더 멀어지게 할 것이다. 이는 결국 생태계 파괴를 가속화할 것이며, 제2, 제3의 코로나가 등장하고, 기후변화로 인한 자연재해가 더욱 빈번해지면서 인류의 삶을 절멸적 위기에 빠뜨릴 가능성이 아주 높다. 22세기에 과연 인류가 이 지구상에 존속할 수 있을지, 이번 코로나 사태는 우리에게 심각한 물음을 던지고 있다.

어쩌면 이번의 코로나19는 대전환의 전조일지도 모른다. 기후변화는 이미 '대전환'이 시작되었다는 징후이기도 하다. 이 전환이 단지 지구적 전환일지, 더 큰 범위에서 진행되는 우주적 전환일지는 알 수 없다. 하지만 중요한 것은 준비가 필요하다는 사실이다. 만약 이 전환이 단지 세기적인 전환이 아니라 문명적 전환이라면, 아니 더 큰 단위의 우주적 전환이라면 우리는 단지 백신을 개발하고, 이산화탄소를 줄이는 정도의 노력으로 이 위기를 모면할 수 없을지도 모른다. 더 근본적인 삶의 전환이 요구될 수도 있다.

하지만 언제나 그랬듯이 위기는 기회일 수도 있다. 또한 기후변화는 우주적 관점에서 보면 마치 계절의 변화와 같이 하나의 자연스런 현상일 수도 있다. 물론 기후변화가 인간의 탐욕이 초래한 문제라는 것을 부정하는 것은 아니지만, 그것이 더 큰 전환의 한 과정이라면 반드시 나쁜 소식만은 아니고, 어쩌면 힘든 시기가 있겠지만 지금과는 전혀 다른 문명의 도래를 예감할 수 있는 복음일 수도 있다는 것이다.

다음에 소개하고자 하는 두 사상가는 바로 이런 우주적 전환의 관점에서 의식의 진화와 인간 완성, 그리고 새로운 문명의 도래를 우주 진화와 역사의 필연으로 예언하고 있는 사상가이다. 바로 인도의 스리 오로빈도와 한국의 수운 최제우이다. 나는 동양의 이 두 걸출한 사상가를 신인간론과 신문명론을 중심으로 비교해 보려고 한다. 두 사람은 비슷한 시기, 영적 수행을 통한 새로운 주체의 형성, 그리고 그 새로운 주체에 의해 만들어지는 새로운 세상, 새로운 문명의 비전을 제시했다.

주지하다시피 수운 최제우는 1860년의 체험을 통해 모든 사람의 내면에 하늘이 모셔져 있다는 '시천주'를 깨달음으로써 인간에 대한 재발견과 더불어 새로운 삶의 길을 제시했다. 또한 당시 고통받던 민중들에게 '다시개벽'의 새로운 세상이 도래한다는 희망을 불어넣어 주었다. 한편 인도의 독립운동가이자 영적 구루였던 스리 오로빈도는 우리 인류가 한번 더 진화를 통해 지금의 이성적 존재를 넘어 영성적 존재, 신성 의식을 가진 새로운 신인류로 거듭날 수 있다고 하였다. 또한 그는 앞으로의 세계가 국적과 인종, 종교 등 모든 대립과 분열을 넘어 다같이 평화롭게 공존하며 신성한 삶을 누리는 것이 가능하다며 '인류의 일체성(human unity)'을 비전으로 제시하였다.

이처럼 최제우의 동학 사상과 오로빈도의 사상은 많은 부분에서 상통하는 점을 가지고 있다. 크게 볼 때 동학과 오로빈도 사상의 공통점은 그 문제의식에서 서양의 충격에 대해 단순한 저항이나 무조건적 수용이 아닌, 민중의 입장에서 서양을 주체적으로 받아들이되, 이미 가지고 있었던 민족의 영성과 지혜를 바탕으로 그것을 재해석함으로써 동서 융합의 통합사상을 내놓았을 뿐 아니라, 동서를 넘어선 신문명의 비전을 제시했다는 데 있다. 오로빈도의 사례는 지금까지 동학을 일국적 관점에서만 바라보게 하던 시선을 확장시킨다. 즉 동학과 같은 민중적 종교사상 운동이 단지 우리나라에서만 일어난 사상운동이 아니라, 제3세계 민중들이 당시 제국주의적 세계 질서에 대응해서 일어난 보편적 사상운동이라는 측면에서 바라볼 수 있게 한다.

따라서 이 글은 서양 근대문명에 대응했던 인도와 한국의 대표적인 영성 사상으로서 두 사상을 비교함으로써 대화의 가능성을 열고, 이로써 앞으로 새로운 문명을 열어나가는 데 두 나라의 지혜와 힘을 모을 수 있는 계기를 마련해 보고자 한다.

2. 스리 오로빈도의 사상과 신문명론

1) 스리 오로빈도의 사상과 의식의 진화

'인간 완성과 이상적 사회'의 구현을 위해 평생을 바친 인도의 사상가이자 독립운동가였으며, 위대한 요기이기도 했던 오로빈도 고슈(Sri Aurobindo Ghosh, 1872~1950)는 1872년 8월 15일 캘커타에서 외과 의사의 셋째 아들로 태어났다. 그는 어린 시절 다르질링에 있는 그리스도교 수도회에서 설립한 학교에 다니다가, 일곱 살 때 영국식 교육을 받기를 원했던 아버지의 뜻에 따라 두 형들과 함께 영국으로 유학길에 올랐다. 이후 14년 동안 영어, 불어, 희랍어, 라틴어를 비롯하여 시와 문학, 서양 사상과 문화를 깊이 있게 흡수했다. 특히 그는 라틴어와 희랍어에 탁월한 재능을 보였다. 이후 장학생으로 캠브리지 대학에 입학했다. 이 기간에 그는 인도의 유학생들과 교류하면서 독립에 대한 의식을 처음으로 키웠던 것으로 보인다. 그래서 그는 아버지가 원했던 인도 고등 공무원 시험에 최종 합격했지만, 마지막 형식적인 승마 시험에 불응하면서 스스로 고위 관료가 될 수 있는 길을 포기했다.

그리고 마침내 1894년 14년 동안의 영국 생활을 마감하고 인도로 돌아왔다.

인도로 돌아온 오로빈도는 바로다 공국에서 십여 년간 공직 생활을 했으며, 바로다 대학에서 영어를 가르치기도 했다. 바로다에 머물던 이 기간에 그는 산스크리트어, 힌디어, 벵골어 등 여러 가지 인도어를 익혔으며, 인도의 역사는 물론, 『마하바라타』, 『바가바드기타』, 『우파니샤드』 등 인도 고전을 본격적으로 공부할 기회를 가졌다. 이 공부를 통해 그는 마침내 인도의 위대한 지혜와 전통에 눈을 뜨게 되었다. 요가 수련을 시작한 것도 이 시기였다.

그가 독립운동에 본격적으로 뛰어들게 된 계기는 1905년 벵갈 분리에 대한 소요 사태였다. 그는 이를 계기로 바로다를 떠나 캘커타로 가서 본격적인 정치활동을 시작한다. 그는 당시 온건 노선의 인도 국민회의를 비판하면서, 영국에 대한 인도의 완전 독립을 최초로 부르짖었다. 이는 당시 청년들의 가슴에 독립에 대한 열망을 불러일으켰다. 그는 간디 이전에 인도 독립운동의 영웅이었다. 한편 이 무렵 그는 '비슈누 바스카르 렐레'라는 요기를 만나 요가 수행에 더욱 정진하기도 했다.

1908년 그는 영국 기자의 테러사건에 주동자로 지목되어 1년간 앨리포어 감옥에 갇히게 되었다. 이때 감옥에서 비슈누 신의 현신을 경험하는 등 여러 신비체험들을 하면서 요가 수행의 경지가 더욱 깊어진다.[1] 감옥 생활은 그에게 정치적 투쟁, 인도 독립이라는 현안보다 더 근본적이고 진정한 인간 해방의 길을 깨닫게 했던 것 같다.

출옥 후 오로빈도는 정치 활동을 재개하는 한편 요가와 명상에 더욱 전념한다. 그리고 영원한 진리를 널리 선포하기 위하여《카르마 요긴(Karma Yogin)》과《다르마(Dharma)》라는 잡지를 창간했다. 여기서 그는 인도 고전을 현대적 시각으로 재해석했다. 그러나 그에 대한 영국 당국의 감시가 더욱 심해지자 이를 벗어나 자유롭게 뜻을 펼치기 위해서 1910년 당시 프랑스령이었던 남인도 퐁티체리로 망명을 한다. 그 이후론 퐁티체리의 아쉬람에서 명상수행과 집필을 하면서 평생을 보내다가 1950년 세상을 떠났다.

그의 문제의식 중에는 서양의 근대문명에 대한, 특히 '이성'에 대한 통렬한 비판의식이 자리하고 있다. 이성, 또는 의식이 인간의 최종 단계가 아니며, 초의식(supermind, 초심, 초정신 또는 초월심, 신성의식으로도 번역됨)의 출현이 지상에서 진화의 완성이라고 그는 보았다. 이에 따라 의식을 넘어선 초의식, 또는 신성의식을 가진 신인류가 출현한다는 것이다.

그것은 한편으론 우주의식이 물질세계에 자기를 온전히 구현하는 것이기도 하다. 그는 현상 세계의 배후에는 유일 궁극의 실재 혹은 우주의식, 우주적 영이 있다고 보았다. 모든 존재는 이 궁극의 우주의식

1   오로빈도 고슈 지음, 김상준 옮김, 『유쾌한 감옥』, 사회평론, 2010, 참조.

을 담고 있으며, 그런 의미에서 모든 존재는 영적이며 그 자체로 신성하다고 하였다. 심지어 무기물조차도 그 안에는 우주의식이, 영이 깃들어 있다고 하였다.

"영성은 우리의 정신, 생명, 신체와는 다른 우리 존재의 내적 실재, 영, 자아, 혼에 대한 진전된 자각이다. 그리고 그러한 열망, 그러한 접속과 결합, 전환, 회심, 새로운 존재로 거듭남의 결과로서, 그것은 우주에 편만하면서 우리 안에 살고 있는 더 위대한 실재 너머에 접속하고 결합해 들어가기 위한, 또 알기 위한 내적 열망이다."[2]

그러므로 진화는 우주의식이 스스로를 드러내고 해방시키는 과정이다. 스리 오로빈도의 진화는 일반적 진화론처럼 물질이 생명으로, 그리고 의식으로 진화한 것이 아니라, 영이 스스로를 드러내는 과정으로서, 영이 물질로 하강한 것이며, 그 영이 생명으로, 다시 의식으로 진화한 것이다. 그리고 진화는 의식으로 끝나지 않고 한 단계 더 진화해서 초의식의 단계로 나아간다는 것이다. 그리고 그것은 영이 자신을 온전히 드러내는 과정이기도 하다. 이것을 스리 오로빈도는 슈퍼마인드의 '하강'이라는 표현을 쓰고 있다. 자연의 입장에서는 진화(상승)이지만, 우주의식(영)의 입장에서는 하강이고, 물질 안으로의 퇴전(involution)인 것이다.

2   Sri Aurobindo, *The Life Divine*, Sri Aurobindo Ashram, Pondicherry, 3rd impression 2013, p. 853.

그러므로 이제 인간에게는 의식의 차원, 이성이 지배하던 시대에서 한 걸음 더 나아가야 한다. 당시의 시대는 이성이 지배하던 서양 근대문명의 황금기였다. 하지만 서양의 문명은 인류 전체에 빛을 던져주지 못한다. 서양의 이성 중심의 문명은 분리를 본질로 한다. "이성은 어떠한 최종적 진리에도 도달할 수 없다. 왜냐하면 그것은 사물의 근원에 도달할 수도 없을 뿐만 아니라 그들의 전체상을 껴안을 수 없기 때문이다. 그것은 유한하고 분리될 수 있는 것만을 다루며, 전체적이고 무한한 것들에 대해서는 무력하다.[3] 거기서 문명과 야만의 논리가, 지배와 정복의 논리가 나온 것이 당시 제국주의였다. 서양문명으론 개인의 진정한 정신적 자유는 물론이고 인류의 진정한 평화, 인류의 일체성(human unity)은 불가능하다는 것이 그의 통찰이었다. 따라서 고대 인도의 지혜와 요가 수행을 통해 의식의 차원을 한 차원 더 높이는 것이 필요하다. 원래 인도의 요가 수행은 인간의 의식의 성장을 위한 고차원적인 '의식의 기술'이었다.

그것을 오로빈도는 '통합요가(integral yoga)'라는 이름으로 다시 정비하였다. 요가는 진화의 자연적인 과정을 인간의 의식적 노력에 의해 가속화함으로써 진화의 힘들과 협력하는 창조적 기술이다. 그러나 이것의 완성은 인간의 의지만으로는 되지 않는다. 이것이 완전하게 행해질 수 있는 것은 인간의 의지에 의해서가 아니다. 의식이 좀 더 높

---

3 Sri Aurobindo, *The Human Cycle*, Sri Aurobindo Ashram, Lotus Press, 1997, p.113.

은 차원으로 전환되기 위해서는 슈퍼마인드의 하강이 필요하다.

"의식에서 초의식으로의 이행은 자연에서 초자연으로의 과정이다. 바로 그 이유 때문에 그것은 단순히 우리의 의지적 노력이나 무력한 열망으로는 달성될 수 없다. 의식(마음)을 넘어서는 것, 초의식(초월심)은 지구적 자연 안에 이미 숨겨진 채로 참여하고 있었다. 그것이 우리 안에서 드러나기 위해서는 그 자체로 초의식적인 차원의 완전한, 자연적 힘들 안에서 이미 형성된 것과 같은 힘들의 추동이 필요하다. 초의식적인 힘들은 우리에게로 내려와서, 우리를 고양시키고 우리의 존재를 변형시켜야 한다."[4]

따라서 오로빈도의 통합요가는 인간의 의식적인 상승의 노력과 더불어 슈퍼마인드의 하강을 준비함으로써 인간의 완성, 진화의 완결을 꾀한 것이다. 이에 따라 인류는 지금의 단계를 지나 초의식적 인류, 신성의식, 우주의식을 지닌 영적인 인류로 진화하는 것이 필연적이다. 통합요가는 그러한 신인류의 탄생을 위한 '의식 진화의 기술'인 것이다.

다만 이런 의식의 전환은 단기간에 이루어지지 않는다. 슈퍼마인드의 하강을 가능하게 하기 위해서는 요가의 여러 단계들을 거쳐야 한다. 그 중에서 가장 중요한 것은 자신 속에 이미 내재하면서 발견되기를 기다리고 있는 자신의 '존재의 중심'을 깨워서 자신의 삶을 이끌 수 있도록 하는 것이다. 오로빈도는 이 내면의 존재를 '심혼적 존재

---

4 Sri Aurobindo, *The Life Divine*, p. 953.

psychic being'라고 한다.

"이 변형의 첫 번째 위상은 '심혼적(phychic)'이라고 불릴 수 있다. 영혼적 또는 심혼적 존재는 앞으로 나와서, 존재 전체의 주도권을 잡아야 한다. 존재의 중심, 참된 영혼에 이르게 하기 위해서, 삶의 안내자이자 주권자가 되는 것을 허락하기 위해서 의식의 이행, 내면으로의 복귀는 이 단계에서 긴요한 것이 된다."[5]

그러므로 통합요가의 첫 과정은, 내면에 있는 나의 존재의 참된 중심으로 하여금 스스로의 빛과 힘을 통하여 외적인 삶을 통제할 수 있게 만드는 것이다. 이 과정 자체가 자신 속에 있는 참된 자아를 발견하는 과정이기도 하다. 참된 자아는 정신적 · 심리적 · 물질적 요소들의 외적인 복합체가 아니라, 그들 배후에 있는 실재의 어떤 것, 신성한 불꽃에서 솟아오르는 한 줄기 섬광이다.[6]

이 새로운 존재의 질서를 영원히 수립하기 위해서는 인간 본성 전체의 급진적 변화가 요구된다. 이 변형은 다음의 세 가지 위상이 있다. 첫째 잘못되고 애매하거나, 신성한 깨달음과 반대되는 모든 것들을 들추어내어 거부하는 효과적인 안내와 완벽한 숙달이다. 오로빈도

---

5 Sri Aurobindo, *The Life Divine,* p. 891.
6 Sri Aurobindo, "Sri Aurobindo on Himself", August, 1934. pp. 95-97.

는 세속적 욕망에 대한 거부가 통합요가에서 중요한 요소임을 강조한다. 그래야 시선이 외부에서 내부로 전환될 수 있기 때문이다. 그다음은 모든 종류의 영적 체험의 동시적 유입이다. 둘째 위상은 영적이라고 불릴 수 있다. "그것은 우리 위의 무한에의 열림이며, 영원한 현재이며, 경계 없는 '나'이며, 무한한 실존이며, 의식의 무한성이며, 무한대의 축복이며, 전능함이다.[7]

영적 변화는 낮은 의식으로부터 더 높은 의식으로의 영원한 상승에서 최고조에 이르며, 그다음은 상위의 자연이 더 낮은 차원으로 영구적인 하강이 뒤따른다. 새로운 의식은 생각과 보는 것의 새로운 힘, 그리고 그보다 더 직접적인 영적 자각의 새로운 힘을 형성함으로써 시작된다. 이 창조를 영원하고 완전하게 만들기 위해서, 무지라는 우리 본성의 기반은 변형되어야 하며, 더 위대한 힘, 초정신적 힘(Supramental Force)은 그러한 변형을 완수하기 위해 개입되어야 한다. 이것이 세 번째 위상, 초정신적 변형이다.

그러나 이러한 것은 단번에 이루어지는 것은 아니다. 인간 의식과 초의식 사이에는 거쳐야 할 여러 의식의 단계들이 있다.

인간 의식으로부터 초의식(supermind)으로 이끄는 상승의 네 가지 단계는 다음과 같다.[8]

7 Sri Aurobindo, *The Life Divine*, pp. 909-910.
8 Sri Aurobindo, *The Life Divine*, pp. 939~962.

1) 보다 높은 마음(Higher Mind)

2) 밝아진 마음(Illumined Mind)

3) 직관적 마음(Intuitive Mind)

4) 상위의 마음(overmind)

이러한 마음의 단계들을 거쳐서 마침내 초의식에 이른다. 초의식 또는 영지적 존재의 탄생은 인간의 완전한 완성을 의미한다. 초의식의 법칙은 다양성 안에서 완수된 하나됨이다. 하나됨은 균일성을 의미하지는 않는다. 초의식적 존재는 개인적 자아와 우주적 자아와의 조화를 달성할 것이며, 개인적 의지와 행동은 우주적 의지와 행동과의 조화를 이룰 것이다. 개인은 '일자'가 친밀하게 자기를 드러내는 다양성의 기쁨을 누리며, '일자' 안에서의 무수한 연합으로 존재한다. 이 단계에서 물질은 영의 현현의 도구로서 자신을 드러낼 것이며, 몸은 충실하고 능력 있는 도구가 되어, 영에 완전히 호응할 것이다. 건강, 강건함, 수명, 신체적 행복과 안락함, 고통으로부터의 해방은 영지적 존재가 실현되어야 하는 육체적 완전함의 한 부분이다. 영지적 존재의 거대한 고요와 깊은 기쁨은 증가하는 강렬함 안에서 함께 일어나, 영원한 엑스터시로 막을 내린다. 우주적 현상으로 영원한 지복(至福), 아난다가 드러난다.[9]

9   Sri Aurobindo, *The Life Divine*, pp. 963~991.

이상이 오로빈도의 의식 진화의 과정에 대한 간략한 요약이다. 오
로빈도는 이 의식의 과정들을 모두 몸소 체험했다고 한다. 그리고 이
체험들은 그의 대서사시 〈사비트리 Savitri〉에서 더욱 아름다운 언어
로 묘사되고 있다.

2) 인류 일체성(human unity)의 이상

오로빈도는 인간 의식의 진화를 통해 신성의식을 가진 새로운 신
인류인 영지적 존재가 탄생할 것이며, 이제 이성의 시대가 저물고 '영
성의 시대'가 도래할 것이라고 예고했다. 그리고 그 새 인류에 의해 이
지상에 '신성한 삶(divine life)'이 현실화될 것이라고 보았다.

> "영지적 존재들의 삶은 초인적 또는 신성한 삶으로서 적절히 특징
> 화될 것이다. 신성한 삶의 법칙은 모든 것이 참된 하나가 되는 감각
> 으로 모든 것을 꿰뚫어보는 의지에 의해 조직화된 행동의 보편성이
> 다."[10]

의식의 새로운 힘들과 새로운 재능들은 지식과 행동 모두에 자연적
이고 정상적이고, 동시적인 방식으로 그것들을 활용하려는 영지적 존

---

10 Sri Aurobindo, *The Life Divine*, p. 1043.

재들을 계발시킬 것이며, 이로써 국가 간의 갈등과 분쟁이 종식되고 국가와 인종과 계급 등 모든 분리를 넘어서 인류 전체가 화합하며, 개인적으로는 자유롭고 상호간에는 평화롭게 공존하는 세상이 올 것이라고 보았다. 그것을 그는 '인류 일체성'이라고 표현했다. 그리고 인류 일체성을 위한 조건으로 자유로운 개인, 영적으로 진전된 자유로운 개인을 첫번째 조건으로 제시한다.

"개인에게 그 자신을 집단에 종속시키거나 그 속에 용해될 것을 요구한다면 그것은 잘못이다. 왜냐하면 가장 진전된 개인에 의해서 집단은 발전하기 때문이다. 그리고 그들이 진정으로 자유로울 때에만 그들은 참으로 진전될 수 있다. 그러나 개인이 영적으로 진전됨에 의해, 더욱더 자신이 집단 또는 전체와 통합되어 있음을 발견한다는 것도 사실이다."[11]

그는 인류 일체성을 위한 '세계 연합' 또는 '세계 정부' 같은 구상에 대해서도 언급한다.[12] 느슨한 국가 간의 연합체이지만 어디까지나 각 나라의 특징들과 문화적 다양성이 존중되어야 함을 잊지 않는다. 그가 꿈꾸는 이상적 사회는 개인의 자유와 다양성이 존중되는 것은 물

11 Sri Aurobindo, *The Life Divine*, p. 1049.
12 Sri Aurobindo, *The Ideal of Human Unity*, p. 462-464.

론, 각 나라, 각 지역의 문화적, 예술적, 정신적 유산들이 훼손되지 않고 각각의 아름다움을 드러내는 그런 사회이다. 우리는 하나로 연결되어 있지만, 그 개인은 하나의 영 안에서 자신의 자유와 다양성을 이 지상에 온전히 드러낸다. 온갖 꽃들로 아름답게 어우러진 멋진 정원, 각가지 악기들이 저마다 자기의 소리를 내면서 전체의 교향악으로 어우러지는 그런 사회를 오로빈도는 이상적인 사회로 보았다.

그러나 그는 결국 인류 일체성의 이상은 어떤 제도적인 것보다 내적으로 변화된 인간에 의해서만 가능하다고 함으로써 결국 그의 문명론은 다시 인간 의식의 성장을 강조하는 '주체'의 문제로 환원되고 만다.

현재의 진화적 위기는 인간의 제한된 정신적, 도덕적, 그리고 영적인 능력과 그가 임의로 이용할 수 있는 기술적, 경제적 수단 간의 격차로부터 발생하며, 내적으로 변화된 인간 없이는 더 이상 바깥 삶의 거대한 발전에 대처할 수 없다.[13]

인류 일체성을 위해 그가 강조하는 또 하나는 '영적인 종교'이다.[14] 그는 영적인 종교가 미래의 희망이라고 말한다. 이는 일반적으로 말하는 '보편 종교'를 말하는 것이 아니다. 영적인 종교는 어떤 새로운 형태의 제도적 종교를 의미하는 것이 아니라, 개개인이 자기 내면에

13 Sri Aurobindo, *The Life Divine*, p. 1051.
14 Sri Aurobindo, *The Ideal of Human Unity*, pp. 577.

깃들어 있는, 자기 존재의 중심인 영이 자신을 이끄는 삶을 가장 핵심으로 삼는 삶의 태도, 또는 그런 가르침을 의미한다. 이는 앞서 언급한 '심혼적 존재 phychic being'가 이끄는 삶이다. 이 '심혼적 존재'가 깨어나 자기 존재의 중심으로 서서 삶을 이끄는 힘과 원리가 될 때, 그것이 영적인 삶이자, 영적인 종교이다. 이렇게 영적으로 깨어난 자유로운 개인의 숫자가 일정 이상 될 때 인류 일체성의 이상은 이제 지상에서 현실이 될 수 있다고 한다. 결국 각 나라별로 깨어난 소수들의 연대가 인류 일체성을 위한 가장 중요한 조건이라는 것이다.

3) 오로빌의 실험

오로빌은 1968년 오로빈도의 영적 동반자였던 미라 알파사(마더)가 오로빈도의 사상과 비전을 실험하기 위해 만든 공동체이다. 오로빌의 중요한 목표 중의 하나는 자기 안에서 내적 변화를 경험하고, 오로빌을 인류가 당면한 어려움들을 헤쳐 나갈 수 있는 물질적, 정신적 방안을 적극적으로 연구해 나가는 하나의 모델로 만드는 데에 있다. 마더는 오로빌에 대해서 다음과 같이 소개하고 있다.

"국가 간의 모든 경쟁, 사회적 인습, 자기모순적인 도덕률과 종교 다툼에서 벗어나 자유롭게 살 수 있는 곳이 지구상에 한 곳은 있어야 합니다. 과거의 굴레에서 해방되어, 스스로 자신을 드러내고자 하는 신성의식을 깨닫게 하고 실천하는 데에만 자신을 오롯이 바칠 수 있는 곳이 지구상에는 있어야만 합니다. 오로빌은 바로 이런 곳이 되고자 하며, 내일의 진리를 체화하는 삶을 살고자 열망하는 모든 이들을 위한 터전이 되고자 합니다.(1969년 9월 20일)

따라서 오로빌은 모든 종교와 정치와 국적을 초월하여 전 세계의 남녀가 평화와 조화 속에서 살 수 있는 국제도시를 만들어 오로빈도가 꿈꾼 '인류의 일체성'의 이상을 실험하기 위해 건설된 공동체라고 할 수 있다.

이러한 마더의 생각은 이미 1954년 〈A dream〉에 잘 드러나 있다.

〈마더의 꿈〉

이 지구상에 어떤 나라도 영유권을 주장하지 못하는 곳이 어딘가에는 있어야만 합니다. 선한 의지와 진지한 열망을 지닌 모든 인간이 세계 시민으로서 자유롭게 살 수 있는 곳, 지고의 진리라는 유일한 권위에만 복종하여 살 수 있는 그런 곳이 어딘가에는 있어야만 합니다.

그곳은 평화와 일치와 조화의 장소로서 인간의 모든 전투적 본능이 오직 자신의 고통과 불행의 원인을 정복하고, 자신의 나약함과 무지를 이기며, 자신의 한계와 무능을 극복하기 위해서만 쓰이는 곳입니다. 진보에 대한 관심과 영혼의 요구가 욕망의 만족과 쾌락의 추구와 물질의 향유보다 우선하는 곳입니다.

이곳에서 아이들은 자신의 영혼과 교감을 잃지 않은 채 온전히 성장해갈 것입니다. 교육은 시험을 통과하고 자격과 지위를 얻기 위한 것이 아니라 자신의 재능을 가꾸어 새로운 재능을 일구어 내기 위한 것으로서 주어질 것입니다.

이곳에서는 일의 조직화와 봉사의 기회가 직위와 직권을 대신할 것입니다. 몸이 요구하는 것은 모두에게 공평하게 제공될 것입니다. 전체 조직 속에서 개인의 지적 · 도덕적 · 영적능력은 삶의 쾌락과 권력을 더 많이 누리기 위해서가 아니라 의무와 책임을 위해 발휘될 것입니다.

그림, 조각, 음악, 문학 등 모든 형태의 예술적 아름다움을 누구나 골고루 누릴 것이며, 그런 기회는 사회적 · 경제적 지위에 의해서가 아니라 오직 자신의 수용력에 의해서 한정될 것입니다.

이런 이상적인 장소에서는 더 이상 돈이 모든 것을 지배하지 못할 것입니다. 물질적인 부와 사회적 지위로 인한 가치보다 각 개인의 장점이 더 중요한 의미를 지닐 것입니다. 일은 생계를 벌기 위한 수단이 아니라 전체를 위해 봉사함으로써 자신을 표현하고, 능력과 가능성을 발굴하는 도구로써 존재하며, 결과적으로는 각자에게 생계와 전공분야를 제공할 것입니다.

이곳은 거의 오로지 경쟁과 싸움의 논리에만 근거하는 사람 사이의 관계가 아니라, 향상과 협력을 위한 선의의 경쟁관계, 진정한 형제애가 대신하는 곳이 될 것입니다. 물론 지구는 이런 이상을 실현할 준비가 되어 있지 않습니다. 인류는 이것을 이해하고 받아들일 만한 지식도 갖추고 있지 않으며, 실행할 만한 의식의 힘도 지니고 있지 않기 때문입니다. 이것을 꿈이라고 부르는 것은 이 때문입니다. 하지만 꿈은 실현되어 가는 도정 위에 있습니다. (1954년 8월)

이렇게 해서 1968년 2월 28일 남인도 퐁티체리 인근에 오로빌 공동체가 설립되었다. 당시 124개국의 각국 대표들이 자국에서 가져온 흙을 항아리에 봉인하며, 휴먼 유니티를 위한 첫걸음을 시작하였다. 당시에 채택된 오로빌 헌장은 다음과 같다.

〈오로빌 헌장〉

1. 오로빌은 어떤 특정인의 것이 아니다. 오로빌은 전체 인류의 것이다. 그러나 오로빌에 살기 위해서는 신성의식에 기꺼이 헌신해야 한다.

2. 오로빌은 끝없는 교육의 장, 지속적인 발전의 장이자 영원히 늙지 않는 젊음의 장이 될 것이다.

3. 오로빌은 과거와 미래를 잇는 가교가 되고자 한다. 오로빌은 안팎에서 얻어지는 모든 발전을 선용하여 전망을 실현하기 위해 힘차게 나아갈 것이다.

4. 오로빌은 인류의 일체성을 실질적으로 구현하는 살아있는 본보기를 만들기 위한 물질적, 정신적 탐구의 장이 될 것이다.

이렇게 시작된 오로빌은 지난 50년간 외적으로는 많은 성장을 이루었다. 황무지가 울창한 숲으로 바뀌었고, 전세계에서 온 건축가들에 의해 설계된 멋진 집에 머물면서, 태양열과 풍력을 이용한 친환경 에너지로 음식을 만들고, 생태적인 농사로 먹거리를 생산하는 아름다운 마을이 되었다. 최소한의 먹거리는 분배되며, 의료와 교육 역시 무상으로 제공된다. 옷은 얼마든지 프리스토어에서 가져다 입을 수 있다. 또한 요가와 각종 테라피와 스포츠, 악기 등 배우고 싶은 것은 무엇이든 돈이 없어도 배울 수 있으며, 하고 싶은 일은 자격증 없이도 도전해 볼 수 있는 그야말로 실험적인 공동체를 유지하고 있다.

하지만 오로빌의 현실은 그리 만만치 않다. 마더가 세상을 떠난 이후 오로빌은 법적인 분쟁에 휘말렸으며, 결국 인도 정부가 개입하여 특별법을 만들어서 관리하는 대상이 되어버렸다. 또한 인도 정부와 유네스코를 비롯한 외부의 재정적 후원에 의존하는 비율도 커지고 있다. 이는 오로빌 만의 이상적 정치와 경제를 가로막는 가장 큰 요인이 되고 있다. 주민회의가 있지만 참석률이 저조해서 결국 워킹그룹이나 본부에서 결정권을 행사하는 경우도 많아지고 있다. 이에 따라 기존 사회의 관료주의적인 폐단들이 다시 나타나고 있다. 게다가 인도인들의 입김이 커지면서 국적과 인종을 넘어서 '휴먼 유니티'를 추구하고

자 하는 이상에도 균열이 가고 있다.

가장 큰 문제는 50년간 돈이 필요 없는 사회, 지속 가능한 자립경제를 추구했음에도 불구하고 현실은 아직 이상과 거리가 멀다는 것이다. 하루 5~6시간의 노동으로 최소한의 먹거리와 의료, 교육은 보장이 되지만, 그 이상의 것은 보장이 안되는 것이 현실이다. 점점 커지는 현대인들의 문화적 욕구, 이미 현실이 되어버린 교통수단으로서 오토바이, 휴대폰, 노트북 등의 전자제품을 구입할 수 있는 자금은 따로 보장되지 않는다. 게다가 집 부족 문제도 갈수록 심각해지고 있다. 한때는 집이 거의 무상으로 제공되었지만, 지금은 사람들이 많아져서 오로빌리언이 되기 위해서는 집을 사야하는 것이 필수적 조건으로 요구된다. 집값도 엄청나게 올라서 거의 50락(약 8천만 원) 정도는 있어야 집을 마련할 수 있다. 그리고 오로빌리언이 되기 위한 절차도 복잡하고 길어지고 있다. 약 2년 정도 소요되는데, 비용도 한 가구당 일 년에 2~3천만 원 정도는 있어야 가능한 수준이다. 더 이상 영적 진화와 인류의 일체성을 위한 열망과 선한 의지만으로는 동참하기 힘든 곳이 되어가고 있다. 그러다 보니 돈 없는 청년들보다는 퇴직한 연금 생활자들의 천국이 되어 가고 있는 실정이다.

더 큰 문제는 의식의 진화를 위한 실험이 오로빌에서 가장 중요한 부분인데, 막상 통합요가의 방법론은 막연하고, 그것을 안내하는 안내자도, 체계적인 프로그램도 애써 찾지 않으면 잘 보이지 않는다는 점이다. 오로빌에 참여하는 사람들의 동기가 다양해지면서 스리 오로빈도나 마더의 사상이나 비전에는 별반 관심이 없고 오히려 물질적, 세속적 이유로 들어오는 사람들이 많아지고 있는 것도 문제이다. 영혼의 성장을 위한 열망으로 넘쳐 나야할 곳은 이제 각종 모임과 액티비티, 회의로 바쁜 일상이 되어버렸다.

무엇보다도 휴먼 유니티의 이상을 구현하기 위한 국제 구역의 프로젝트는 전혀 진척을 보지 못하고 있으며, 이를 위해 구상된 각 나라의 파빌리언 건립은 그 나라 사람들 안에서도 의견의 합치를 보지 못하고, 오히려 갈등의 요인이 되고 있다.

이처럼 현실은 이상과는 아직 많은 거리감이 있다. 그럼에도 불구하고 오로빌이 당장 실험을 멈추거나 하는 일은 없을 것이다. 오히려 참여하고자 하는 사람들의 숫자는 많아지고 규모도 갈수록 커지면서 외적인 성장은 지속되고 있다. 보이지 않는 곳에서 묵묵히 자리를 지키며 봉사를 하는 사람들, 어떤 상황에서도 미소를 잃지 않고 디바인 라이프를 살고 있는 사람들이 곳곳에서 지키고 있기 때문이다. 그런 사람들의 숫자가 더 많아진다면, 그래서 깨어난 개인의 숫자가 일정 수준 이상이 된다면 오로빌은 새 문명의 모태가 될 수도 있을 것이다. 그것이 관심을 잃지 않고 오로빌의 실험을 지켜봐야 할 이유이다.[15]

15 오로빌에 대한 안내 책자로는 다음을 참조하라. 오로빌투데이 지음, 이균형 옮김, 『웰컴 투 오로빌』, 시골생활(도솔), 2008.

3. 동학과 신문명론

1) 최제우의 생애와 문제의식

동학의 성립은 당시 삼정의 문란으로 대표되는 극심한 사회적 모순과 서세동점의 국가적 위기 속에서 조선 백성들의 고통을 구제하기 위해 나온 치열한 사상적 고민의 결과물이다. 당시는 오랜 세도정치 하에 국정 혼란이 가속되고 있었고, 지방 수령들의 수탈이 도를 넘고 있었다. 여기에 계속된 가뭄으로 해마다 흉년이 지고, 전국을 강타한 전염병으로 백성들의 삶은 말할 수 없는 고통에 빠져 있었다. 게다가 1860년 당시는 중국의 북경이 서양에 함락되는 때라, 곧 서양 오랑캐가 조선에까지 침략해 들어올 것이라는 두려움이 팽배했다. 반면 조선 오백년을 지탱해온 성리학(유학)은 더 이상 현실에서 작동하지 못했으며, 사람들의 마음은 더욱 황폐해져 자기밖에 모르는 각자위심(各自爲心)으로 가득 차 있었다. 이런 위기 상황에서 수운 최제우(1824~1864)는 어떻게 하면 서양의 침략으로부터 나라를 보전하고 고통에 빠진 백성들을 편안하게 할 수 있을까를 고민했다. 따라서 그의 문제의식은 한마디로 보국안민(輔國安民)이라고 할 수 있다. 그러면 최제우의 삶을 통해 동학이 탄생하게 된 배경을 간단히 살펴보도록 하자.

최제우는 본관이 경주이고 호는 수운(水雲), 자는 성묵(性默)이었다. 1824년(갑신) 10월 28일 경주 현곡면 가정리에서 탄생하였다. 초명은 제선이며, 아버지 이름은 최옥(崔ﾊ)으로 근암공(近菴公)이라 불리었으며, 어머니는 한(韓) 씨이다. 최옥은 당시 경주에서도 이름있는 학자였으며 그의 학문은 이현일, 이상정을 잇는 퇴계학의 적통을 계승하고 있다고 할 수 있다. 최옥은 학문은 뛰어났지만 과거에는 번번히 낙방하고 60이 넘도록 아들이 없이 지내다가, 한 씨를 만나 늘그막에 아들을 낳았다. 그런데 한 씨가 한번 결혼을 한 재가녀였기에 최제우는 비록 서자는 아니었지만 당시 과부의 재혼이 허락되지 않는 풍속으로 인해 오히려 서자보다 더한 멸시와 차별을 받았다.

열 살이 되던 해 어머니를 여의고 늙은 아버지 밑에서 한학을 배우며 어린 시절을 보냈다. 아버지로부터 유교적 가르침을 받았지만 당시의 유교는 이미 많은 문제를 노정하고 있었다. 최제우는 세상의 부조리와 모순을 누구보다 뼈저리게 느꼈지만, 정작 자신이 그러한 시대에 뜻을 펼 수 없다는 신분적 한계를 절감했다. 최제우는 17세에 아버지를 여의고, 19세에는 집에 화재가 나서 물려받은 세간살이와 서적들을 모두 잃고 만다. 그후 잠시 무과를 준비하기 위해 칼과 활을 수련하다가, 21세에 장사를 핑계로 10년간의 주유천하의 길을 떠난다. 이 기간 동안 도탄에 빠져 신음하고 있는 백성들의 삶을 목도하였다.

31세에 방랑생활을 접고 당시 가족들이 있던 울산 여시바윗골에 정착하면서 보국안민의 방도를 찾기 위해 고심하였다. 이 기간에 이인(異人)으로부터 '천서(天書)'를 받기도 하고, 양산 내원암 등에서 몇차례 49일 기도를 하면서 약간의 영적 체험을 하기도 한다. 그러나 생계를 위해 손댔던 철광사업이 실패하면서 36세 겨울, 어쩔 수 없이 다시 경주 용담으로 들어간다. 고향 용담으로 돌아온 최제우는 도를 통하지 못하면 다시는 세상에 나오지 않겠다는 비장한 각오로 수련에 들어간다. 이런 비장한 각오 때문인지 이듬해 4월 5일, 그의 나이 37세 되던 해 결정적인 종교체험을 하게 된다. 이때 몸과 마음이 함께 떨리고 이상한 기운에 휩싸이면서 돌연 하늘로부터 음성을 듣는다. 이 하늘과의 문답 체험은 약 6개월 동안 계속된다. 최제우는 이 과정에서 하늘로부터 세상 사람들을 구제할 '무극대도(無極大道)'를 전해 받게 된다. 이후 일 년여의 시간을 통해 자신의 깨달음을 검증한 최제우는 이듬해 1861년부터 절차와 도법을 정하고 포덕을 시작한다.

포덕을 시작하자 원처 근처에서 사람들이 구름처럼 몰려들었다. 그러자 유생들의 입에서 비난의 소리가 일기 시작했으며, 관에서도 지목하고 탄압하기 시작했다. 포덕을 계속할 수 없게 된 최제우는 부득이 경주를 떠나 전라도 남원의 은적암(隱寂庵)에서 은둔하면서 몇 편의 글을 쓴다. 이듬해(1862) 6월 다시 경주로 돌아와서 포덕에 집중하였다. 11월부터 흥해지역을 중심으로 순회했으며, 12월 30일에 최초로 교단조직인 접(接)을 조직했다. 1863년 최제우는 머지않아 위험이 닥쳐올 것을 예측하고 7월 23일 수제자인 최경상(崔慶翔, 나중에 이름을 시형(時亨)으로 바꿈)을 북도중 주인으로 임명하고, 8월 14일에는 도법을 물려주었다. 12월 10일 조정에서 파견된 선전관에게 체포되어, 좌도난정의 죄로 1864년 3월 10일 대구 장대에서 참형을 받고 순도했

다.[16]

이처럼 수운의 동학은 당시 조선왕조의 유교적 양반체제의 붕괴와 서구 열강의 침략이라는 대내외적 위기 상황, 그리고 인간의 마음이 황폐해지고, 각자위심이 커지면서 생긴 근본적인 정신의 위기 상황에서 보국안민의 문제의식을 가지고, 민중적 차원에서 조선 백성들의 고통에 응답하며 우리의 길을 제시한 학문이자 종교운동이라고 할 수 있다.

2) 시천주와 신인간

앞에서 살펴보았듯이 최제우는 21세부터 10년간 전국을 돌아다니며 유교적 질서의 붕괴와 폭정에 신음하는 백성들의 도탄에 빠진 삶을 목도하였다. 그 후 7년여의 공부와 수행 끝에 1860년 4월 5일 결정적 종교체험을 거치면서 새로운 길을 발견했음을 확신하게 된다.

최제우의 하늘(님) 체험은 여러 양상으로 나타났다. 처음에는 밖에서 인격적인 존재의 목소리로 나타났다. 그러나 시간이 지나면서 몸의 떨리는 기운으로 체험했고(外有接靈之氣), 다시 내면에서 목소리를 듣는(內有降話之敎) 내재성의 체험으로 나아갔다. 더 나아가서는 '오심즉

---

16 최제우의 생애에 대해서는 다음을 참조. 표영삼, 『동학1-수운의 삶과 생각』, 서울: 통나무, 2004.

여심(吾心卽汝心)'[17]이라고 표현하는 합일체험, '무궁한 이 울 속에 무궁
한 나'[18]를 자각하는 초인격적인 비이원성을 깨닫는 데까지 나아갔다.

그는 이 모든 체험을 거치면서 자신의 자각을 하나의 철학적 명제
로 정리해 내었는데, 그것이 바로 '시천주(侍天主)'였다. 이는 모든 존재
안에 신령한 하늘이 모셔져 있다는 의미이다. 이후 최제우는 자신의
체험을 한편으론 한문경전인 『동경대전』으로, 또 한편으론 한글가사
체인 『용담유사』로 남겼다. 그리고 『동경대전』에서 그는 시천주의 의
미를 스스로 풀이한다.

> '시' 라는 것은 안으로는 거룩한 영이, 밖으로는 기화작용이 있다는
> 것으로, 온 세상 사람이 각각 깨달아서 옮기지 않아야 한다는 것이요.
> '주' 라는 것은 그 존칭으로서 부모님처럼 섬겨야 한다는 것이다.[19]

시천주의 시(侍)는 '모심'을 의미하며, 천(天)은 '하늘'이며, 주는 '님'
으로 존칭어이다. 수운은 다시 이 '시(侍, 모심)'를 세 가지, 즉 '내유신
령(內有神靈)', '외유기화(外有氣化)', '각지불이(各知不移)'로 풀이한다. 내
유신령은 내 안에 하늘의 거룩한 영이 있다는 것이며, 외유기화는 나

---

17 『동경대전』,「논학문」.
18 『용담유사』,「흥비가」.
19 최제우, 『동경대전』,「논학문」, "侍者, 內有神靈, 外有氣化, 一世之人, 各知不移者
也. 主者, 稱其尊而與父母同事者也."

의 몸 밖으로 하늘의 기운이 작용하고 있다는 것이다. 하늘이 저 멀리 있는 창공을 가리키는 것이 아니라, 우주에 가득차서 모든 생명의 생성변화에 참여하고 있으며, 나를 비롯한 뭇 생명들은 그 기운으로 살아가면서 또한 서로 깊이 연결되어 있다는 것이다. 각지불이는 이렇게 하늘이 나의 안팎에서 영과 기운으로 작용하므로 이와 분리되어 나의 생명이 유지될 수 없음에 대한 자각이다. 또는 다른 존재로 옮길 수 없는 자기만의 독특성을 깨달으라는 의미로 해석할 수도 있다. 따라서 하늘을 모신다는 의미는 나의 안팎에서 영과 기운으로 작용하는 하늘을 자각함으로써 하늘과 합치된 삶을 사는 것임과 동시에, 각자의 독특성을 깨달아 자기만의 향기와 빛깔을 가진 아름다운 꽃을 피워내는 삶, 즉 온전히 자아실현을 하는 것이 참된 모심이며, 그것이 하늘을 잘 모시는, 즉 참된 경천의 의미라고 설하고 있는 것이다.

여기서 최제우는 '천(天)' 자는 해석하지 않았는데, 이는 아마도 규정될 수 없기 때문일 것이다. 이 규정하지 않음, 무규정성에 의미가 있다. 전통적으로 동아시아에서의 '천'은 하나로 규정되지 않고 여러 의미로 사용되어 왔다. 풍우란은 천을 물질천, 주재천, 운명천, 자연천, 의리천의 다섯 가지로 설명한 바 있다.[20] 여기서 물질천은 땅에 대비되는 하늘이고 주재천은 인격적 상제를 가리킨다. 운명천은 우리 삶 가운데 어찌 할 도리가 없는 대상을 지칭하고, 자연천은 자연의 운행

---

20 풍우란, 『중국철학사 상』, 까치, 2003 초판6쇄, 61쪽.

을 지칭한다. 의리천은 우주의 최고 원리를 가리킨 것이다. 최제우의 천은 이런 동아시아의 풍부한 천의 개념에다가 자신의 체험을 보태서 영과 기로 인간에게 직접 작용하는 의미를 부가했다. 그러므로 수운에게서 천(하늘)을 굳이 규정해 본다면, '우주적 영기'라고 할 수 있다.

그다음의 '주(主)' 자는 천에 대한 존칭어이다. 선생에 '님'을 붙여 '선생님' 이라고 하는 것과 같다. 그냥 하늘이라고 해도 되지만, 그 하늘이 단순히 물리적 자연이 아니라 생명과 기운으로 가득찬 영성적 실재이기에 '님'이라 존칭해서 부모님처럼 섬겨야 한다는 것이다. 그러므로 가톨릭의 '천주'와도 다른 개념이라는 데 유의해야 한다. 천의 인격성을 부정하진 않지만, 초자연적 절대자, 유일신의 개념은 아니다.[21] 이 '님'은 하늘 위에만 있는 존재가 아니라 인간 안에도, 인간 밖에도, 그리고 모든 만물에 깃들어 있기에, 사람과 만물 속에 깃든 하늘의 신성을 발견하고 공경해야 한다는 것이 이 '주'에 담긴 의미이다.

따라서 최제우의 '시천주'는 동아시아적 '천(天)' 또는 서양의 '신(神)' 개념에 보다 풍성한 의미를 더하게 한다. 그러나 '시천주'의 자각은 무엇보다도 인간에 대한 새로운 이해를 촉구한다. 최제우는 이 시천주

---

21 요즘 와서는 가톨릭이나 개신교 공히 하느님의 초월성만을 강조하지는 않고 내재성을 강조하는 쪽으로 발전하고 있다. 특히 내면에서 하느님을 직접 체험해야 한다는 점을 강조하기도 한다. 이렇게 되면 동학과 별반 차이가 없어진다. 여기서 한 걸음 더 나가 모든 이가 하나님의 신성을 가진 하나님의 아들이며 그리스도라고 선언하면 동학과의 차이가 없어진다.

를 자각함으로써 모든 사람이 거룩한 하늘을 모신 존재로서 평등할 뿐 아니라 존엄한 존재라는 깨달음을 얻었다. 자기 안에서 하늘의 신성을 발견한 사람은 이제 더 이상 과거의 낡은 자기로 있을 수 없다. 그동안 거짓 자아 속에 파묻혀 있던 마음의 더 깊은 차원, 초월적 차원을 발견하게 되는 동시에 자기의 존재의 중심, 존재의 본질, 참나를 발견하게 된다. 동시에 이런 자각은 다른 존재로 확장되면서, 모든 존재 속에서도 하늘의 신성을 발견하게 된다.

이런 차원을 이규성은 "동학적 주체성은 자신의 마음을 우주의 생성에 조율하는 노력을 통해 고요한 안정성과 포용성을 바탕으로 외부 사물과 소통하는 능력을 함양하는 데에서 이루어진다."[22]고 했고, 김우창은 "이 깊은 마음은 사람의 삶을 지배하는 근원적인 조건들-생물학적, 진화론적, 우주론적, 또는 존재론적 조건에 연결되어 있는 것일 것이다. 다른 층위의 마음의 움직임 아래 들어 있는 것도 이것이라 할 수 있다. 그러면서 그것은 궁극적으로 존재의 신비에 대한 외포감으로 인간의 마음을 열릴 수 있게 한다."[23]고 했다. 따라서 주체의 존엄성과 생명의 연대성에 대한 자각, 그리고 깊은 마음의 회복이 새로운 삶의 존재론적 기초가 되어야 한다는 것이 최제우의 동학이라고 할 수 있다.

22 이규성, 『최시형의 철학』, 이대출판부, 2011, 23쪽.
23 김우창, 『깊은 마음의 생태학』, 김영사, 2014, 18쪽.

3) 동학의 개벽과 신문명론

시천주와 더불어 '개벽'은 최제우의 가장 핵심사상 중 하나이다. 개벽사상은 본래 최제우가 『용담유사』에서 "십이제국 괴질운수 다시 개벽 아닐런가 태평성세 다시 정해 국태민안 할 것이니" 라고 하여 '개벽' 앞에 '다시'를 붙임으로써 천지창조와 같은 거대한 열림이 다시 한 번 이룩되는 시기가 올 것임을 암시한 데서 비롯되었다. 이때 개벽은 '우주적 순환원리에 의해 필연적으로 도래할 새로운 세상을 의미하며, 동시에 그것에 수반하는 물질적 정신적 대변혁'을 의미한다. 그것은 이미 예정된 곧 당도할 역사적 사건이자, 새로운 문명적 전환을 의미하는 것이었다.

그런데 그의 개벽사상에서 보다 중요한 점은 새로운 세상의 도래에 대한 희망보다는, 인간의 주체적인 변화와 자각, 즉 정신개벽이었다. 이를 위해 그는 주문(呪文)과 영부(靈符)를 통한 수련과 수심정기(守心正氣), 그리고 성경신(誠·敬·信)의 실천을 강조했다. 그는 새 세상을 만들어내는 주체는 인간이며, 그 변화는 자기 내면에서부터 시작되어야 한다고 보았다. 인류 역사는 성쇠의 시운 순환에 의해 발전하지만 그 시운은 인간의 주체적인 노력, 즉 하늘님을 지극히 위하고 공경하는 노력에 의해서 도래한다고 보았다.

따라서 수운의 개벽은 '시운론적 말세관'으로 이해되어서는 안 된다. 후천 세계는 시간이 지나면 저절로 오는 세계가 아니라 시천주를 자각한 사람들이 만든 군자 공동체이자, 무위이화에 의해서 하늘님의 덕을 갖춘 완전한 인격체인 지상 신선들의 공동체로서 '지상천국'을 의미하는 것이다.

동학의 개벽사상에서 정신개벽을 강조하는 경향은 이후의 전개 과정에서 더욱 강화되는 양상을 보인다. 반면, 그 구체적인 실현은 '제도적'이고 점진적 방법보다는 민중운동을 통해서 해결하려는 양상으로 나타났다. 1894년 그동안 민중의 가슴에 응축된 에너지가 동학을 만나 요원의 불길처럼 타오른 갑오 동학농민혁명으로 역사의 전면에 나타났던 것이다. 그리고 일제강점기인 1919년에는 3·1운동으로 나타났다. 이때 발표한 독립선언서에서 특기할 점은 '도의적 신문명'을 구가하고 있다는 점이다. 그런 점에서 3·1운동 역시 개벽운동이자 신문명 운동이라는 큰 틀에서 볼 필요가 있다.

이러한 신문명 운동은 1920년대 들어 천도교 청년들에 의해 광범위한 사회운동, 즉 개벽운동으로 나타났다. 그들이 펴낸 잡지명이 다름 아닌 『개벽』이었다는 점도 결코 우연이 아니다. 당시 그들의 고민은 단지 우매한 민중들을 깨우려는 계몽운동에 머물지 않았다. 이돈화를 비롯한 당시 『개벽』의 청년들은 수운의 시천주와 해월의 사인여천, 그리고 의암의 인내천을 바탕으로 새로운 세상을 열망했으며, 개벽사상을 '정신개벽, 민족개벽, 사회개벽'의 삼대 개벽으로 구분하기도 하였다. 그들은 계급 모순을 절감하면서 민족해방을 위해 골몰했으며, 더 나은 신사회를 위한 제도적인 고민도 일정 부분 보여주고 있지만 단순히 사회주의적 평등이나, 자본주의적 문명개화 라는 노선에 만족하지 않았다. 그들은 자기 안에 있는 하늘을 발견함으로써 자아를 초월·해방시키고, 우주적 기운과의 연대감 속에서 모든 생명을 받들고, 경쟁보다는 상호부조의 원리에 의해서 자본주의와 사회주의를 넘어 더 나은 사회를 꿈꾸었다. 그들의 눈은 보다 멀리 '도의적 신문명'의 건설이라는 거시적 시각에서, 즉 '개벽'의 관점에서 내다보고 있었던 것이다.

이러한 고민들이 1945년 해방을 맞아 새로운 국가건설을 해야 하는 긴급한 상황에서 몇가지 원칙으로 제시되었다. 천도교청우당이 내놓은 『천도교의 정치이념』이란 책에서는 이를 '조선적 신민주주의'라고 정리하고 있다.

"우리는 미국형의 자본가 중심의 자유민주주의를 원치 않는다. 그는 자본제도의 내포한 모순과 폐해를 미리부터 잘 알고 있기 때문이다. 동시에 소련류인 무산자 독재의 프로민주주의도 필요치 않다고 생각한다. 그는 조선에는 일찍이 자본계급의 전횡이 없었기 때문이다. 우리는 오직 조선의 현단계에 적응한 '조선적 신민주주의'를 주장한다. 조선의 신민주주의란 어떤 것이냐. 민족해방과 계급해방을 경중선후(輕重先後)의 차별 없이 동일한 목적으로 취급하는 민주주의이다. 조선의 자주독립과 아울러 조선민족사회에 맞는 민주정치, 민주

경제, 민주문화, 민주도덕을 동시에 실현하려는 민주주의이다."[24]

'조선적 신민주주의'는 미국식 자유민주주의와 소련식 프로민주주의를 모두 반대하고, 조선의 현실, 또는 현 단계에 맞는 신민주주의이자, 민족 해방과 계급 해방을 함께 추구하는 민주주의였다. 여기에는 막연하게나마 민주 정치, 민주 경제에 대한 제도적인 고민과 함께, 새로운 문화와 도덕적 이상을 표현하고 있다. 여기서 민주정치는 시민 계급이 정치·경제의 실권을 쥐고 전인민이 정치적·경제적·사회적으로 자유와 평등을 향유할 수 있는 민주주의이다. 민주경제란 앞서 언급한 동귀일체의 신생활 이념을 기반으로 한 민주주의 경제제도를 말한다. 민주경제는 경제권을 소수의 지주, 자본가로부터 인민 전체에 옮겨 놓으며, 계급적 대립이 없는 단일성의 민족경제를 실현할 것을 주장하였다. 그 때문에 적극적인 토지제도 개혁과 사유재산 제한과 더불어서 양국 군대의 철수를 주장하기도 하였다. 다만 계급해방은 투쟁이나 혁명적 방식이 아니라 동학·천도교의 '사인여천(事人如天)' 윤리와 '동귀일체(同歸一體)' 정신에 바탕을 둔 계급화해를 주장하였다. 정치와 경제를 불가분의 관계가 있는 만큼 민주경제 없이는 민주정치도 명목에 그치고 말 것이므로 '조선적 신민주주의'의 주안점

24   김병제, 이돈화 외 지음『천도교의 정치이념』, 임형진 해제, 모시는사람들, 2015, 52쪽.

이 오로지 여기에 있다고 하였다. 이를 위해 토지문제의 해결이 가장 급선무라고 밝히기도 하였다.[25]

한편 민주 문화란 동귀일체의 신사회생활에 적응한 민주주의 문화를 말한다. 이는 봉건 사회 또는 자본주의 계급문화의 기형적 문화와 다른 우리 민족의 유구한 민족사와 찬연한 문화에 기반하되, 신시대 신생활에 적응한 민주적 신문화를 의미한다.[26] 이를 위해 각 부문에서 봉건적, 일제적 모든 잔재를 청소하는 동시에 대중 생활을 향상시키고 대중 정서를 함양할 수 있는 신문화를 건설해야 한다고 하였다. 민주 윤리는 '사인여천' 정신에 맞는 새 윤리를 말한다. 이는 봉건적인 계급 윤리와 자본 사회의 개인적 윤리를 넘어서자는 것으로 동학의 사인여 천과 성경신, 삼경에 기반한 새로운 윤리, 새로운 삶의 원리가 소유와 투쟁을 넘어선 진정한 민주국가 건설의 밑받침임을 강조한 것이다.

이 '조선식 신민주주의'에 나타난 정치이념은 여전히 신국가건설의 로드맵으로서는 구체성이 부족한 느낌이지만, 청우당은 근대 자본주의 체제와 사회주의 체제를 넘어선 새로운 정치경제 체제, 그리고 새로운 윤리와 새로운 삶의 원리를 최초로 고민했으며, 이를 동학·천도교의 '개벽사상'에 바탕해서 제시했다는 데 그 의의가 있다고 하겠다.

---

25 김병제, 위의 책, 61쪽.
26 김병제, 위의 책, 64쪽.

4. 비교: 새로운 문명의 비전과 의식의 진화

지금까지 살펴보았듯이 오로빈도는 당시 서구 근대문명의 모순이 제3세계에 대한 제국주의적 침탈로 나타난 현실에서 근대를 넘어 새로운 인류문명을 예감했던 사상가이자 영적 구루였다. 그리고 이를 위해 인간의 의식이 이성의 단계에서 한 차원 더 진화함으로써 인류가 더 높은 영적 차원으로 승화하길 바랐다. 아니 그런 진화가 필연적 흐름 속에 반드시 이루어질 것이라고 확신했다. 그런가 하면 최제우는 사람이 사람으로 대접받지 못하던 시절, 온갖 차별과 억압, 폭정에 시달리던 사람들이 사실은 내면에 거룩한 하늘을 모신 '시천주'의 존엄하고 평등한 존재라는 것을 선언하고, 모든 사람들이 평등하게 나눠 먹고, 모두가 하늘로 존중받는 '다시개벽'의 새 세상을 촉구하였다. 이처럼 두 사상은 당시 서양 제국주의의 폭력 앞에서 고통받던 민중들을 구제하고 서구 근대문명, 이성 중심의 문명을 넘어서는 대안을 인도 민족과 한국 민족의 오랜 지혜의 전통에서 재발견함으로써 새로운 문명을 열어내고자 했다는 점에서 공통점이 있다.

또한 두 사상 모두, 민족주의에 바탕을 두면서도 영원한 진리를 설파했다는 점에서도 공통점이 있다. 수운은 "도는 천도이나 학인즉 동학"이라고 하여 하나의 '무궁한 도'를 말하면서도, 우리 민족의 특수성에 맞는 우리의 길로서 동학을 제시했다. 오로빈도 역시 힌두교의 가르침을 재해석하고 이를 통해 잠든 인도를 깨어나게 함과 동시에 인류에게 진리의 등불을 밝히려고 했다. 그는 힌두교는 인도인들만을 위한 종교만이 아니며, 인도가 다시 일어나는 것은 사나탄 다르마(Sanatan Dharma, 영원한 진리)를 인류에 밝히기 위해서라고 강조했다.[27] 그러면 이렇게 비슷한 문제의식과 공통점을 가진 두 사상이 오늘날 위기에 빠진 현대문명에 어떤 지혜를 줄 수 있는지를 분석해 보고자 한다.

첫째, 두 사상은 지금의 생태적 위기를 극복할 수 있는 새로운 세계관의 지혜를 줄 수 있으리라 생각한다. 지금의 생태적 위기는 모든 것을 시장의 상품으로 간주하는 자본주의의 시장 논리와 경제성장 이데올로기, 인간의 무분별한 탐욕이 그 직접적 원인이기는 하지만, 근본적 원인으로는 근대 세계가 자연을 바라보는 태도, 즉 세계관의 문제가 자리하고 있다고 볼 수 있다. 서양 근대의 세계관은 눈에 보이는 가시적 영역에만 치중한 나머지 생명을 전일적으로 바라보지 못하고, 자연을 인간과 분리된 단지 객관적 대상, 환경, 물질, 잠재적 상품으로 간주함으로써 정복과 지배, 착취의 대상으로 바라보았다.

반면 오로빈도는 물질은 생명이 자신을 드러낸 것이며, 다시 생명은 더 근원적인 정신이 자기를 드러낸 것이라고 한다. 이렇게 보면 영이 존재의 본질이며, 영이 자기를 드러내는 과정에서 생명과 물질이 표현된 것이라고 할 수 있다. 그러므로 자연은 단지 물질로만 이루어

---

27 오르빈도 고슈 지음, 김상준 옮김, 『유쾌한 감옥』, 「우라파라 연설」, 사회평론, 2010, 197쪽.

진 것이 아니라, 그 안에 생명과 정신을 이미 함유하고 있다고 볼 수 있다. 우주와 인간 의식의 진화는 단지 물질이 결합하고 더 복잡화하는 과정에서 생명과 정신으로 진화한 역사가 아니라, 정신과 생명이 자신을 더 많이 드러내는 대장정이었던 것이다. 오로빈도는 이런 진화의 원리상에서 볼 때 지금의 의식의 단계가 끝이 아니고 더 진화해서 더 높은 정신, 더 높은 힘, 또는 영, 슈퍼마인드, 신성의식으로 나아갈 것이라고 본다. 여기서 자연은 영이 자기를 드러내는 생명의 장이자, 물질의 향연인 것이다.

한편 최제우 역시 앞에서 살펴보았듯이, 이 우주는 하늘의 신령한 영기로 가득차 있으며, 인간과 만물은 그 안에서 서로 유기적으로 연결되어 있다고 본다. 인간과 만물은 우주생명, 우주기운 속에서 살아가고 있으며, 또 그 안에 우주의 영을 모시고 살아가고 있다는 것이 그의 시천주의 자각이었다. 따라서 최제우에게 자연은 우주적 영과 기운이 가득 찬 살아있는 활력이자 그 자체로 신성한 생명이었다. 이러한 최제우의 '시천주'의 생명의 세계관은 해월 최시형에게서 더 잘 드러난다. 그는 스승의 시천주(侍天主)를 계승하여 천지부모(天地父母), 물물천사사천(物物天事事天), 사인여천(事人如天), 삼경(三敬), 그리고 양천주(養天主) 등으로 재해석하였다. 이로써 만물화생의 이치와 생명순환의 원리를 밝히고 모든 존재를 하늘로 공경하는 생명사상과 생명윤리를 내놓았다. 그는 '천지'를 살아 있는 것으로, 주변을 가득 채우고 있는 활력과 신비가 넘치는 기운으로, 그리고 만물을 낳고 기르는 부모와 같은 존재로 느꼈다. 그는 '자연'을 지기(至氣)의 생명이 스스로를 드러내고 다시 본래로 환원하는 생성변화의 그 모든 과정이자, 그것을 담고 있는 공간으로 이해했다. 따라서 그에게 '자연'은 단순한 물리적 공간이 아니라 살아 있는 우주적 생명, 모든 만물을 낳는 생명의 근원, 영적 활력과 기운으로 가득 차 있는 유기적 생명일 뿐 아니라 받들어 모셔야 할 '님'이었다.

이처럼 두 사상은 지금의 서양의 근대 세계관을 극복할 수 있는 생태적, 생명적 세계관을 가지고 있다고 할 수 있다. 우주와 인간, 자연과 생명을 바라보는 관점의 전면적 전환이 필요한 이 시대에 두 사상은 서구적 신학을 부정하지 않으면서도 동양의 유기체적인 자연관을 현대적으로 계승하면서 동서를 융합할 수 있는 통합적인 형이상학의 가능성을 가지고 있다는 점에서 오늘날 시사하는 바가 크다고 하겠다.

둘째, 무엇보다도 두 사상은 의식의 진화, 영적 인간, 신인간, 새로운 주체의 탄생을 예감하고 그 방법론을 제시하고 있는 의식혁명의 철학이라고 할 수 있다. 앞에서도 언급한 바 있지만 오로빈도는 그것을 '통합요가'라는 이름으로 소개하고 있다. 그의 통합요가에서 가장 핵심은 자신 속에 이미 내재하면서 발견되기를 기다리고 있는 자신의 '존재의 중심'을 깨워서 자신의 삶을 이끌 수 있도록 하는 것이다. 오로빈도는 이 내면의 존재를 '심혼적 존재(psychic being)'라고 했다. 내면에 있는 나의 존재의 참된 중심을 발견하고, 그로 하여금 스스로의 빛과 힘을 통하여 외적인 삶을 통제할 수 있게 만드는 것이 의식혁명에서 가장 중요한 부분이라고 할 수 있다.

　이를 위해서 통합요가에서는 두 가지의 태도를 강조한다. 내맡김(surrender)과 열망(aspiration)이 그것이다. 통합요가는 어떤 특정한 자세나 호흡법 같은 것을 중시하지 않는다. 그러한 명상의 기법들보다 더 중요한 것은 진리에 대한 '열망'이다. 이는 완전함에 대한 열망이며, 자유에 대한 열망이며, 인류의 일체성에 대한 열망, 평화와 지복에 대한 열망이다. 그는 영성을 "우리의 정신, 생명, 신체와는 다른 우리 존재의 내적 실재, 영, 자아, 혼에 대한 진전된 자각"이라고 하면서, 우주에 편만하면서 우리 안에 살고 있는 더 위대한 실재에 접속하고 결합해 들어가기 위해, 내적 열망이 있어야 가능하다고 강조했다. 또 이러한 열망으로 다른 모든 본능적인 욕구들과 세속적인 갈망들을 정화할 수 있다고 한다. 다른 하나는 우주의식, 신성의 존재를 인정하고 거기에 모든 것을 내맡기는 것이다. 그리고 신성 속에서 합일되어 사는 길을 선택해야 한다. 이를 '내맡김(surrender)'이라고 한다. 이렇게 될 때 '자기 비움'이 가능하며, 높은 힘의 하강이 어느 순간 가능할 것이라고 한다. 여기에 하나 더 보탠다면 그가 "all life is yoga"라고 강조했듯이, 앉아서 수련하는 것만이 요가가 아니라 모든 일상 자체가 요가이며, 특히 다른 사람들을 위한 봉사와 어떤 상황에서도 미소를 잃지 않는 것이 보다 중요하다는 점이다. 최제우의 경우에도 내 안의 '내유신령(內有神靈)'을 체험하는 것이 가장 핵심이라고 할 수 있다. 이를 '거룩한 하늘', '우주생명', '초월적 차원', '신성'이라고 해도 무방하겠지만, 중요한 것은 내 안에 나보다 더 높은 어떤 의식과 힘이, 어떤 초월적 차원이 있다는 것이다. 그것을 수운은 '하늘'(天)이라고 하였다. 하늘이 나의 중심으로 들어와 있다는 것이 시천주며, 그것을 자각하여 하늘과 내가 통합된 상태를 '오심즉여심' 또는 '인내천'이라고 할 수 있다. 따라서 내 안의 하늘을 발견하여 그 하늘과 합치되는 삶을 사는 것이 동학적 삶에서 가장 핵심이라고 할 수 있다.

여기까지는 오로빈도와 매우 비슷하다. 다만 마음의 자세에서 강조점이 조금 다른데, 오로빈도가 열망과 내맡김을 중시했다면 동학은 '공경'을 가장 중시한다. 최제우는 다른 사람은 물론 모든 존재를 깊이 존중하는 진실성과 공경성, 신실함(誠敬信)을 가장 중요한 마음가짐으로 강조하였다. 이것은 최시형에서 모든 사람을 하늘로 섬기는 '사인여천(事人如天)'과 '삼경(三敬)'으로 드러난다. 여기서 '삼경'은 경천, 경인, 경물인데, 경천은 단순히 저 공중의 하늘님을 공경하는 것이 아니라, 내 마음을 공경하는 것을 의미한다. 최시형은 '마음이 곧 하늘'이라고 보고, 그 마음을 잘 받들어 공경하는 것이 수도에서 가장 중요한 것이라고 했다. 마음을 늘 살펴서 맑고 밝고 온화한 마음이 유지될 수 있도록 하는 것이 참된 경천이며, 만약 마음이 분노와 탐욕과 시비하는 마음에 사로잡혀 있으면 그것은 하늘을 잘 섬기는 것이 아니라고 했다. 따라서 동학은 마음의 차원, 특히 욕구와 감정의 차원을 부정하지 않는다. 오히려 그 욕구와 감정, 그리고 생각을 알아채고 존중하는 것을 중시한다. 존중한다고 해서 모든 욕구와 감정을 들어줘야 하는 것은 아니다. 존중한다는 것은 욕구와 감정을 무조건 억압하지 않고 그것을 알아주되 끌려다니지 않는 것이다. 자기의 마음의 고삐를 잘 잡고 스스로 욕구와 감정과 생각의 주인이 되는 공부이다. 그것을 동학에서는 '수심정기(守心正氣)'라고 하는데, 여기서 수심은 마음의 고삐를 잘 잡은 것을 말하고, 정기는 하늘의 기운과 조화된 상태를 말한다. 마치 수레를 말에 잘 연결하고 그 고삐를 잘 잡고 운전하는 것에 비유될 수 있다. 따라서 동학의 수행은 하늘과 합치되어 하늘의 힘과 지혜를 잘 활용하되, 내 삶의 운전대를 내가 굳건히 잡고 자기를 온전히 실현하는 것을 의미한다.

이렇게 두 사상은 근본에서 내 안에서 신성을 발견하고 그와 합치되는 삶을 사는 데서 상통하며, 이렇게 될 때 오늘날 현대인의 삶에서 가장 큰 문제인 인간소외, 물신화, 분열과 갈등, 각자위심 등의 정신적 위기를 극복할 수 있으며, 자기밖에 모르는 소아(小我)적 삶에서 보다 넓은 자기로의 확장인 대아(大我)로의 삶이 가능하다는 것이다. 그것을 오로빈도는 '인류의 일체성(human unity)'이라고 표현했고, 최제우는 '동귀일체(同歸一體)'라고 표현했다.

5. 결언: 과제와 전망

지금까지 살펴보았듯이 두 사상은 서양의 충격에 대응하되 민족의 가슴에 면면히 내려오던 고대의 지혜와 영성을 다시 현대적으로 해석하고 회복함으로써 단순히 서구에 대한 저항이나 협력이 아닌 민중적 차원에서 새로운 삶의 길을 제시했다는 점에서, 서양의 이성 중심의 근대문명에 대한 근본적 비판을 하고 있다는 점에서, 영성에 바탕한 새로운 인류의 탄생을 예감하고 신인간의 길과 새로운 문명의 방향을 제시했다는 데서 공통점을 가진다.

현재 스리 오로빈도의 사상은 인도 남부 퐁티체리의 '스리 오로빈도 협회'를 중심으로 확산되어 왔으며, 현재 인도에 여러 개의 '스리 오로빈도 협회'가 있다. 또한 세계적으로도 수십 개 나라에 스리 오로빈도 협회가 있다. 그의 사상의 세계적 확산과 보급이라는 측면에서는 괄목할만한 성과를 거두었다고 할 수 있다. 특히 그의 영적 파트너인 미라 알파사(마더)가 설립한 오로빌 공동체는 앞에서 언급한 것처럼, 현재 세계 최대의 공동체로서 스리 오로빈도의 비전을 계승하여 인류의 영적 도약과 인류 일체성을 위한 실험을 계속하고 있다는 점에서 특기할 만하다. 또한 그의 사상은 켄 윌버를 비롯한 이른바 통합사상가들에게 큰 영향을 주었으며, 미국의 켈리포니아에 통합사상연구소와 대학이 있어서 그의 사상을 연구하고 확산하는 노력을 이어가고 있다.

반면 동학은 아직 국제적으로는 크게 조명받지 못하고 있는 실정이다. 하지만 동학은 사상으로 그치지 않고 한국 역사에서 '동학농민혁명'이라는 거대한 '민중운동'으로 나타난 경험을 가지고 있다는 점에서 특기할 만하다. 그리고 이후에도 앞에서 언급한 것처럼 한국 현대사에서 자본주의와 사회주의를 넘어서는 신문명에 대한 개벽운동으로 치열하게 전개되어 온 경험을 가지고 있다. 이러한 개벽운동에 나타난 신문명에 대한 고민들, 특히 해방공간에서 천도교청우당을 통해서 보여준 신국가건설의 방향들은 앞으로 새로운 문명을 고민할 때 중요한 참고자료가 될 수 있다고 본다. 여기엔 비록 구체적 로드맵은 없다고 하더라도 동학이 꿈꾸는 문명의 비전과 방향들이 잘 나타나 있기 때문이다. 그리고 그 운동들은 오늘날 '한살림'을 비롯한 생명운동이라는 새로운 흐름으로 이어지고 있으며, 한편으론 방정환으로 대표되는 한국적인 교육운동과 문학운동으로 계승되고 있다.

무엇보다도 남북 분단의 현실에서 동학 사상과 운동은 앞으로 분단을 극복하고 새로운 국가를 건설해야 하는 역사적 과제 앞에서 해야할 역할과 사명이 있다고 보여진다. 오로빌 공동체가 하나의 실험실이라면, 한반도는 실전장이라고 할 수 있다. 새로운 인류의 실험이 가장 현실화될 수 있는 장소가 바로 한반도라고 할 수 있다. 거기서 동학 천도교의 사상과 비전, 특히 신인간과 신문명의 비전이 어떤 방식으로든 역할을 해야 할 것이다.

위의 두 사상에서 아쉬운 점은 두 사상 모두 신문명의 비전을 어렴풋이 제시하고는 있지만 구체적인 방법론은 부족하다는 점이다. 결국두 사상 모두 '새로운 주체의 형성'에 관한 이야기로 환원되고 있다. 보다 구체적으로 새로운 문명에 대한 비전과 로드맵은 부족해 보인다. 따라서 앞으로 이 두 사상이 가진 신문명론을 보완하기 위해서는 새로운 정치, 새로운 경제모델에 대한 제도적인 고민이 더 필요하다.

이에 대한 구체적인 연구가 앞으로의 과제로서 요구된다.

오로빈도는 1947년 8월 15일 인도의 독립이 선언된 날, 그는 〈다섯 개의 꿈〉이라는 성명을 발표하였다. 그 다섯 개의 꿈은 다음과 같다.

-힌두와 이슬람으로 나뉜 인도가 다시 하나가 될 때까지 혁명적 운동이 계속되는 꿈

-아시아가 회생하여 인류 문명의 발전에 거대한 기여를 하게 되는 꿈

-만국을 정의롭게 협동하게 하는 외적 틀인 세계연합이 발전하는 꿈

-인도의 영적 풍요가 세계의 구원에 기여하는 꿈

-인류의 의식이 더 넓고 더 큰 차원으로 진화해 나가는 꿈

'힌두와 이슬람'을 '남북'으로 바꾸고, '인도의 영적 풍요' 대신 '한국의 영적 풍요'라고 바꾼다면 이는 동학도들이 열망해온 개벽의 꿈이기도 하다. 이제 그들의 큰 비전 위에 보다 구체적인 로드맵을 가지고 '분단 해소'를 위한 다양한 정치적·경제적·문화적 고민을 해야 한다. 지역 자립의 마을 자치가 강조된 형태의 느슨한 국가 연합이나 연방제, 나아가 동아시아 평화공동체, 유라시아 평화공동체 구상으로까지 나아가는 큰 그림을 그려야 한다. 동학과 오로빈도의 통합사상이 만나고 여기에 제도적 측면이 보완된다면 훨씬 구체성을 가질 수 있을 것이다. 동학과 스리 오로빈도가 더 깊이 만나서 대화하고 연대해야 할 이유가 여기에 있다고 하겠다.

| 참고문헌 |

회심이 왜 중요한가?-동학 천도교와 그리스도교의 대화 / 김용해

〈단행본〉
교황 요한 바오로 2세, 〈회칙 백주년〉, 1991.
김용해, 『인간존엄성의 철학』, 서강대학교출판부, 2015.
아우구스티누스, 『고백록』, 성염 역, 경세원 2016.
천도교중앙총부, 『천도교경전』, 서울3, 1998.
최동희(외), 『새로쓰는 동학』, 집문당, 2003.
Aquinas, Thomas, *De Veritate*, Stein, Edith(Uebersetzer), Ueber die Wahrheit, ixverlag, 2013.
Donceel, Joseph F, *Philosophical Anthropology*, Sheed and Ward, 1967.
Gelpi, Donald, *Committed Worship. A Sacramental Theology for Converting Christians*, Collegeville, Minnesota 1993.
Kolbert, Elizabeth & Twomey, Anne, *The Sixth Extinction*, New York: Simon & Schuster Audio, 2014.
Rahner, Karl, *Schriftzeit zur Theologie* Band XII, Einsiedeln 1975.
Ricoeur, P., *Freedom and Nature: The Voluntary and the Involuntary*, transl. by Erazim V. Kohak, Northwestern University Press 1966.
Spaemann, Robert, Personen, 김용해 외, 『왜 인격들에 대해 말하는가』, 서광사, 2019, 364쪽.
Thorer, J., *Die Liturgische Symbolik im Lichte der Symboltheorie Paul Ricoeurs:* Ein interdisziplinäres Gespräch zum Verständnis der Symbole im Blick auf die christliche Initiation (Ph. D. Dissert.). University of Innsbruck, Innsbruck 1984.

〈논문〉
김용해, 「시천주조화정: 신앙과 치유의 원리」, 『동학학보』, 2009년 6월호.
김용해, 「동학천도교의 인간존엄성의 근거」, 『동학학보』, 2010년 12월호.

_____,「현대영성의 초월철학적 이해」,『가톨릭철학』, 2008년 4월호.

심종혁,「영성, 회심, 그리고 정체성」,『신학과 철학』, 서강대학교 신학연구소, 2007.

〈기타〉

Washington, D.C.: The National Academies Press, 《America's Climate Choices》, 2011.

인간 내면에서 찾은 소통의 근거-동학의 신비주의적 보편성과 윤리성 / 성해영

〈단행본〉

김용휘,『우리 학문으로서의 동학』, 서울: 책세상, 2007.

박인호,『天道敎書』, 천도교중앙총부, 1921.

윤석산 역,『초기동학의 역사-道源記書』, 서울: 신서원, 2000.

윤석산,『주해 동학경전: 동경대전 · 용담유사』, 서울: 동학사, 2009.

_____,『동학교조 수운 최제우』, 서울: 모시는사람들, 2004.

이돈화,『천도교창건사』, 경인문화사, 1970.

표영삼,『동학1-수운의 삶과 생각』, 서울: 통나무, 2004.

표영삼,『표영삼의 동학 이야기』, 서울: 모시는사람들, 2014.

Aldous Huxley. The Perennial Philosophy, New York: Harper & Row, 1945.

James, William. *The Varieties of Religious Experience*, New York: Modern Libraries, 1994.

Michael F. Brown, *The Channeling Zone: American Spirituality in an Anxious Age*, Cambridge: Harvard University Press, 1997.

Kim, Yong Choon, *The Ch'ondogyo Concept of Man: An Essence of Korean Thought*, Seoul: Pan Korea Book, 1978.

Chondogyo Scripture: *Donggyeong Daejeon*(Great Scripture of Eastern Learning, 東經大全), trans by Yong Choon Kim and Suk san Yoon, Lanham: University Press of America, 2007.

John Hick, *God Has Many Names*, Philadelphia: The Westminster Press, 1982.

〈논문〉

권진관, 「동학의 신관과 서학의 신관: 민중신학적 관점에서」, 『신학사상』, 제127집, 2004.

김경재, 「최수운의 신 개념」, 『한국사상』, 제12집, 1974.

_____, 「수운의 시천주 체험과 동학의 신관」, 『수운 최제우』, 예문서원, 2005.

김용해, 「그리스도교와 천도교의 신관 비교」, 『동학학보』, 제6집, 2003.

김용휘, 「유교와 동학: 종교 체험을 통해 달라진 유교와의 차별성」, 『동양철학연구』, 제29집, 2002.

_____, 「최제우의 시천주에 나타난 천관」, 『韓國思想史學』, 제20집, 2003.

_____, 「동학의 성립과 성격규정에 대한 일고찰: 삼교와의 관계와 신비체험을 중심으로」, 『동학연구』 제27집, 2009.

박경환, 「동학의 신관: 주자학적 존재론의 극복을 중심으로」, 『동학학보』, 제2집, 2000.

성해영, 「수운 최제우 종교 체험의 비교종교학적 고찰: '체험-해석틀'의 상호관계를 중심으로」, 『동학학보』, 제18집, 2009.

_____, 「신비주의란 무엇인가?: 개념에 대한 오해와 유용성을 중심으로」, 『인문논총』 제71집 1호, 2014.

_____, 「무종교의 종교(Religion of no Religion), 개념과 새로운 종교성 : 세속적 신비주의와 심층심리학의 만남을 중심으로」, 『종교와 문화』, 제32집, 2017.

_____, "The Basis for Coexistence Found from within: The Mystic Universality and Ethicality of Donghak (東學, Eastern Learning)", Religions, 2020, 11(5), 265.

임태홍, 「동학의 성립과정에 미친 유학의 영향」, 『신종교연구』, 제9집, 2003.

_____, 「동학 연구 20년의 회고(1995-2014): 신관, 신비체험, 그리고 비교연구」, 『한국철학논집』, 제45집, 2015.

이원재, 「동학과 그리스도: 동학의 신체험을 중심으로」, 『한국문화신학회』, 제1집, 1996.

조 광, 「19세기 후반 서학과 동학의 상호관계에 관한 연구」, 『동학학보』, 제6집, 2003.

조혜인, 「동학과 주자학: 유교적 종교개혁의 맥락」, 『사회와 역사』, 제17집, 1990.

차성환, 「신유교와 천도교: 동학 공동체의 신 개념 변형을 중심으로」, 『한국문화연구』 제2집, 2003.

최동희, 「수운의 종교사상」, 『동학연구』, 제4집, 1999.

한성자, 「동학의 한울님과 불교의 무아사상에 대한 비교연구」, 『종교교육학연구』, 제29권, 2009.

John Hick, "*The Theology of Religious Pluralism*," Theology, vol 86, 1983.

————, "*On Grading Religions*", Religious Studies 17.4, 1981.

〈기타〉

『承政院日記』

동학의 신문화운동과 공동체론-서구 자본주의에 대한 대응을 중심으로 / 정혜정

〈단행본〉

『개벽』『동경대전』『의암성사법설』『천도교회월보』『해월신사법설』

김기승, 『조소앙이 꿈꾼 세계』, 지영사, 2003.

김민승, 「『개벽』의 중국론과 근대인식: 이동곡의 중국 정치·문화 논설을 중심으로」, 성균관대학교 석사학위논문, 2016.

백낙청 외, 백영서 엮음, 『백년의 변혁: 3.1에서 촛불까지』, 창비, 2019.

삼균학회, 『조소앙선생 문집』상, 횃불사, 1979.

슬라보예 지젝, 강우성 역, 『팬데믹 패닉』, 북하우스, 2020.

천두슈, 심혜영 옮김, 『천두슈사상선집』, 부산: 산지니, 2017.

한국독립운동사연구소 기획, 김기승 저, 『조소앙』, 역사공간, 2015.

〈논문〉

정혜정, 「식민지 조선의 러시아 사회주의 수용과 동북아연대: 아나키즘·볼셰비즘, 동학 사회주의를 중심으로」, 『탈경계인문학』제27집, 13-1, 이화여대 인문과학원, 2020.

정혜정, 「1920년대 동북아시아의 사회주의 연동과 조선 신문화운동: 천도교 잡지 개벽을 중심으로」, 『동북아연구』제34권 2호, 조선대 동북아연구소, 2019.

차태근, 「한국 신문화운동과 중국의 시좌」, 『한국학연구』제54집, 인하대학교 한국학연구소, 2019.

한기형, 「근대 초기 한국인의 동아시아 인식: 『청춘』과 『개벽』의 자료를 중심으로」,

참고문헌
277

『대동문화연구』제50집, 성균관대학교 대동문화연구원, 2005.

〈기타〉
李昌林, 「在北滿及露領朝鮮人の一般狀況」, 『北滿及露領朝鮮人事淸』, 在外朝鮮人
　　事情會報, 1922. 9월호.

생태문명에 관한 동서양의 대화-토마스 베리와 해월 최시형을 중심으로 / 조성환

〈단행본〉
김태준 · 김효민 역, 『의산문답』, 지식을만드는지식, 2011.
D.H. 로렌스 저, 김명복 역, 『로렌스의 묵시록』, 나남출판, 1998.
백낙청, 『서양의 개벽사상가 D. H. 로런스』, 창비, 2020.
백낙청 지음, 박윤철 엮음, 『문명의 대전환과 후천개벽-백낙청의 원불교 공부』, 모
　　시는사람들, 2016.
블레즈 파스칼 지음, 김형길 옮김, 『팡세』, 서울대학교출판문화원, 2015.
울리히 벡 지음, 홍성태 옮김, 『위험사회-새로운 근대(성)를 향하여』, 새물결, 1997.
울리히 벡 지음, 조만영 옮김, 『지구화의 길』, 거름, 2000.
제인 베넷 지음, 문성재 옮김, 『생동하는 물질』, 현실문화, 2020.
조성환, 『한국 근대의 탄생-개화에서 개벽으로』, 모시는사람들, 2018.
지구인문학연구소 기획, 『지구적 전환 2021』, 모시는사람들, 2021.
찰스 다윈 지음, 최훈근 옮김, 『지렁이의 활동과 분변토의 형성』, 지식을만드는지
　　식, 2014.
토마스 베리 · 토마스 클락 지음, 김준우 옮김, 『신생대를 넘어 생태대로 : 인간과
　　지구의 화해를 위한 대화』, 에코조익, 2006.
토마스 베리 지음, 이영숙 옮김, 『위대한 과업-미래로 향한 우리의 길』, 대화문화아
　　카데미, 2009
토마스 베리, 브라이언 스윔 지음, 맹영선 옮김, 『우주이야기』, 대화문화아카데미,
　　2010.
토마스 베리 지음, 맹영선 옮김, 『지구의 꿈』, 대화문화아카데미, 2013.
토마스 베리 지음, 메리 에블린 터커 엮음, 박만 옮김, 『황혼의 사색-성스러운 공동
　　체인 지구에 대한 성찰』, 한국기독교연구소, 2015.

한나 아렌트 지음, 이진우 옮김, 『인간의 조건』, 한길사, 2020(제2 개정판).
황현 저, 김종익 역, 『오동나무 아래에서 역사를 기록하다-황현이 본 동학농민전쟁』, 역사비평, 2016.

〈논문〉
오니시 히데나오, 「다나카 쇼조(田中正造)와 최제우(崔濟愚)의 비교연구 : 공공철학 관점을 중심으로」, 원광대학교 원불교학과 박사학위논문, 2018.
조성환·허남진, 「지구인문학적 관점에서 본 한국종교-홍대용의 『의산문답』과 개벽종교를 중심으로」, 『신종교연구』 제43집, 2020.
조지형, 「지구사란 무엇인가?」, 『서양사론』 제92집, 2007.
황종원, 「최시형의 생태학적 사유와 평화」, 『유교사상문화연구』 제74집, 2018.

〈기타〉
이재돈, 「20세기를 빛낸 신학자들(49) : 토마스 베리(상) 종교·과학 아우른 우주론으로 생태적 회복 추구」, 『가톨릭 평화신문』(온라인) 1270호, 2014.06.22.
조성환 기록·정리, 「동학사상과 한국의 근대 다시보기-다나카 쇼조의 동학 평가를 중심으로」, 『개벽신문』 제66호, 2017년 8월. (https://brunch.co.kr/@sichunju/141)
허남진, 「지구위험시대의 지구종교학-토마스 베리의 지구학을 중심으로」, 2020년 11월 28일 한국종교학회 한국종교분과 "지구위험시대의 한국적 영성과 지구적 치유" 발표문.

오로빈도와 최제우의 인간 완성과 새로운 문명의 길 / 김용휘

〈단행본〉
『동경대전』 『용담유사』

오르빈도 고슈 지음, 김상준 옮김, 『유쾌한 감옥』, 사회평론, 2010.
오로빌투데이 지음, 이균형 옮김, 『웰컴 투 오로빌』, 시골생활(도솔), 2008년.
표영삼, 『동학1-수운의 삶과 생각』, 서울:통나무, 2004.
풍우란, 『중국철학사 상』, 까치, 2003.
이규성, 『최시형의 철학』, 이대출판부, 2011.

김우창, 『깊은 마음의 생태학』, 김영사, 2014

김병제, 이돈화 외 지음 『천도교의 정치이념』, 임형진 해제, 모시는사람들, 2015.

Sri Aurobindo, *The Life Divine*, Sri Aurobindo Ashram, Pondicherry, 2013.

_____, *The Human Cycle*, Sri Aurobindo Ashram Trust, Pondicherry, 1997.

_____, *The Ideal of Human Unity*, Sri Aurobindo Ashram Trust, Pondicherry, 1999.

M.P.Pandit, *Sri Aurobindo and His Yoga*, Lotus Press, 1999.

Satprem, *Sri Aurobindo or The Adventure of Consciousness*, Discovery Publisher, New York, 2015.

〈논문〉

황용식, 「오로빈도의 통합적 사상에 관한 고찰, 철학적 개요, 해석 및 의의」, 『인도 철학』 제22집, 2007.

정혜정, 「스리오로빈도의 마음의 구조」, 『한국교육사학』, 제35권, 제1호, 2013.3.

감지영, 「스리오로빈도의 Integral Yoga에 대한 연구」, 원광대 동양학대학원 요가학 과 석사논문, 2006.

김상국, 「오로빈도 종교사상과 수행법 고찰」, 서강대 대학원 종교학과 석사논문, 2002.

동학의 재해석과 신문명의 모색

등록 1994.7.1 제1-1071
1쇄 발행 2021년 5월 31일

지은이   김용해 김용휘 성해영 정혜정 조성환
펴낸이   박길수
편집장   소경희
편 집   조영준
관 리   위현정
디자인   이주향
펴낸곳   도서출판 모시는사람들
         03147 서울시 종로구 삼일대로 457(경운동 수운회관) 1207호
전 화   02-735-7173, 02-737-7173 / 팩스 02-730-7173
홈페이지 http://www.mosinsaram.com/

인 쇄   (주)성광인쇄(031-942-4814)
배 본   문화유통북스(031-937-6100)

값은 뒤표지에 있습니다.
ISBN   979-11-6629-040-4 03100

"이 저서는 2017년 대한민국 교육부와 한국연구재단의 지원을
받아 수행된 연구임(NRF-2017S1A5A2A03068753)